Spannende Pfade

Wilde Wasserfälle und Klammen Bayerische Hausberge

Erfrischende Wanderungen zu grandiosen Naturschauplätzen

J. BERG

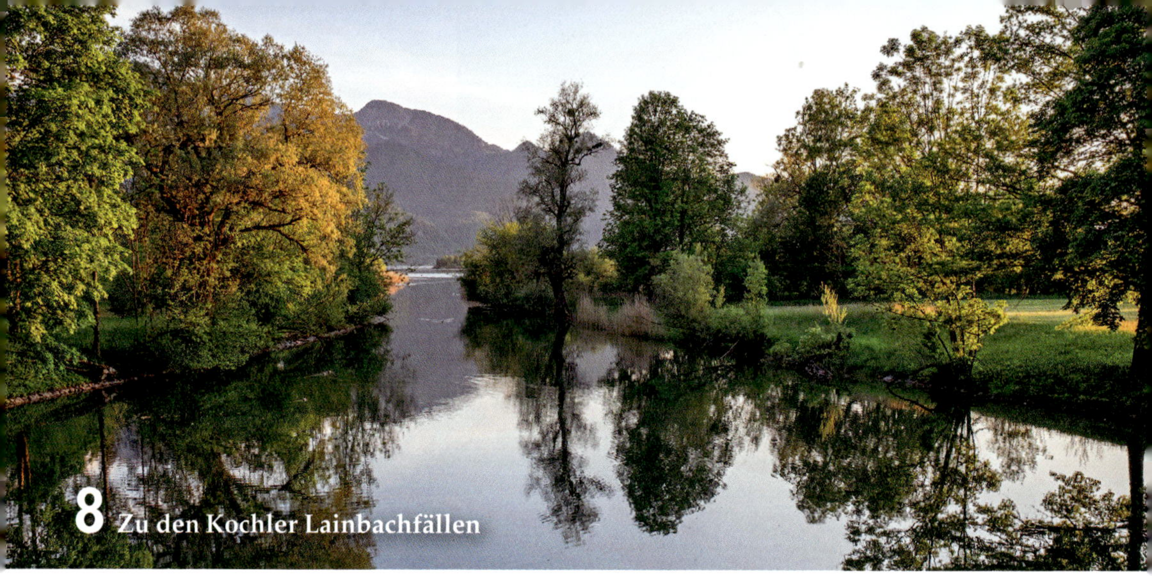

Inhalt

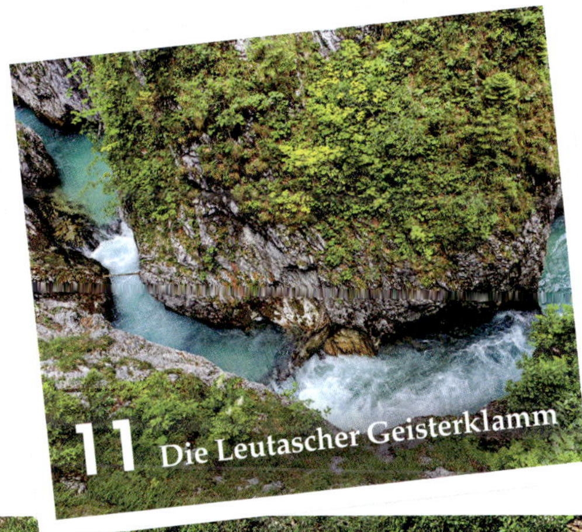

11 Die Leutascher Geisterklamm

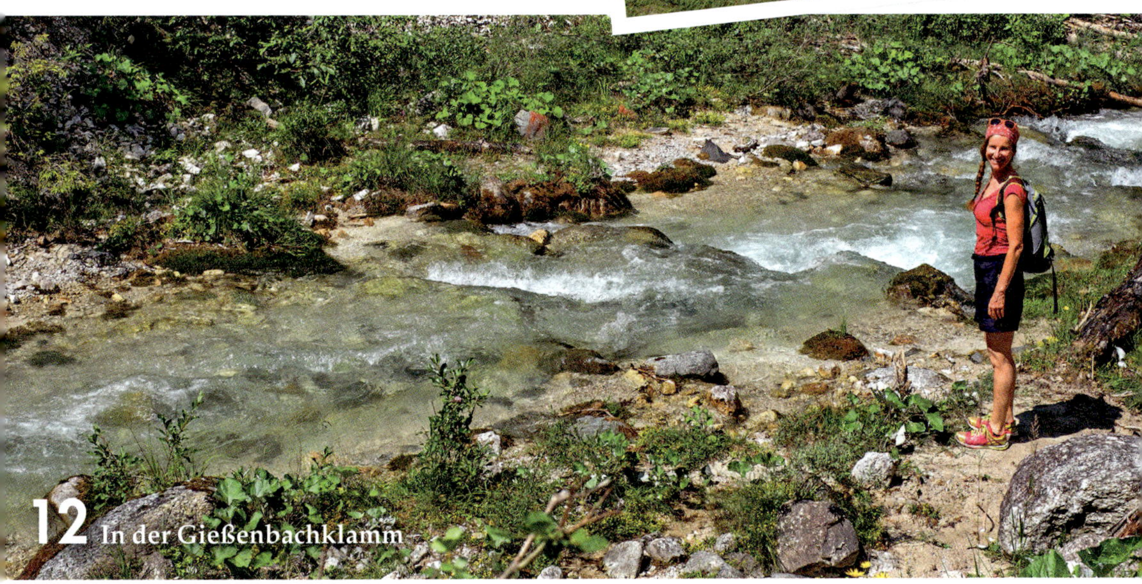

12 In der Gießenbachklamm

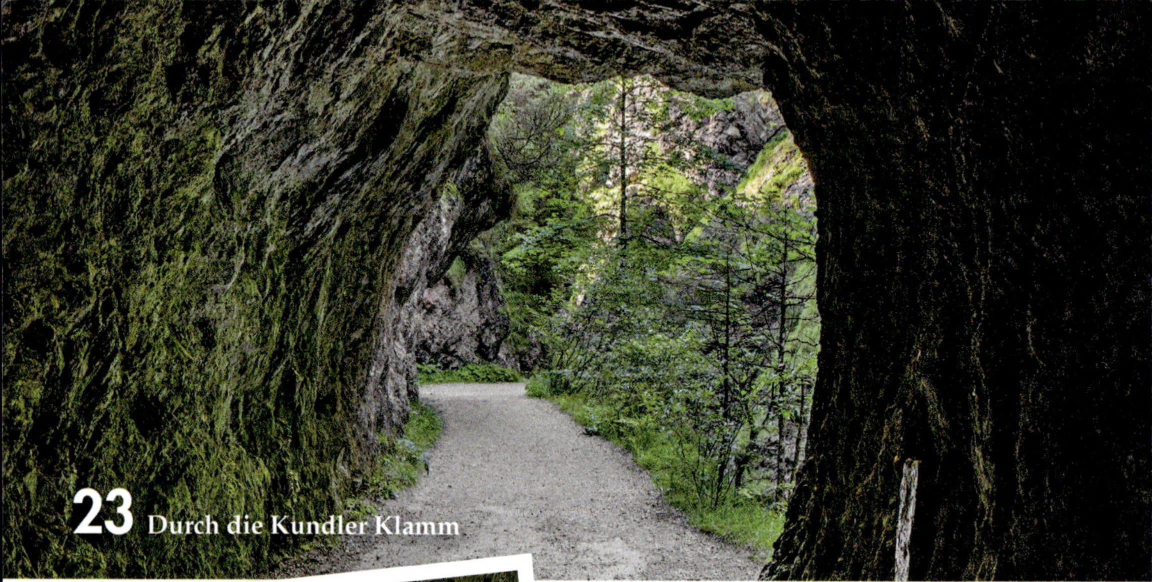

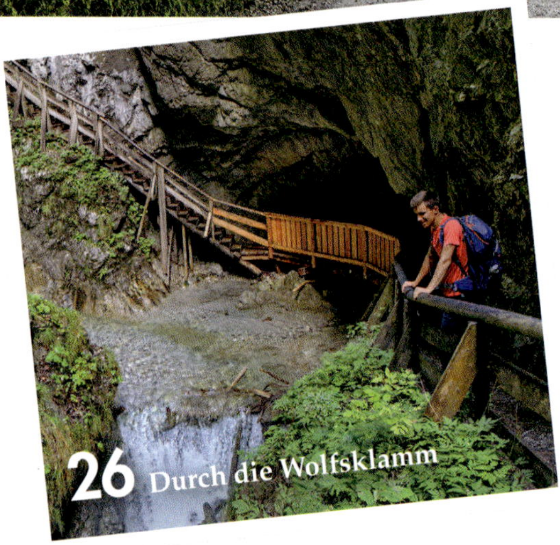

Ausflug nach Tirol 92

Chiemgau und Berchtesgadener Land 108

Zugabe 124

Tourenüberblick

		Tour	km	Hm	Zeit	🍴	☺	🏛	☼	🌳	❄	🚡	≋	🚌
1	•	Drachenschlucht von Roßhaupten	13 km	300 Hm	4 Std.		•	•	•		•		•	•
2	•	Schleifmühlenklamm	5,5 km	250 Hm	2 Std.	•	•	•		•	•			•
3	•	Asamklamm	3,5 km	120 Hm	1.30 Std.		•							•
4	•	Farchanter Kuhfluchtfälle	4,5 km	150 Hm	1.30 Std.		•	•			•		•	•
5	•	Schalmei- und Faukenschlucht	7,5 km	380 Hm	3 Std.	•	•	•			•			•
6	•	Partnachklamm	8,5 km	550 Hm	1.45 Std.	•	•	•			•	•	•	•
7	•	Höllentalklamm	13 km	600 Hm	4.15 Std.	•	•	•						•
8	•	Kochler Lainbachfälle	10 km	300 Hm	2.45 Std		•			•	•		•	•
9	•	Obernacher Wasserfall	2,5 km	60 Hm	1 Std.		•				•			•
10	•	Hüttlebachklamm	14 km	400 Hm	4 Std.	•			•					•
11	•	Leutascher Geisterklamm	7,5 km	250 Hm	2.15 Std.	•	•	•		•	•			•
12	•	Gießenbachklamm	12 km	480 Hm	3.45 Std.	•			•					•
13	•	Jachenauer Wasserfall	10 km	200 Hm	2.45 Std.		•				•			•
14	•	Kleine und Große Wolfsschlucht	10,5 km	250 Hm	3 Std.	•	•	•						•
15	•	Rottacher Wasserfälle	11,5 km	130 Hm	3 Std.	•	•				•		•	•
16	•	Sibli-Wasserfall	8 km	280 Hm	2.30 Std.	•	•							•
17	•	Josefsthaler Wasserfälle	7 km	250 Hm	2.15 Std.		•				•			•
18	•	Jenbacher Wasserparadies	10 km	350 Hm	3.30 Std.	•	•							•
19	•	Arzmoos-Wasserfall	6 km	150 Hm	1.45 Std.		•		•					•
20	•	Tatzelwurm-Wasserfälle	1,3 km	50 Hm	0.40 Std.	•	•				•			•
21	•	Zweite Gießenbachklamm	5,5 km	200 Hm	2 Std.	•	•	•	•					•
22	•	Wasserfallweg Bad Häring	5,5 km	140 Hm	2 Std.	•	•	•	•					•
23	•	Kundler Klamm	7 km	300 Hm	2.15 Std.	•	•							•
24	•	Kaiserklamm	3,5 km	120 Hm	1.15 Std.	•	•							
25	•	Dalfazer Wasserfall	9 km	850 Hm	4 Std.	•	•		•			•		•
26	•	Wolfsklamm	10,5 km	380 Hm	3 Std.	•	•	•						•
27	•	Entenlochklamm	11 km	250 Hm	3 Std.	•	•	•						•
28	•	Klausenbachklamm	8 km	250 Hm	2.45 Std.		•			•				•
29	•	Aschauer Klamm	15 km	350 Hm	4.15 Std.		•		•					•
30	•	Almbachklamm	5 km	450 Hm	2.40 Std.	•	•	•						•

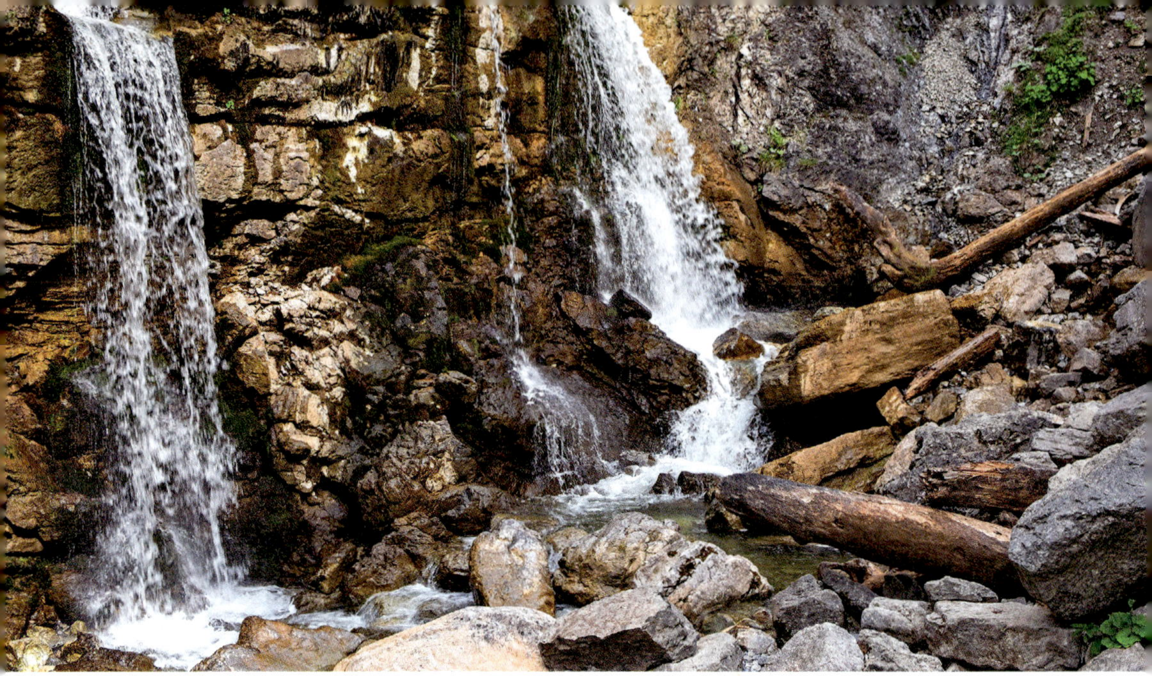

An den Kuhfluchtfällen von Farchant (Tour 4)

Wilde Wasserfälle und Klammen

Lust auf Abenteuer und Abkühlung? Dann wandern Sie doch mit uns zu den spektakulärsten Schluchten und wildesten Wasserfällen zwischen Füssen und Berchtesgaden! Enge Felsdurchlässe, tosendes Wasser, steile Fallstufen, idyllische Gumpen und eiskalte Duschen – wir zeigen Ihnen 30 Wanderwege zu atemberaubenden Naturschönheiten, die nicht nur an heißen Tagen spannend sind.

»Das Wasser ist das schönste Ding der Welt.«

Thales von Milet

Neben all den grandiosen Gipfeln beherbergen unsere heimischen Berge auch ein großes Wasserreich, denn die Gletscher leisteten hier vor ca. 20 000 Jahren ganze Arbeit: Als sie sich in der letzten Eiszeit über das Land schoben, frästen sie nicht nur Ebenen zwischen die Berge, sondern hinterließen auch zahlreiche Moränenhügel. Zwischen diesen haben sich Bäche und Flüsse ihren Lauf gesucht – ein geologischer Prozess, der bis heute anhält. Und je nachdem, mit wie viel Kraft und vor allem auf welchen Untergrund das Wasser trifft, bietet es einzigartige Naturschauspiele, wie etwa Wasserfälle, die manchmal wild, laut und mit Getöse, dann wieder sacht, leise und still über Stufen in die Tiefe stürzen oder plätschern.

Wasserfälle sind aber nicht nur schön anzusehen, sondern sie haben nebenbei auch eine beachtliche heilklimatische Wirkung und sind gesundheitsfördernd: Der Sprühnebel, der beim Fallen entsteht, beinhaltet Abermillionen kleinste Wassertropfen, die Atemwegserkrankungen lindern und die Nase freimachen können – ideal also für Asthmatiker, Allergiker oder Heuschnupfengeplagte.

Sind die Wassermassen groß genug und treffen zudem auf ihrem Weg ins Tal auf einen nicht gar so harten Untergrund, kann im Lauf von einigen Jahrtausenden eine Schlucht entstehen. Genau genommen ist es aber nicht das Wasser, das den Untergrund abschleift, sondern die durch die Wasserkraft mitgerissenen Steine reiben in feinsten Nuancen den Untergrund ab und vertiefen so

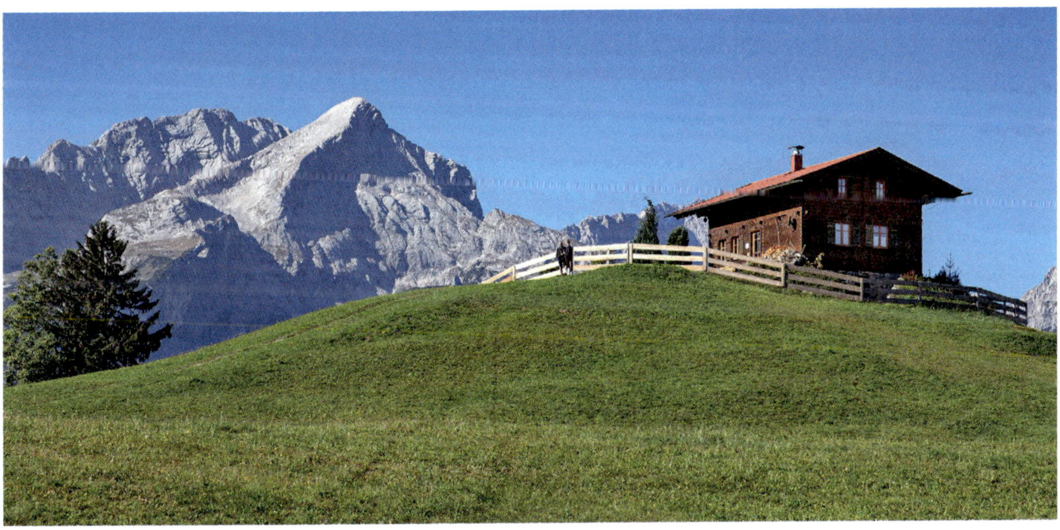

Jahr für Jahr die Klammen. Wer in einer Schlucht wandert und zwischen den Felsen den Blick nach oben richtet, ist oft erstaunt darüber, wie tief sich das Wasser eingegraben hat. Gut, dass es spannende Klammwege gibt, die uns das Naturspektakel hautnah erleben lassen.

Auf dem Weg zur Partnachklamm wandern wir über den Eckbauer (Tour 6).

Ob Wasserfälle oder Klammen: Lassen Sie sich faszinieren von diesen beeindruckenden Naturwundern, die für unvergessliche Erlebnisse sorgen!

Lisa und Wilfried Bahnmüller

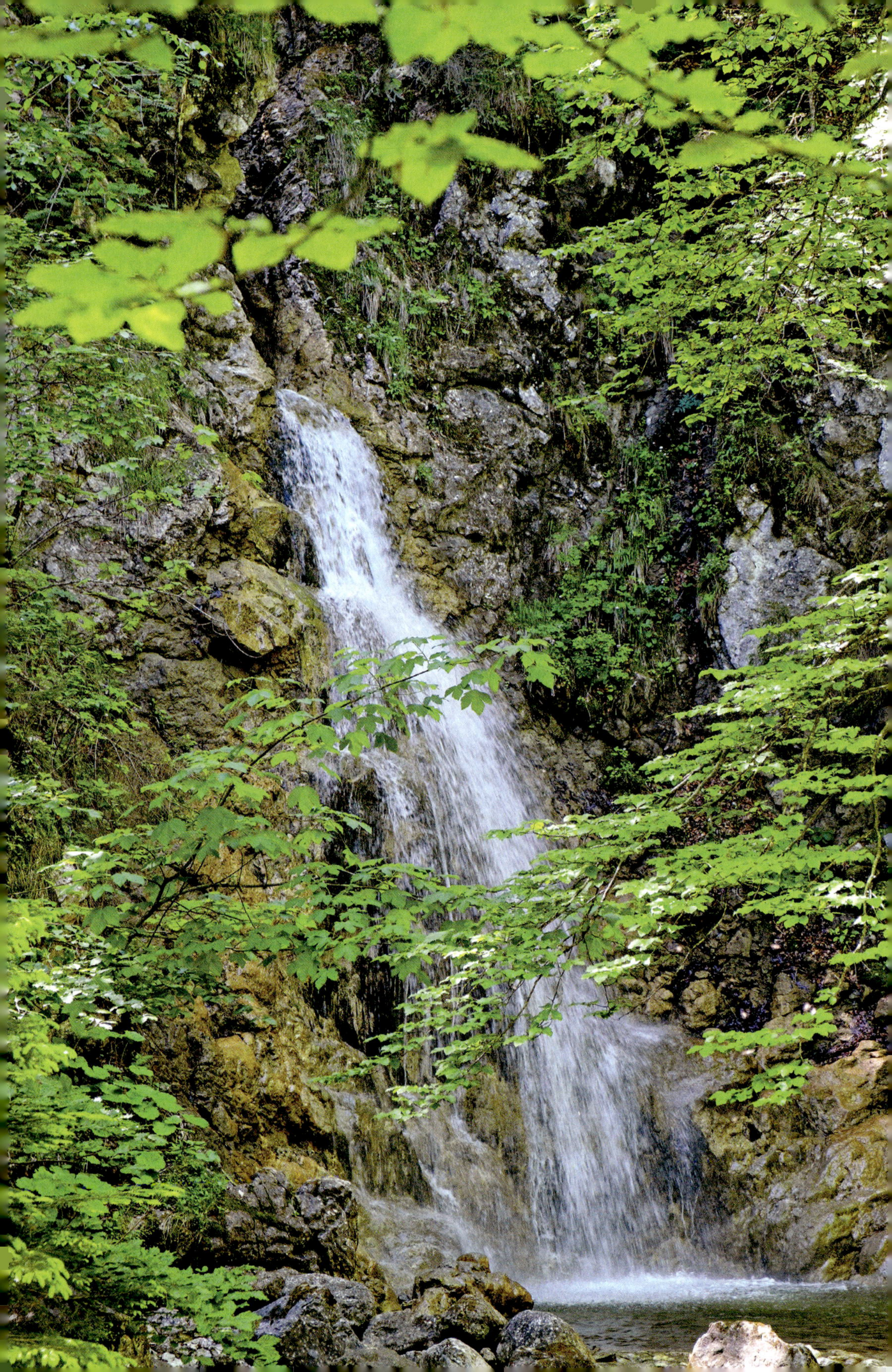

Einleitung

In diesem Buch sind 30 Wanderungen beschrieben, die zu einem Wasserfall oder durch Klammen führen. Das können kürzere Touren sein, aber auch tagesfüllende Wanderungen mit sportlichem Charakter. Mit etwas Grundkondition lassen sie sich sicherlich alle schaffen. Die folgenden allgemeinen Informationen rund ums Wandern und Bergsteigen sollen bei der Planung und Durchführung der Touren helfen.

Ausrüstung

Wasserabweisende und feste Wanderstiefel (oder Trekkingschuhe) sind Grundvoraussetzung für sicheres Wandern – vor allem in den Klammen, wo der Untergrund gern feucht und rutschig ist. Falsches Schuhwerk (Halbschuhe, Turnschuhe etc.) bieten niemals genügend Halt und sind mitverantwortlich für viele Unfälle. Teleskopstöcke sind vor allem beim Abstieg bequem und entlasten die Gelenke. Gut, wenn sie klein und leicht sind und so bei Nichtgebrauch an den Rucksack gebunden werden können. Bei der Auswahl des Rucksacks raten wir, sich ein gutsitzendes Modell von einem Fachhändler empfehlen zu lassen.

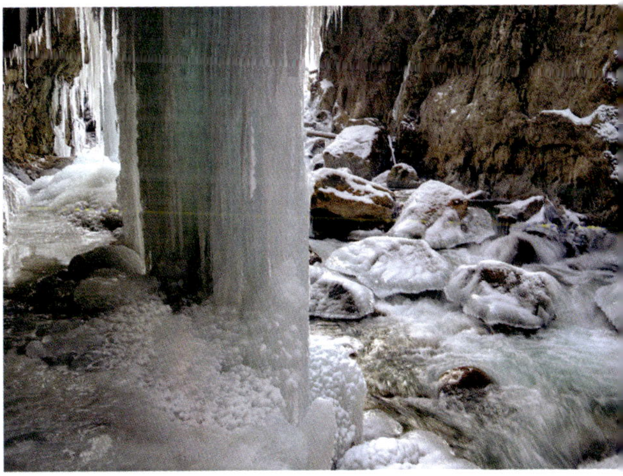

Einige wenige Klammen wie die Partnachklamm lassen sich auch im Winter besuchen (Tour 6).

Linke Seite: Wasserfall in der Schleifmühlenklamm (Tour 2)

Bequeme Wanderbekleidung aus Funktionsmaterial ist praktisch und trocknet schneller. Grundsätzlich gilt das Zwiebelprinzip mehrerer Schichten: Unterhemd, T-Shirt, Bluse/Hemd, Pullover, Jacke. Vor allem eine wärmende Jacke, wie etwa ein Windstopper, darf nicht fehlen. Für viele Klammen ist auch ein Regenschutz (z. B. ein Cape) sinnvoll, aber bitte keinen Regenschirm, denn dieser nimmt auf den engen Wegen zu viel Platz ein und stört so andere Wanderer.

Sonnenschutz (Brille, Creme, Kopfbedeckung etc.) sollte man immer dabeihaben, denn wir sind auf unseren Touren nicht nur in Schluchten unterwegs. Praktisch ist auch ein Insektenabwehrmittel, am besten mit Zeckenschutz (Beine einsprühen nicht vergessen!). Vernünftig ist neben einem kleinen Erste-Hilfe-Set inklusive Rettungsfolie (Fachhandel), das gut im Rucksack liegt und nicht viel Platz braucht, auch ein Handy, mit dem wir sowohl im Notfall helfen als auch selbst um Hilfe bitten können.

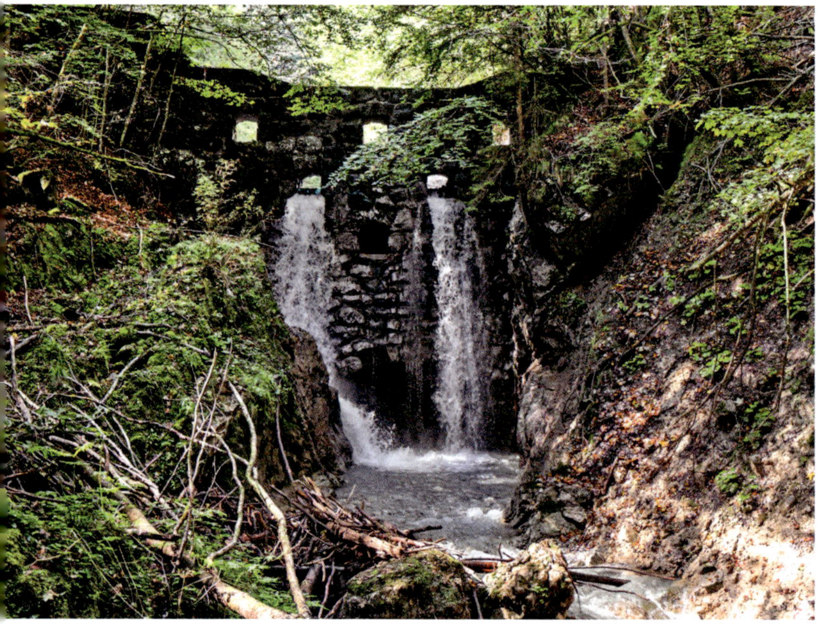

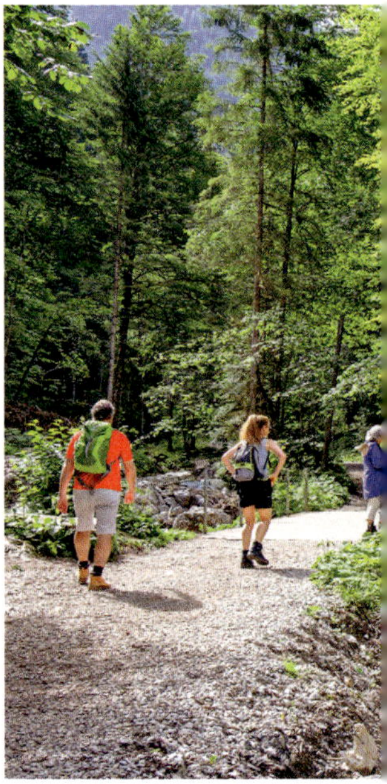

Die Klause am Stanser Bach in der Wolfsklamm (Tour 26)

Gehzeiten

Alle aufgeführten Zeiten sind Richtlinien und verstehen sich als reine Gehzeiten. Für Pausen zwischendurch oder am Gipfel sowie auf Almen und auch für Besichtigungen muss man extra Zeit einplanen.

Kondition und Fitness

Selbstverständlich empfindet jeder die Anstrengung bei einer Wanderung unterschiedlich stark. Unsere Touren würden unter den Kriterien des Alpenvereins wohl alle die Einstufung »leicht« bzw. »mittelschwer« erhalten, und konditionstechnisch hilft uns bei einigen Wanderungen auch ein Lift. Dennoch haben wir in diesem Buch eine Einteilung in die drei Bereiche »leicht«, »mittel« und »schwer« vorgenommen, denn obwohl sich diese Einstufung eher an Wanderungen in der Ebene orientiert, werden neben Flachwanderungen natürlich auch Bergtouren beschrieben. Diese Touren, die in die Höhe führen, erfordern automatisch mehr Kondition und wurden somit als schwieriger eingestuft. Der trainierte Wanderer mag dann bei einer für ihn eher mittelschweren, hier aber als »schwer« eingestuften Bergtour vielleicht

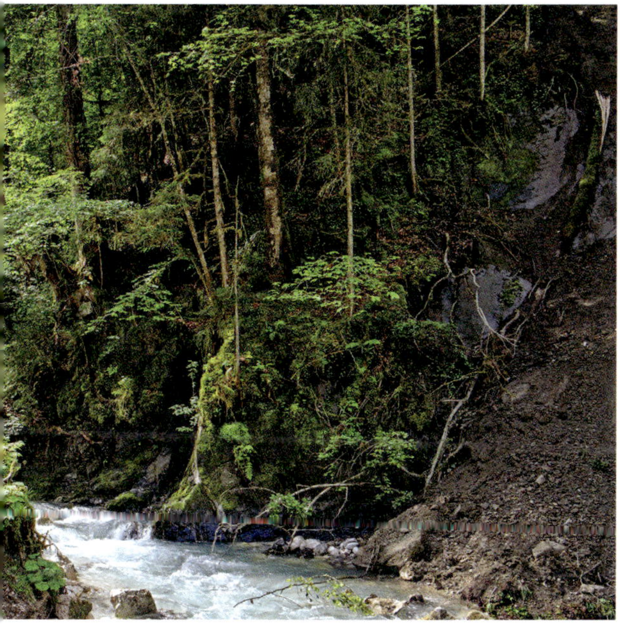

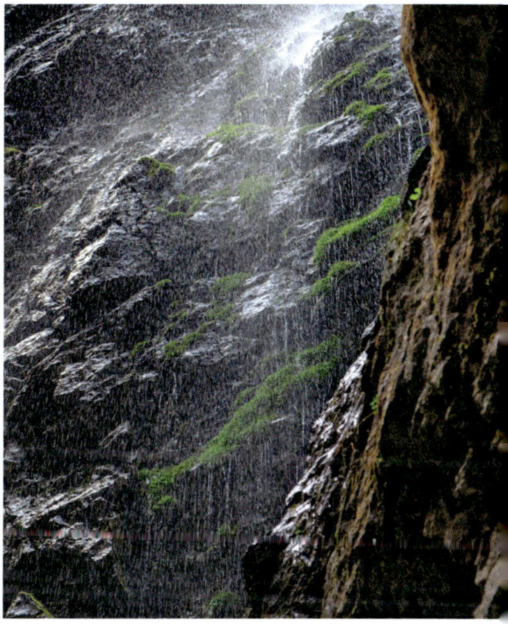

darüber schmunzeln, doch grundsätzlich gilt: Lieber mit den einfachen Touren beginnen, steigern kann man sich immer!
Beim »Tourencharakter« haben wir uns bemüht, die jeweiligen Wegbeschaffenheiten sowie die gegebenenfalls zu erwartenden Schwierigkeiten genau zu beschreiben – vor allem, wenn Trittsicherheit und Schwindelfreiheit verlangt werden.

Oft tropft das Wasser auch von oben auf uns herab – wasserscheu darf man nicht sein!

Links: Auf dem Weg in die Höllentalklamm (Tour 7)

Gegen Hunger und Durst

Fast alle Touren führen zu einer Einkehr, Wirtshäuser und/oder Almen liegen oft am Weg. Zur Sicherheit sollte man aber die Öffnungszeiten im Vorfeld noch einmal überprüfen – Almen haben meist nur im Sommer geöffnet, und in Gasthäusern wechseln Pächter und Ruhetage bzw. sind sie gerade in der Übergangszeit teilweise geschlossen. Zudem öffnen manche Hütten bei schlechtem Wetter nicht. Es schadet sicherlich nicht, ausreichend Getränke und etwas Notproviant, der aus Obst, Keksen oder einem Müsliriegel bestehen kann, mitzunehmen.

Sicherheit

Bereits bei der Auswahl der Touren sollte man seine eigene Leistungsfähigkeit und – ganz wichtig! – auch die der Begleiter kritisch in die Planung einbeziehen. Überanstrengen sollte sich niemand! Wichtig ist auch, während der Tour ausreichend Pausen einzulegen und genügend zu trinken. Notfalls brechen Sie die Tour lieber ab. Und grundsätzlich wandert man besser nicht allein – nicht nur, weil es zu zweit lustiger ist, sondern weil im Notfall jemand Hilfe leisten oder holen könnte. Wer wirklich allein losziehen möchte, teilt vorher sein Ziel und seine voraussichtliche Rückkehrzeit anderen mit.

Zur konkreten Planung sollten vor Tourenbeginn unbedingt Erkundigungen über die aktuellen Wegverhältnisse eingeholt werden. Dies ist inzwischen über das Internet in diversen Tourenforen möglich. Gezielte Informationen geben auch die Internetseiten der Seilbahnen oder die Tourist-Informationen.

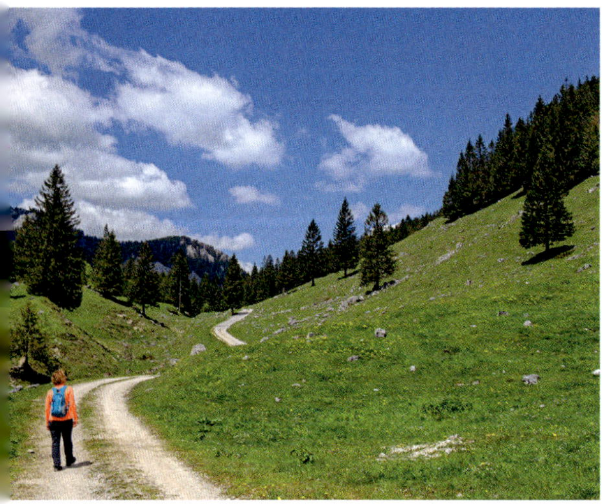

Auf der Wanderung zum Arzmoos-Wasserfall im Sudelfeldgebiet (Tour 19)

Die Mitnahme eines Handys ist sicher immer sinnvoll, denn wo es ein Netz gibt, kann man schnell Hilfe anfordern (Notruf 112) – dabei die W-Fragen nicht vergessen: Wo, was, wie viele Personen sind betroffen etc. Nach dem Notruf sollte man das Handy eingeschaltet lassen und nicht mehr weiter telefonieren – so hat die Rettungsleitstelle die Möglichkeit, bei Fragen zurückzurufen.

Wenn die moderne Technik einmal nicht genutzt werden kann, greift man auf das altbewährte alpine Notsignal zurück: Es besteht aus sechs optischen oder akustischen Signalen (Rufen, Pfeifen, Winken) in der Minute (alle 10 Sekunden), dann folgen drei Minuten Pause vor einer Wiederholung. Antwort: dreimal pro Minute ein Signal.

Wanderkarten

Die Wanderungen sind vor Ort gut ausgeschildert und markiert und werden zudem im Buch detailliert beschrieben, sodass man sich problemlos ohne zusätzliches Kartenmaterial zurechtfinden

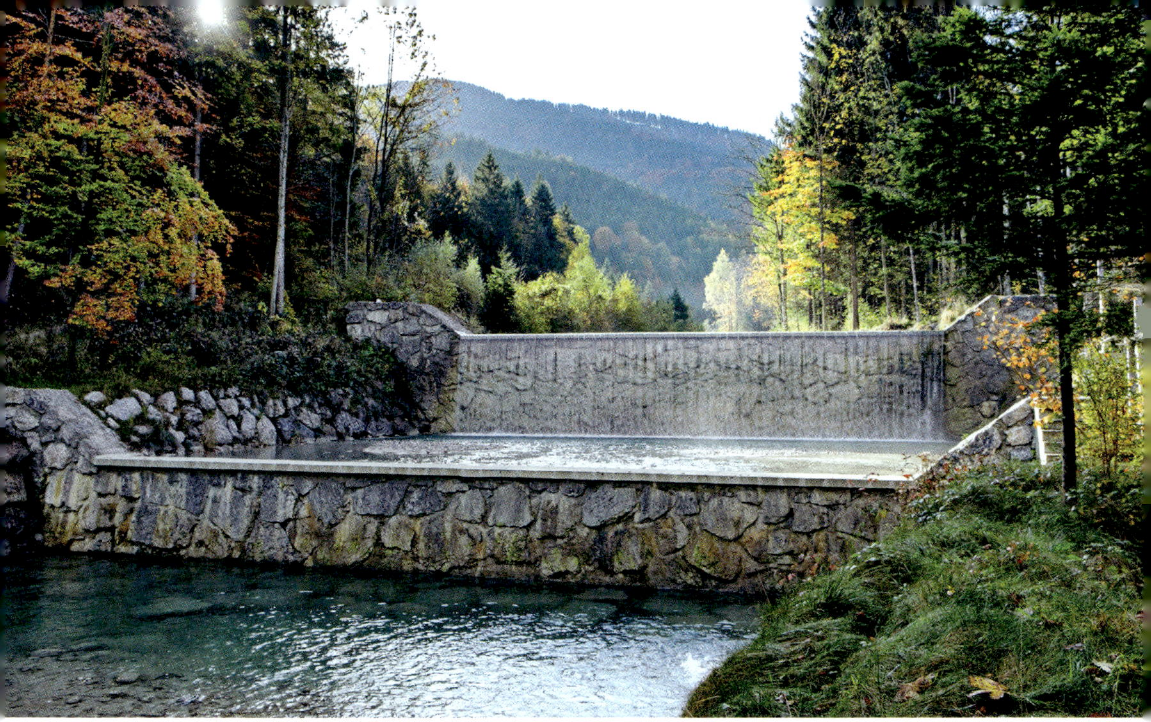

sollte. Dennoch empfehlen wir, immer eine Wanderkarte des Gebiets mitzunehmen – hilfreich sind hier u.a. die Kompass-Karten, die noch dazu fast überall erhältlich sind.

Wasserparadies am Oberen Jenbach bei Bad Feilnbach (Tour 18)

Wetter

Das Wetter spielt beim Wandern eine entscheidende Rolle, vor allem am Berg, da es sich unglaublich schnell ändern kann. Deshalb sollte man unbedingt direkt am Wandertag noch einmal die Wetterprognosen abrufen. Wenn für den Nachmittag Gewitter angekündigt sind, sollte man früh aufbrechen, um rechtzeitig die Tour beendet zu haben, auch wenn sich am Morgen noch keine Wolke am Himmel zeigt. Wer von einem Gewitter überrascht wird, sollte besser umkehren und vor allem exponierte Wegstellen meiden. Vorsicht ist auch bei starkem Wind in Wäldern geboten – es besteht immer die Gefahr von Windbruch durch herabfallende Äste.

Naturschutz

Wir sind nur Gast in der Natur und sollten – außer Fußspuren – nichts hinterlassen. So schön Bergblumen sind und zum Mitnehmen locken mögen: Ein Großteil von ihnen steht unter Naturschutz, und auch nachfolgende Wanderer erfreuen sich an

SPECIAL

Für die Wanderungen zu Wasserfällen und durch Klammen gelten einige Besonderheiten:

- Auf gesicherten Wegen durch Klammen bestehen höhere alpine Risiken (Steinschlag, umstürzende Bäume oder abrechende Äste) als in anderen Gebieten.

- Bei plötzlichem Starkregen können Klammwege zu lebensbedrohlichen Engstellen werden. Flutwellen sind zwar selten, aber den Wassermassen könnte man nicht ausweichen.

- Viele Wege durch Schluchten sind durch Geländer gesichert, das aber nicht immer zwingend durchgehend. Trittsicherheit ist immer nötig, manchmal auch Schwindelfreiheit. Die Wege sind meist feucht und können rutschig sein, was gutes Schuhwerk besonders nötig macht. Achtung auch bei niedrigen Felsvorsprüngen!

- In vielen Klammen wird ein Wegezoll verlangt. Diese Gebühr dient vor allem zum Erhalt der Wege, Stege und Brücken.

- Kinder lieben Klammwege, denn sie sind spannend, und am Wasser entlang laufen die Kleinen ganz von allein. Trotzdem sollte man die Kinder in einer Schlucht niemals aus den Augen bzw. allein umhersausen lassen – auch wenn die Wege gesichert sind, besteht die Gefahr, dass Kinder auf die Absperrungen klettern oder untendrunter durchrutschen. Übrigens lassen sich die engen Schluchten mit ihren vielen Stufen (bis auf wenige Ausnahmen) nicht mit dem Kinderwagen befahren, und selbst mit einer Kraxe kann es aufgrund der niedrigen Höhe bzw. durch Felsvorsprünge schwierig werden.

- Einige Schluchten lassen sich auch im Winter begehen, andere sind gesperrt. An die Absperrungen muss man sich natürlich halten, denn die Wege hier können immer vereist sein! Gefährlich wird es zur Schneeschmelze, da Gefahr durch Eisbruch droht – zu dieser Zeit sind alle Klammen gesperrt.

- Unter Wasserfällen kann man baden, sofern es nicht ausdrücklich verboten ist. Aber Achtung: Unter der Naturdusche herrscht ebenfalls große Steinschlaggefahr! Die Steine werden genauso wie Äste durch das Wasser mitgerissen und können von oben herabfallen. Bitte auch nicht mit Sonnencreme auf der Haut ins Wasser steigen – das glasklare Wasser soll nicht verunreinigt werden, bietet es hier doch zahlreichen Tieren und Pflanzen einen Lebensraum, der sehr klein und fragil ist! So stört man z. B. auch die Wasseramsel nicht oder zertritt seltene Moose auf Steinen im Wasser.

Bei all unseren Handlungen in der Natur gilt die Devise: Wir genießen diesen besonderen Lebensraum so, wie er ist, und gehen stets achtsam damit um bzw. verändern nichts!

ihnen. Des Weiteren nimmt man seinen Abfall wieder mit ins Tal, und zwar jeglichen, auch den, der normalerweise verrottet! Ein besonderes und leidiges Thema sind die mittlerweile zahlreichen Papiertaschentücher, die man hinter allen Holzstößen und Büschen findet – daher richtet sich dieser Apell vor allem an die weiblichen Wandersleut': Ein Taschentuch ist für das »kleine Geschäft« in der Natur definitiv nicht nötig (Männer benutzen auch nie eines)!
Die Wege, die wir gehen, sind offizielle Wanderwege (Alm- und Forststraßen, schmale Pfade und Steige), die extra angelegt wurden. Der Unsitte, Wege abzukürzen, folgen wir nicht, entstehen doch so Erosionsschäden! Ebenso laufen wir nicht querfeldein über eine Wiese, die als Nahrungsgrundlage für Almtiere dient – nur wenn der offiziell markierte Wanderweg über die Wiese führt, dürfen wir ihn nehmen, ansonsten gehen wir an ihrem Rand entlang. Alle Gatter und Weidevorrichtungen, die wir öffnen, müssen auch immer wieder verschlossen werden.
Und zu guter Letzt: Durch die Anreise mit öffentlichen Verkehrsmitteln zum Ausgangspunkt einer Tour können wir einen kleinen Beitrag zur Entlastung der Umwelt leisten. Deshalb haben wir, wo möglich, die Anreise mit dem ÖPNV angegeben.

Am Arzmoos-Wasserfall (Tour 19)

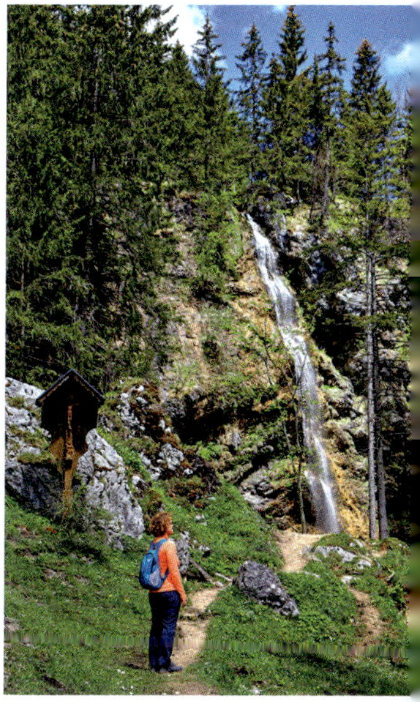

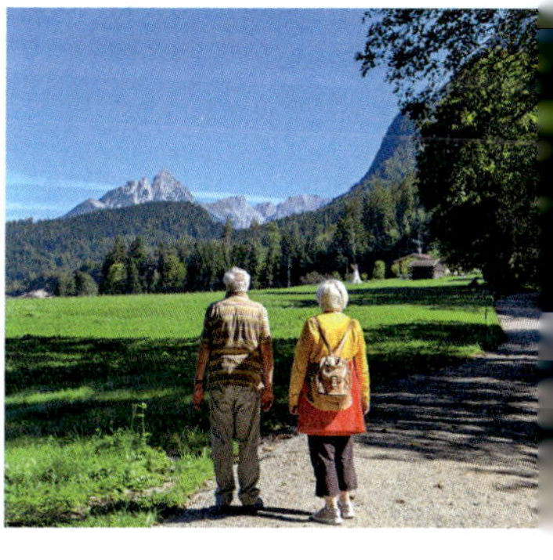

Einige kürzere Touren wie in Bad Häring eigenen sich besonders gut für Senioren (Tour 22).

Corona

Bei Drucklegung dieses Buchs war noch nicht absehbar, welche Auswirkungen die COVID-19-Pandemie auf die Situationslage und damit auf die beschriebenen Wanderungen haben wird. Daher sollte man sich zuvor genau erkundigen über:

- die Ein- und Ausreise nach und von Österreich
- die Bestimmungen bei der Benutzung öffentlicher Verkehrsmittel und Seilbahnen sowie die Öffnungen bzw. Besuche von Gaststätten
- die allgemeinen Neubestimmungen innerhalb des Infektionsschutzes.

Gegebenenfalls unterliegen bestimmte Gebiete einer Impfpflicht.
Wichtig: In einigen Klammen besteht Maskenpflicht, da man aufgrund der engen Wegverhältnisse den Mindestabstand nicht einhalten kann – hier wurden zudem auch Einbahn-Wanderrichtungen eingeführt.

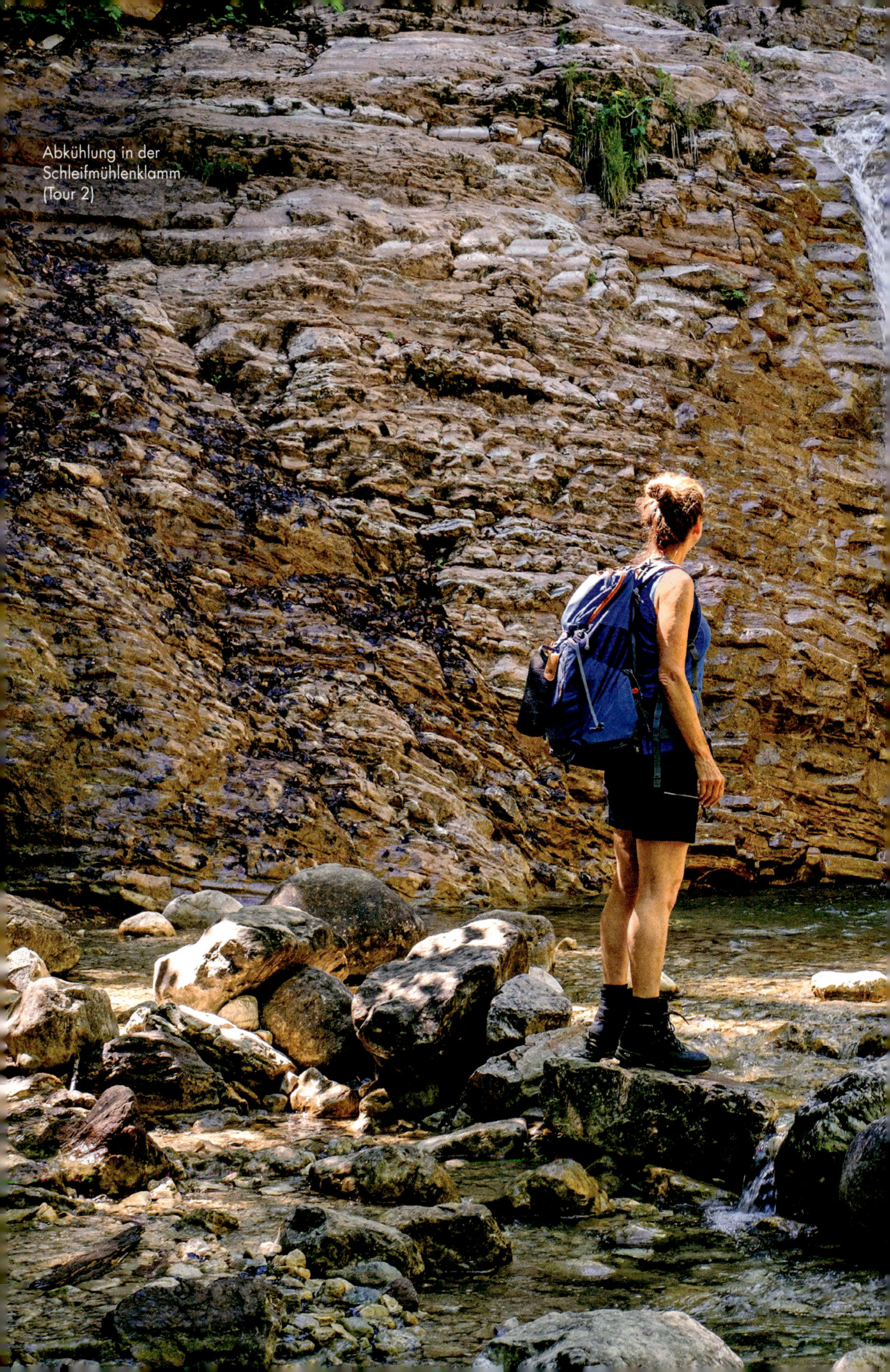
Abkühlung in der Schleifmühlenklamm (Tour 2)

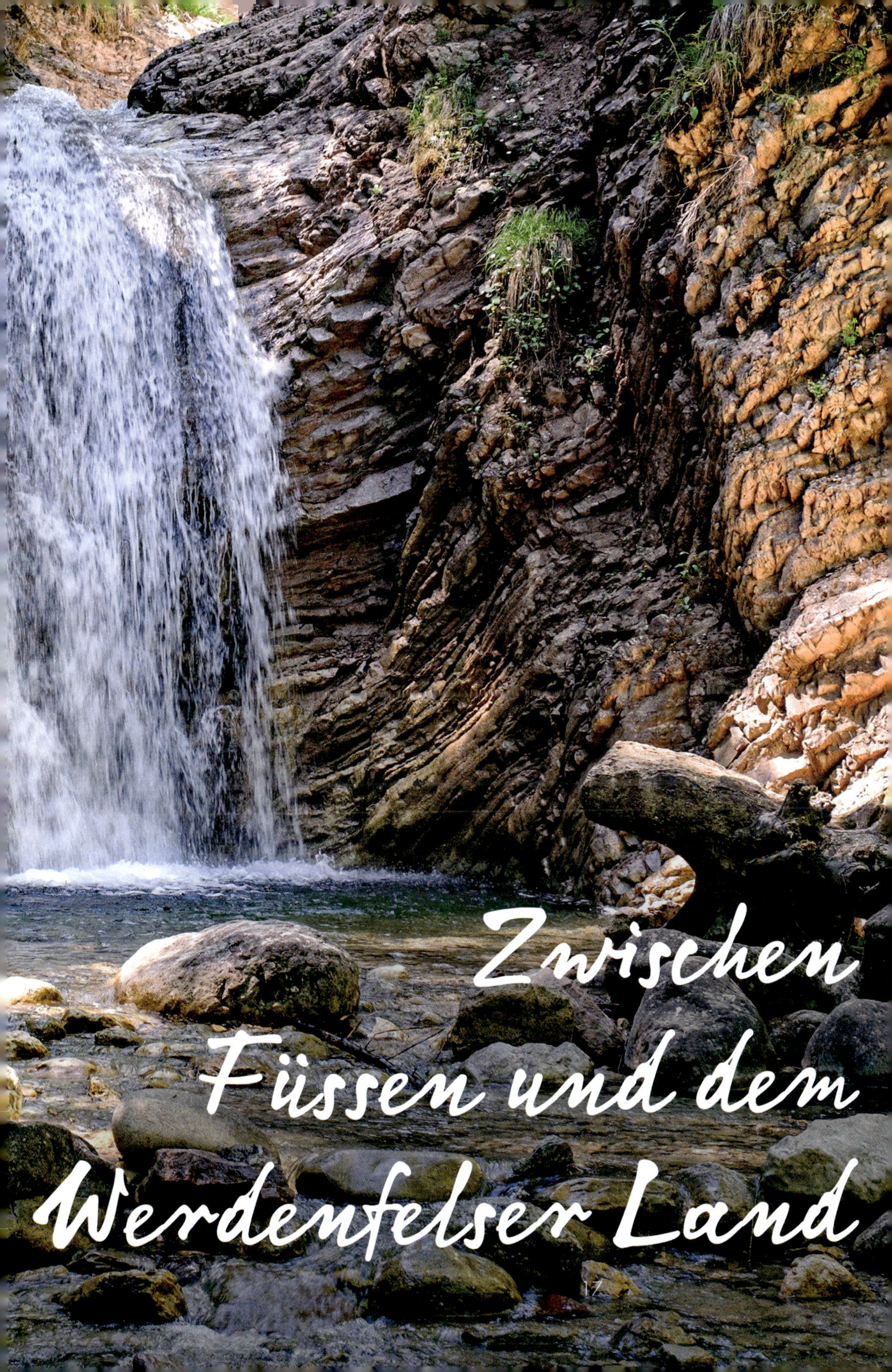

Zwischen Füssen und dem Werdenfelser Land

1 Die Drachenschlucht von Roßhaupten

Perfekte Mischung aus Wasser und Aussicht

mittel | 13 km | ↑↓ 300 Hm | 4 Std.

Tourencharakter
Längere Rundtour auf Wanderwegen und kleinen Pfaden. Am Beginn gewinnt man Höhenmeter mit der Besteigung des Buchs, danach nur noch wenige Steigungen.

Ausgangs-/Endpunkt
Roßhaupten, Rathaus/Hauptstraße
GPS: 47.653618, 10.718157

Anfahrt
ÖPNV: Mit der Bahn bis Füssen, weiter mit dem Bus nach Roßhaupten
Auto: Roßhaupten liegt an der B 16 am Nordende des Forggensees. Parkmöglichkeiten in der Ortsmitte, Mini-Parkhaus hinter dem Rathaus

Einkehr
Unterwegs keine. Unbedingt Brotzeit mitnehmen, es gibt herrliche Rastplätze vor allem am Buch, auf dem Kobus und am Forggenseeufer. Badesachen im Sommer nicht vergessen

Information
rosshaupten.de

Direkt bei Roßhaupten findet man einen beachtlichen Moränenhügel mit unglaublicher Aussicht. Dazu überrascht die Drachenschlucht, die uns zum Forggensee bringt – eine kurze Wanderung, aber oho!

Über den Buch Vom **Roßhauptener Rathaus** folgen wir der Hauptstraße vorbei an der Kirche St. Andreas in Richtung Seeg und biegen kurz vor dem Dorfende links in den Feldweg ein, der Richtung Buch/Zwieselberg beschildert ist. Zunächst gemütlich ansteigend, geht es in den Wald, wo wir über zwei Kurven an Höhe gewinnen. Ein Wegstück später weist uns das Wanderschild zum Buch nach rechts auf einen Pfad, der gleich darauf ein Bächlein quert. Jetzt geht es steiler bergauf zu einer Forststraße, auf die wir uns nach rechts wenden (bis zu dieser Stelle werden wir später wieder absteigen).

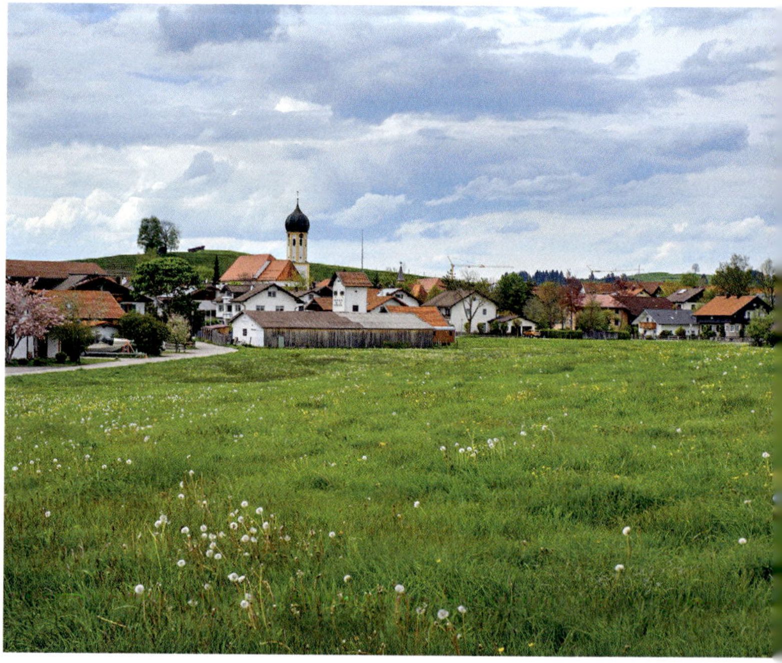

Das malerische Dorf Roßhaupten liegt bereits am Rand des Ostallgäus.

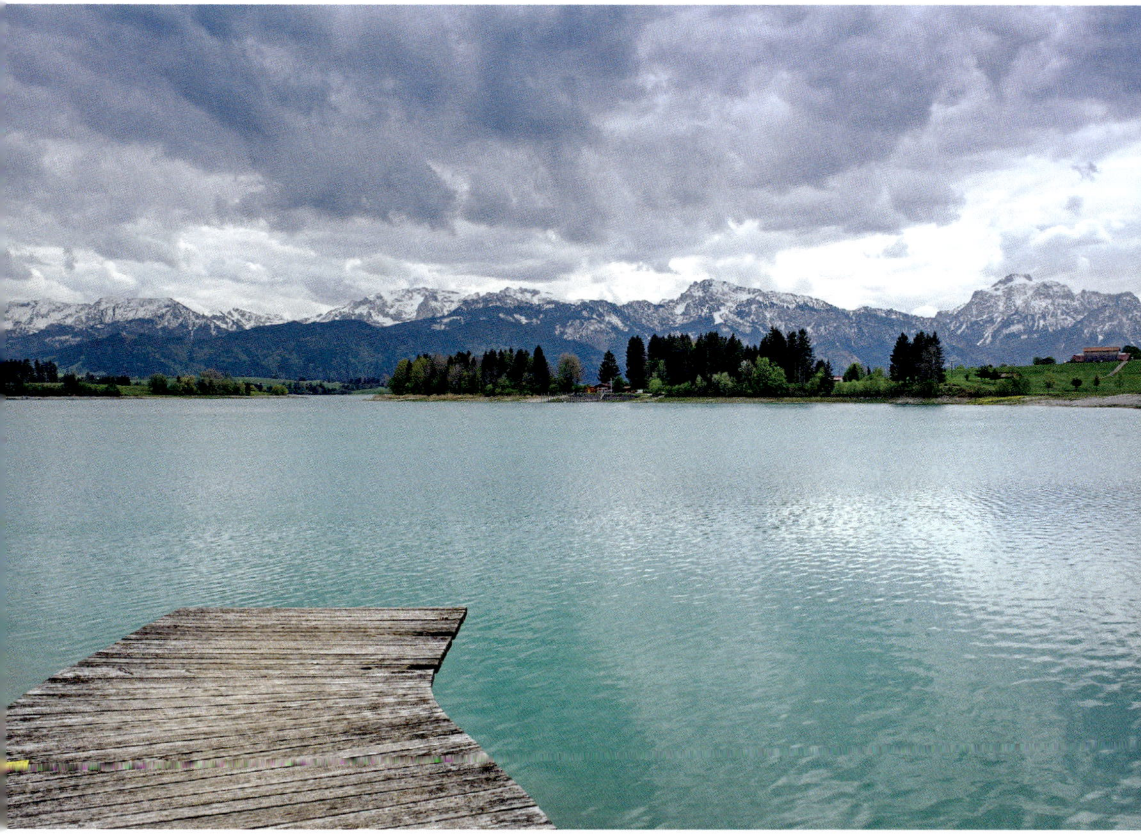

Wasser und Berge satt dürfen wir auf dem Rückweg am Forggensee erleben.

Nach einer Linkskurve geht es durch einen herrlichen Buchenwald zu einem **Aussichtspunkt mit Rastbank**. Es lohnt sich, von hier in wenigen Minuten bis zum Gipfelkreuz des 1055 Meter hohen **Buchs** hinaufzusteigen. Von der dortigen Bank auf der Almwiese genießen wir einen perfekten Ausblick, der über den Forggensee in die nahen Allgäuer Berge hinein reicht, die von hier aus so mächtig und groß erscheinen. Gut, wer eine Brotzeit mitgebracht hat – diese schenkt uns noch mehr Zeit zum Verweilen.

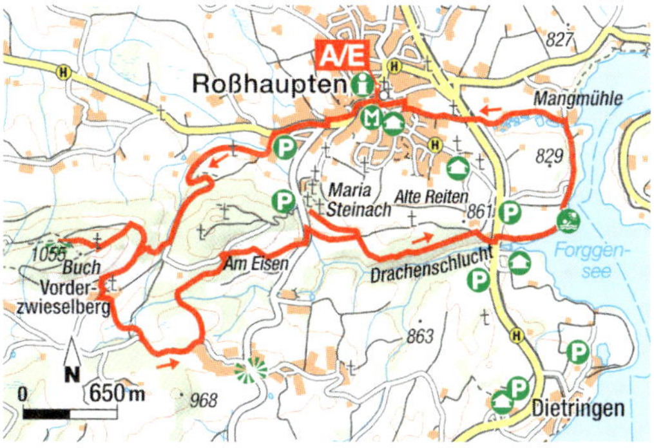

Panorama-Abstieg Danach steigen wir auf dem Hinweg abwärts zur Forststraße. Dort bleiben wir geradeaus und wandern aussichtsreich durch den Weiler **Vorderzwieselberg**. Wir folgen hier jedoch nicht der Teerstraße bergab, sondern biegen vorher scharf links ein (unbeschildert!), um auf ei-

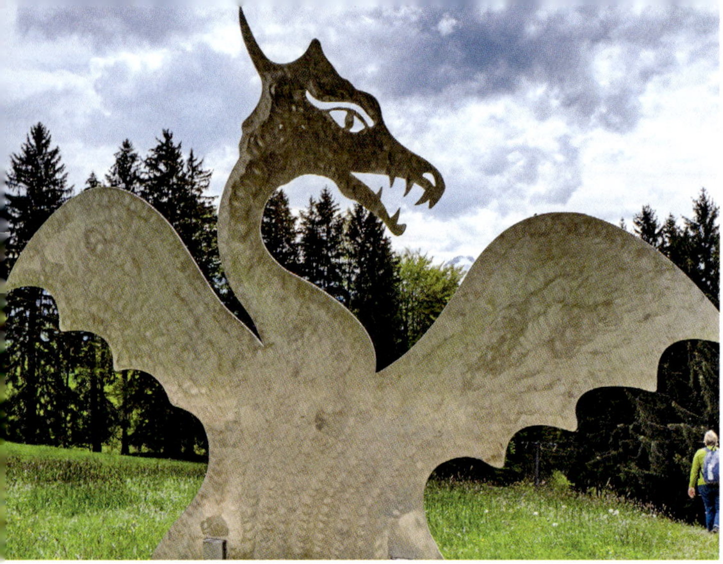

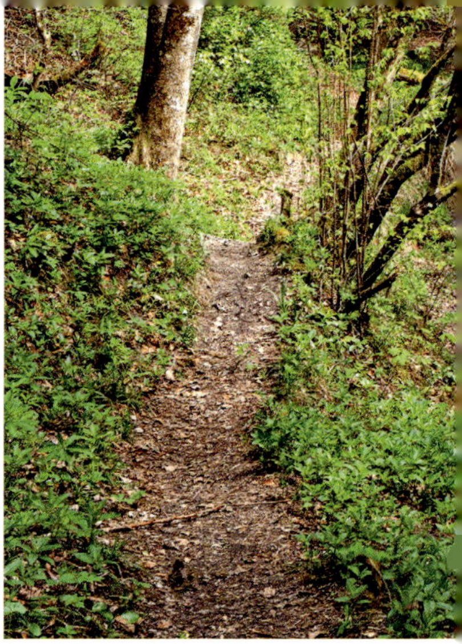

Auf Drachen treffen wir mehrmals auf dieser Tour.

Rechts: Grüne Wildnis in der Drachenschlucht

nem Wiesenweg über die Felder abzukürzen. Wir treffen auf ein Sträßchen, auf dem wir nach links wandern. Kurz vor den nächsten Häusern biegen wir links in einen schmalen Wanderweg ein, der Beschilderung »Am Felsen« folgend. Wildromantisch geht es gleich darauf rechts auf einem Pfad durch ein Wäldchen – wir dürfen uns dabei aber nicht wundern, dass uns der Weg fast retour nach Vorderzwieselberg bringt, denn schließlich folgen wir dem **Bernmoosbach** nach rechts und sind kurz darauf wieder auf einem breiteren Forstweg unterwegs.

Der Heilige Magnus und sein Drache

Der Legende nach tötete der Hl. Magnus – ein Mönch, der von Füssen die Gegend christianisierte – einst im Tiefental bei Roßhaupten einen Drachen. Aus dieser Geschichte heraus entstand die Idee für den Drachenweg, auf dem wir heute unterwegs sind.

In einer Serpentine teilt sich dann der Weg. Wir halten uns rechts und wandern gleich darauf über Almwiesen sanft bergab. Die Aussicht ist prächtig, das Gras steht im Frühjahr hoch, und die ersten Kühe sind dann auf der Weide. An einem landwirtschaftlichen Gebäude ist der Weg zu Ende, und wir stoßen auf die Straße nach Ussenburg. Diese queren wir etwas nach links und folgen nun der Beschilderung zum Drachenweg.

Durch die Drachenschlucht Dafür geht es geradeaus in den Feldweg hinein, wobei sich ein Abstecher nach links hinauf zum **Aussichtspunkt Kobus** lohnt – dort finden wir nicht nur die Reste des alemannischen Höhenwalls Gabis, sondern auch einen weiteren schönen Rastplatz. Unser **Drachenweg** zweigt wenig

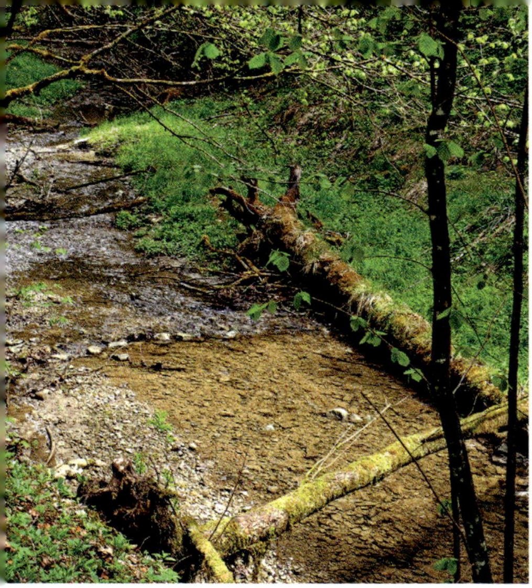

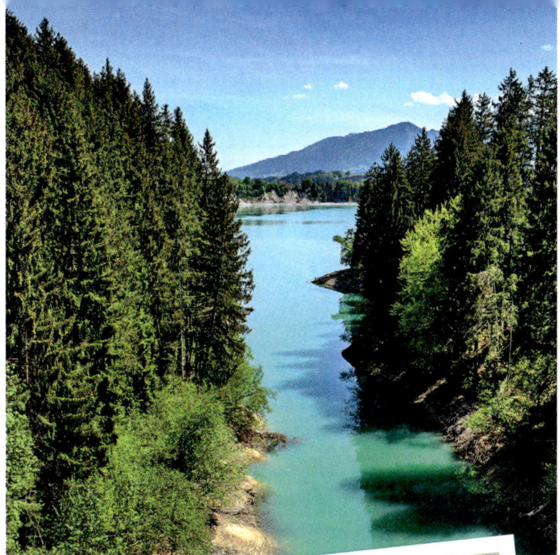

später vom Feldweg nach rechts ab, und es geht leicht abwärts über eine Wiese und durch ein Waldstück zu einer Forststraße. Dieser folgen wir nach links und passieren das **Drachenbrünnlein**. Ein gutes Stück weiter steigen wir dann rechts auf einem steilen Weg abwärts in die **Drachenschlucht**; das **Drachentor** zeigt uns den Weg. In der Talsohle treffen wir dann wieder auf den Bernmoosbach, der wildromantisch durch eine kurze Schlucht bis zum Forggensee fließt. Viel zu schnell ist der schöne Weg vorbei, und wir steigen mit Blick auf die Tiefentalbrücke aufwärts zum größeren Forstweg. An der **Tiefentalkapelle** stoßen wir auf die B 16, die wir unterqueren.

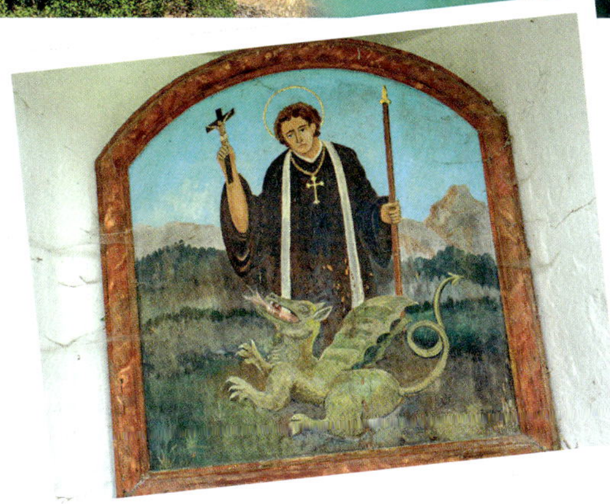

St.-Mang-Kapelle bei Roßhaupten

Oben: Die Drachenschlucht wird zum Tiefental, bevor sie sich mit dem Forggensee vereint.

Am Forggenseeweg Für den Rückweg folgen wir nun noch ein Stück dem **Forggensee-Uferweg**. Nach gut 10 Minuten erreichen wir den **Badeplatz »Via Claudia«**, eine der schönsten Stellen am See, wo man mit herrlichem Bergpanorama schwimmen kann. Der Weg wendet sich nach Norden, aber gleich folgen wir wieder rechts dem Ufer. So erreichen wir die **Mangmühle**, vor der wir nach links abbiegen, um an den **Fischweihern** vorbei der Beschilderung nach Roßhaupten zu folgen. Noch einmal unterqueren wir die B 16, dann geht es vorbei an der **Kapelle mit dem Heiligen Magnus** nach Roßhaupten zurück. Mit der dortigen Kirche im Blick erreichen wir wieder die Hauptstraße und somit unseren Ausgangspunkt am **Rathaus**.

2 Durch die Schleifmühlenklamm

Mit Gipfelglück zur Schlucht

leicht · 5,5 km · ↑↓ 250 Hm · 2 Std.

Tourencharakter
Einfache Wanderung, Aufstieg über eine Forststraße und auf steilen, schmalen Bergpfaden. Beim Abstieg geht es auf ebenfalls schmalen Wegen und Stegen durch die Schleifmühlenklamm.

Ausgangs-/Endpunkt
Wanderparkplatz Steckenberg bei Unterammergau
GPS: 47.609992, 11.019727

Anfahrt
ÖPNV: Von München Richtung Oberammergau bis Haltestelle Unterammergau, dann zusätzlich 20 Min. Fußweg
Auto: Über die A 95, weiter nach Oberau, dort rechts auf die B 23 und über Ettal und Oberammergau bis zum Ortsanfang von Unterammergau, dort links zum Wanderparkplatz Steckenberg

Einkehr
Unterwegs keine, aber fast direkt am Startplatz liegt die Steckenbergalm mit der Sommerrodelbahn.

Information
ammergauer-alpen.de

Die Schleifmühlenklamm ist meist nur der Auftakt für höhere Bergziele wie den Pürschling oder den Teufelstättkopf. Aber es gibt auch noch einen kleinen unbekannten Gipfel, den die meisten links liegen lassen: das Steckenbergkreuz.

Zum Steckenbergkreuz Wir starten am **Wanderparkplatz** und gehen zunächst geradeaus auf der leicht ansteigenden Forststraße in Richtung Pürschling. Die Abzweigung nach rechts in die Schleifmühlenklamm lassen wir vorerst unberücksichtigt – wir werden die Klamm erst am Ende der Tour von oben kommend durchwandern. Jetzt dauert es nicht lange, und schon biegen wir von der Pürschlingstraße links auf den **Bergpfad** ab, der zum Steckenbergkreuz ausgeschildert ist. Aber Vorsicht, diese Abzweigung kann man leicht übersehen! Sollten wir an das obere Ende der Klamm kommen, sind wir zu weit gegangen.

Nun geht es steil aufwärts und im Zickzack stets an der **Hangkante** entlang. Der Weg ist von frei liegenden Baumwurzeln überzogen, und bei Nässe muss man hier etwas aufpassen. Aber so macht Wandern einfach viel mehr Spaß als auf geebneten Forstwegen. Ab und zu finden wir an den Bäumen ein weißes Schild mit einem kleinen grünen Pfeil, dem wir folgen. Nach einem ersten steileren Stück treffen wir oberhalb der Skipisten – die im Sommer allerdings als solche schwerer zu identifizieren sind – auf einen Forstweg. Diesem folgen wir nach rechts, und schon kurz darauf weist uns der grüne Pfeil wieder nach links auf einen Wanderweg in den Wald. Der Pfad führt weiter an der Hangkante

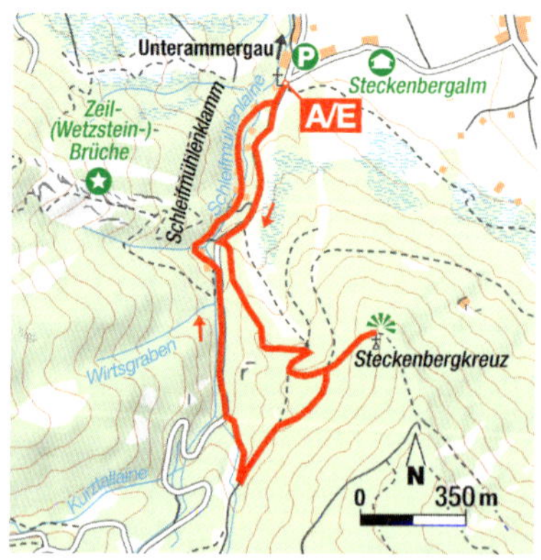

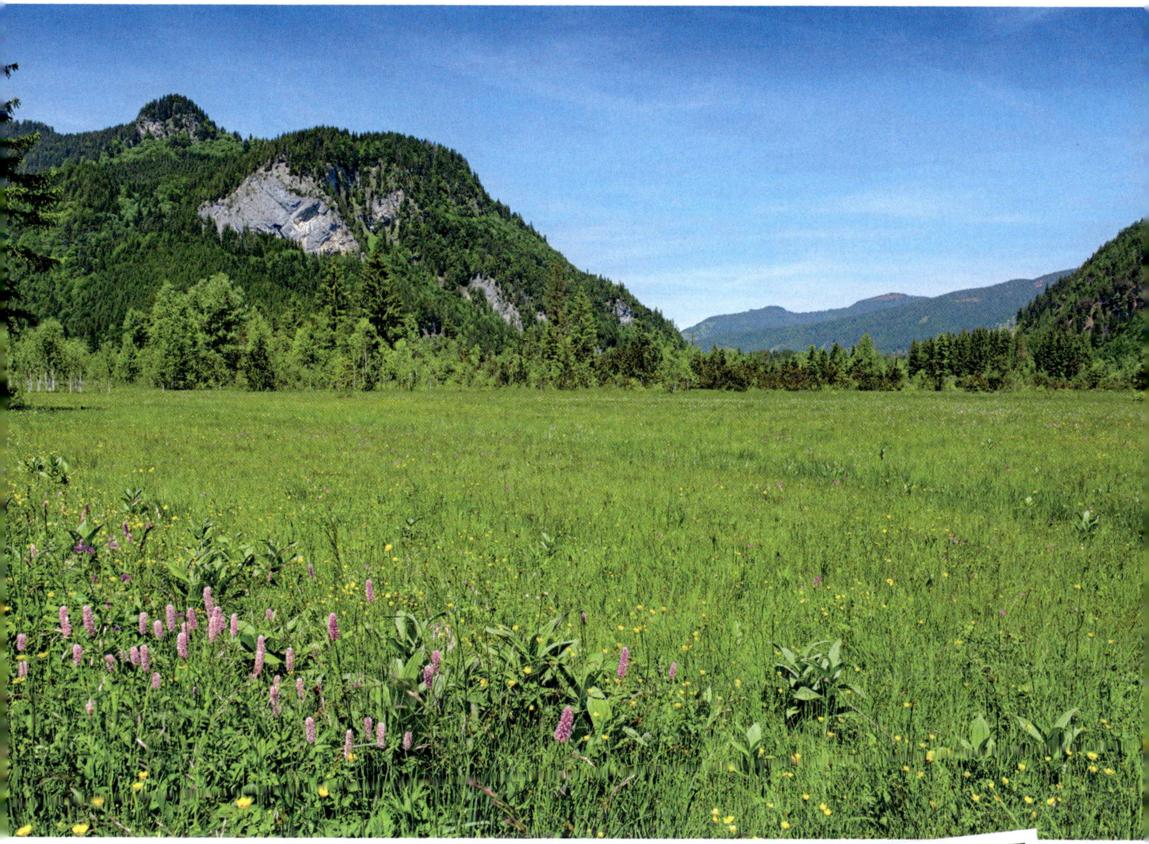

entlang aufwärts, bis sich der Wald langsam lichtet. Das letzte Stück geht es nun nochmals steil entlang eines Zauns hinauf zum **Steckenbergkreuz** (1211 m).

Von der Aussicht in die kühle Klamm

Das Kreuz steht auf einem winzigen Wiesenbuckel hoch über dem Ammertal. Unter uns liegt Unterammergau, direkt nördlich davon erhebt sich das Hörnle. Eine Lücke gibt den Blick auf den Hohen Peißenberg frei, und bei guter Sicht sind die kleine Wallfahrtskirche und die Wetterstation auf seinem Gipfel mit bloßem Auge zu erkennen. Noch weiter in der Ferne erkennt man die Satellitenschüsseln der Erdfunkstelle von Raisting und dahinter sogar das Südufer des Ammersees.

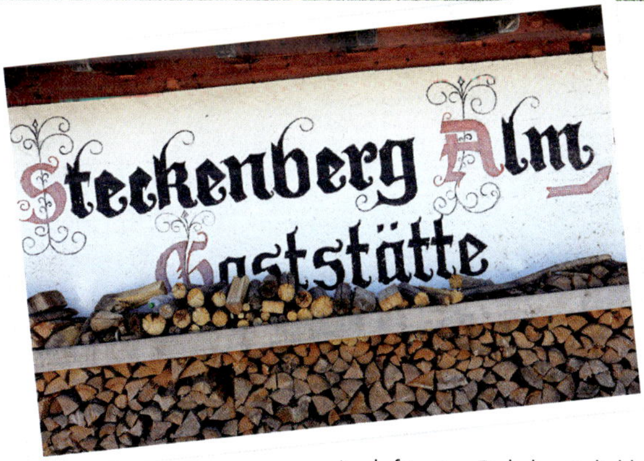

Auch für eine Einkehrmöglichkeit ist gesorgt.

Oben: Nach der Wanderung ist sicher noch etwas Zeit für das sonnige Ammermoor zwischen Unterammergau und Ettal.

Zurück geht es anfangs das erste steile Stück auf demselben Weg, den wir gekommen sind. Wir können die Tour aber zu einem Rundweg gestalten – dafür brauchen wir nur etwas Orientierungssinn und ein wenig Gespür für ein kurzes Wegstück, wo der Pfad schlecht zu sehen ist. (Achtung: Wer sich unsicher fühlt,

Auf dem Weg in die Klamm

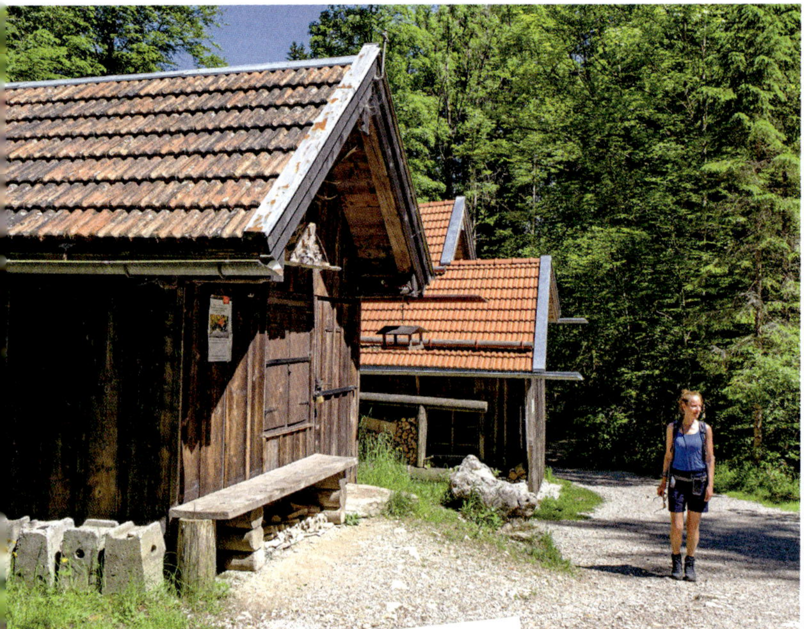

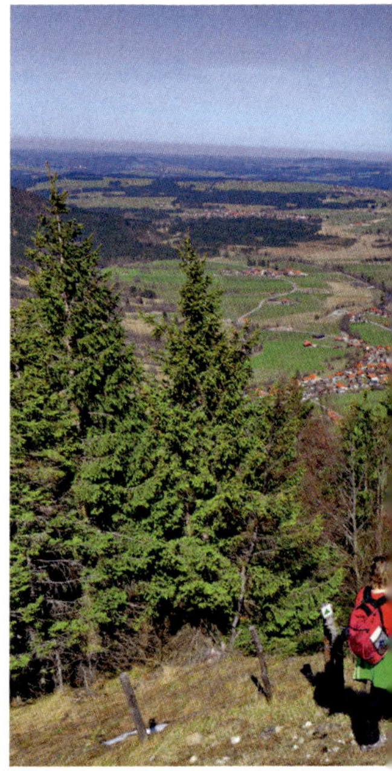

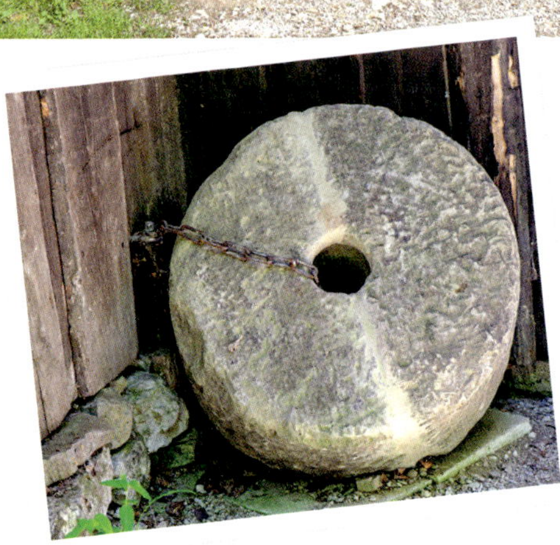

Alter Mühlstein

um diese Rundtour zu wagen, der wandert bis zur Pürschlingstraße am Hinweg zurück und hält sich dann dort für wenige Meter nach links bis zum oberen Ende der Schleifmühlenklamm.) Wenn wir nach dem ersten Steilstück vom Gipfel wieder in den Wald hinunterkommen, sehen wir links von uns zwischen den Bäumen eine **Almwiese**, auf der wir weiter in Wanderrichtung gehen. Anfangs ist der Boden noch sehr feucht, aber nach wenigen Minuten stoßen wir auf einen breiteren Forstweg, der hier beginnt. Wenn wir diesem Weg folgen, erreichen wir über ein **Brücklein** wieder die breitere Pürschlingstraße. Dieser folgen wir nach rechts und bald steil bergab. Von links stößt noch einmal ein breiterer Forstweg zu unserem Weg, wir aber bleiben rechts und wandern weiter hinunter. Bald passieren wir viele

kleine Berghütten, dann weist uns ein Schild nach links in die **Schleifmühlenklamm**.

Historischer Wetzsteinabbau Nun geht es gleich steil hinunter und vorbei am **ersten großen Wasserfall**. Der Weg ist schmal

Links: Aussicht vom Steckenbergkreuz

Das Wasser schäumt und brodelt in der Klamm.

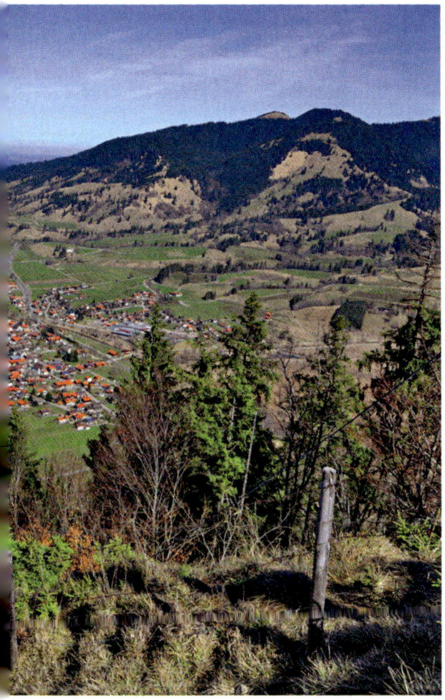

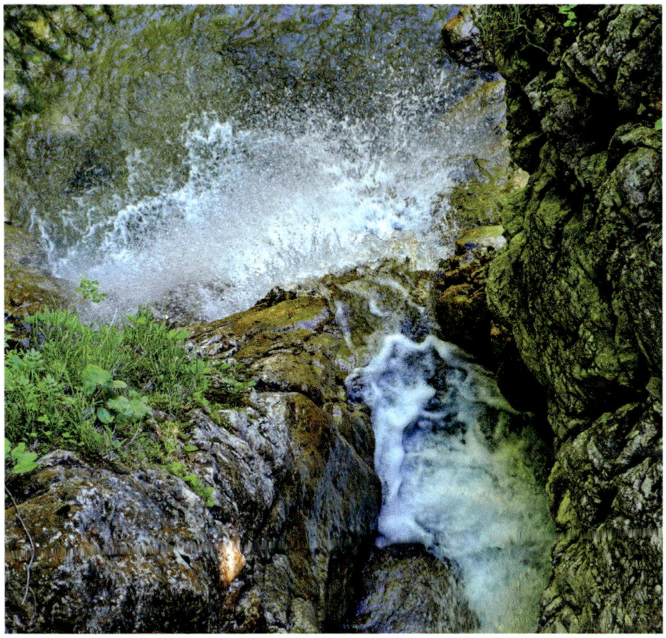

und führt zum Teil über Stege und eiserne Brücken. Das Wasser rauscht in seinem Bachbett und fällt über mehrere Stufen abwärts. Erst im **unteren Teil der Klamm** nähern wir uns allerdings dem Wasser und können hier an mehreren Stellen einen Platz für eine erfrischende Pause suchen. In diesem Bereich der Klamm kann man auch noch Spuren des **Wetzsteinabbaus** erkennen – in der Landwirtschaft wurden früher Wetzsteine zum Schleifen für Sensen benötigt (s. Tipp).
Am Ende der Klamm stoßen wir wieder auf die Pürschlingstraße, der wir nur noch wenige Meter bis zum **Wanderparkplatz** folgen müssen.

Unterammergauer Wetzsteine

In der Schleifmühlenklamm kann man die Spuren der Steinbrecher noch sehen, und im Wetzsteinmuseum neben dem Gasthof Schleifmühle lernt man, wie aus einem groben Steinblock ein Wetzstein wird. Das Wetzsteinmuseum kann zu den Öffnungszeiten des Gasthofs (täglich 10–22 Uhr, Tel. 08822/13 23) kostenlos besichtigt werden.

3 Durch die Asamklamm

Nervenkitzel bei Eschenlohe

leicht | 3,5 km | ↑↓ 120 Hm | 1.30 Std.

Tourencharakter
Einfache Wanderung mit z. T. steilem An- und Abstieg rund um die Klamm. Etwas schwindelfrei muss man für die Klammbrücke sein. Verlängerung der Wanderung zum Heldenkreuz möglich (zusätzlich 170 Hm, 2,5 km)

Ausgangs-/Endpunkt
Eschenlohe, Loisachbrücke
GPS: 47.597377, 11.186997

Anfahrt
ÖPNV: Mit der Bahn nach Eschenlohe, dann zusätzlich 10 Min. Fußweg zur Loisachbrücke im Ortszentrum (einfach den Kirchturm anvisieren)
Auto: Über die A 95 bis Ausfahrt Eschenlohe, weiter nach Eschenlohe und im Ort parken

Einkehr
Unterwegs keine, erst im Anschluss an die Wanderung gibt es den Landgasthof Alter Wirt oder die Taverne Athen in Eschenlohe.

Information
zugspitzland.de

Die Asamklamm ist zwar nicht mit großen Gebirgsschluchten, wie z. B. der Partnachklamm, vergleichbar, aber gerade, weil sie unbekannter ist, genießen wir sie fast alleine. Und für Nervenkitzel ist auf der hohen Brücke gesorgt.

Klamm und Heldenkreuz Wir starten an der **Loisachbrücke** und wandern auf die östliche Fluss-Seite. Gleich drauf teilt sich die Straße, und wir folgen links der Walchenseestraße. Diese quert kurz darauf die Eschenlaine und steigt schließlich bergan. Wir folgen der starken Rechtskurve und passieren den **Tonihof**. Kurz nach den letzten Häusern erreichen wir einen **ersten Wanderparkplatz**. Von hier können wir einen Abstecher zum Heldenkreuz unternehmen (zusätzlich 170 Hm, 2,5 km): Dafür folgen wir zunächst der Forststraße für ca. 800 m in nördliche Richtung, bis nach rechts ein Pfad beginnt, der bis zum Heldenkreuz hinaufführt. Von dort genießen wir eine wunderbare Aussicht über das weite Loisachtal bis nach Garmisch hinein. Zurück geht es dann auf demselben Weg.

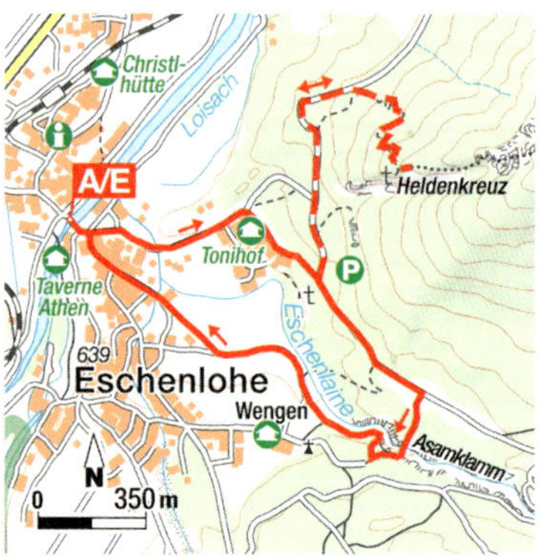

Zur Asamklamm Wer nicht zum Heldenkreuz aufsteigen möchte, folgt einfach weiter der Walchenseestraße. Die erste Abzweigung (ca. 300 m nach dem ersten Wanderparkplatz) nach links in die Asamklamm lassen wir noch unberücksichtigt und wandern ein Stück auf der Straße weiter, bis sich der Wald lichtet und wir auf einer **kleinen Wiese** stehen. Hier biegen wir nun nach links und folgen der Beschilderung zur **Asamklamm** über die Wiese. Sogleich verlieren wir an Höhe und steigen ein Stück Richtung Klamm hinunter.

Sie erhielt ihren Namen vom Hofrat Dr. Wilhelm Asam, der Arzt in Murnau und Eschenlohe war. Früher hieß die Klamm »Schwarze Brüll-Klamm«. Dieser Name passt ebenfalls sehr gut zu dieser Klamm, denn nach starken Regenperioden, verbunden mit der Schneeschmelze, kam es schon des Öfteren in Eschenlohe zu verheerenden Überschwemmungen – und das auch noch in jüngster Zeit (1999 und 2005), wo eigentlich Hochwasser Schutzmaßnahmen bereits vorhanden waren. Dass sich in diesen Momenten die Klamm in ein brüllendes Wasserinferno verwandelt, kann man sich gut vorstellen.

Glattpolierte Felsen im unteren Bereich der Asamklamm laden zum Rasten ein.

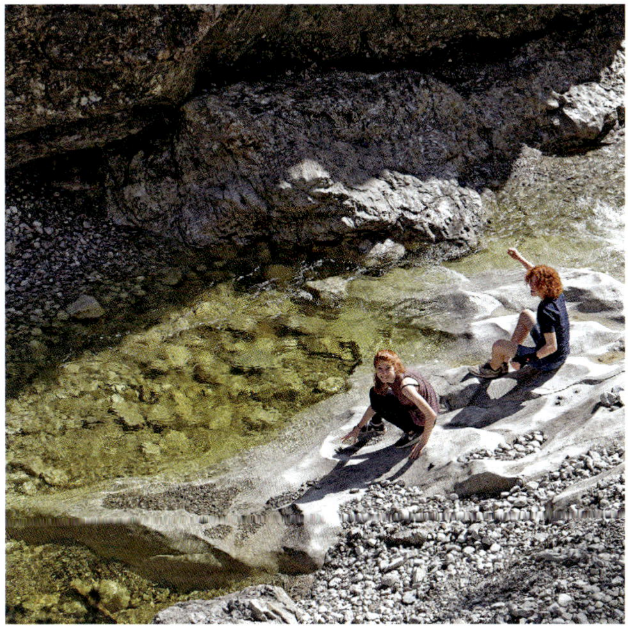

Spannende Brückenquerung Dann queren wir die Eschenlaine auf einer schwindelerregend hohen **Brücke**, die uns tief in das dunkle Wasser hinabblicken lässt. Den Rat, dass nur drei Personen gleichzeitig die Brücke betreten dürfen, sollten wir tunlichst befolgen, denn die Brücke ist schon ziemlich alt: Sie stammt aus dem Jahr 1936. Auf der anderen Seite steigen wir dann in einem kleinen Rechtsbogen hinunter zur **Schlucht**. Wenn es kein Hochwasser hat, ist das ein wunderbarer Platz für eine Rast: Hoch über uns sehen wir den Brückensteg, und tief unter uns sucht sich das Wasser schäumend seinen Weg durch die Felsen.

Kurzweiliger Erlebnispfad

In Eschenlohe gibt es noch einen netten Erlebnispfad, der etwas außerhalb des Dorfs vom neuen Friedhof in der Höllensteinstraße auf den Bühl führt – gerade für Kinder ein spannender und abwechslungsreicher Weg mit 20 Mitmach- und Rätselstationen. Erwachsene freuen sich über die Aussicht an der Nikolauskapelle.

Für den Rückweg bleiben wir einfach in Flussnähe und folgen dem Wasserlauf. Nach einer **Hochwassersperre** lichtet sich der Wald, und schließlich verlassen wir den Flusslauf nach links in die Asamklammstraße. Dieser stets geradeaus folgend, erreichen wir wieder unseren Ausgangspunkt, die **Loisachbrücke**.

4 Die Farchanter Kuhfluchtfälle

Wo die Römer Spuren hinterließen

leicht | 4,5 km | ↑↓ 150 m | 1.30 Std.

Tourencharakter
Sehr leichte, schattige Wanderung mit wenigen Anstiegen – perfekt für den Sommer. Nach den Kuhfluchtfällen ist der Weg bis zur ersten Aussichtskanzel gut ausgebaut, dann wird er steiler und fordert Trittsicherheit.

Ausgangs-/Endpunkt
Farchant, Warmfreibad
GPS: 47.522762, 11.117191

Anfahrt
ÖPNV: Von München mit dem Zug nach Farchant und vom Bahnhof wenige 100 m nach Osten über die Gleise zur Loisach; dort die Wanderung in der entgegengesetzten Richtung beginnen oder zu Anfang entlang der Loisach wandern
Auto: A 95 bis Autobahnende, vor dem Tunnel rechts nach Farchant und zum Warmfreibad (von der Hauptstraße links über die Bahnhofstraße, nach der Loisach rechts bis zum Ende der Esterbergstraße)

Einkehr
Unterwegs keine, aber einige wunderbare Brotzeitplätze. In Farchant ist der Gasthof Alter Wirt mit seinem Biergarten sehr empfehlenswert, ebenso wie das Eiscafé Bella.

Information
farchant.de

Farchant ist ein malerisches Dorf mit alten Bauernhöfen, das man, seit der Fernverkehr durch einen Tunnel läuft, gern übersieht. Dabei gibt es dort einen sehr unterhaltsamen Walderlebnispfad, der zu den Kuhfluchtfällen führt.

Am Walderlebnispfad

Los geht es am **Warmfreibad**, wo wir ein Stück auf der Straße zurückgehen, auf der wir hergefahren sind. Wir passieren die kleine Wiese, auf der im Winter Ski gefahren wird, dann geht es nach rechts und leicht aufwärts auf den **Waldlehrpfad** in Richtung Kuhfluchtfälle. Im weiteren Wegverlauf stoßen wir auf einige sehr nette Mitmach-Stationen, die viel Wissenswertes rund um den Wald vermitteln. Selbst wer ohne Kinder unterwegs ist, findet großen Gefallen an den Rätseln. So wandern wir kurzweilig durch einen lichten und recht jungen Wald. Unsichtbar liegt unter uns der Straßentunnel, der seit 2000 den Fernverkehr von Farchant ableitet.
Schließlich treffen wir unweit des Bergbachs Kuhflucht auf eine Wegverzweigung (hierher werden wir anschließend zurückkommen). Für uns geht es nun auf dem **Königsweg** nach rechts flussaufwärts. Seinen Namen erhielt der Weg 1858 vom bayerischen König Max II., der auf seiner berühmt gewordenen Wanderung von Lindau nach Berchtesgaden die Kuhfluchtfälle besuchte.

Zu den Kuhfluchtfällen

Übrigens stammt der Name Kuhflucht nicht etwa von fliehenden Kühen, sondern vom lateinischen Wort »confluctum«. Das bedeutet übersetzt Zusammenfluss – gemeint ist dabei die Stelle, an der der Bergbach in die Loisach floss. Farchant lag zu

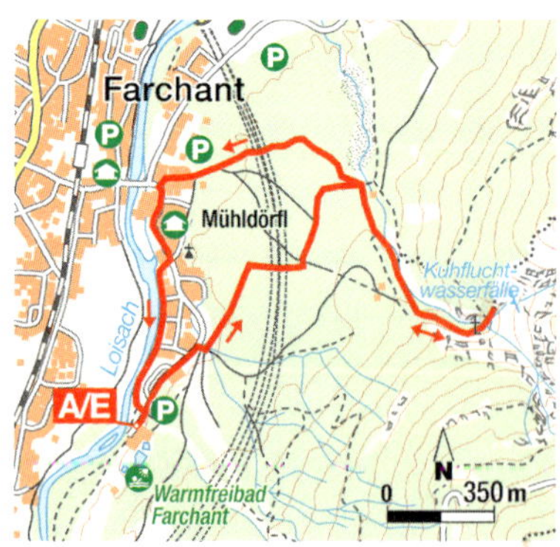

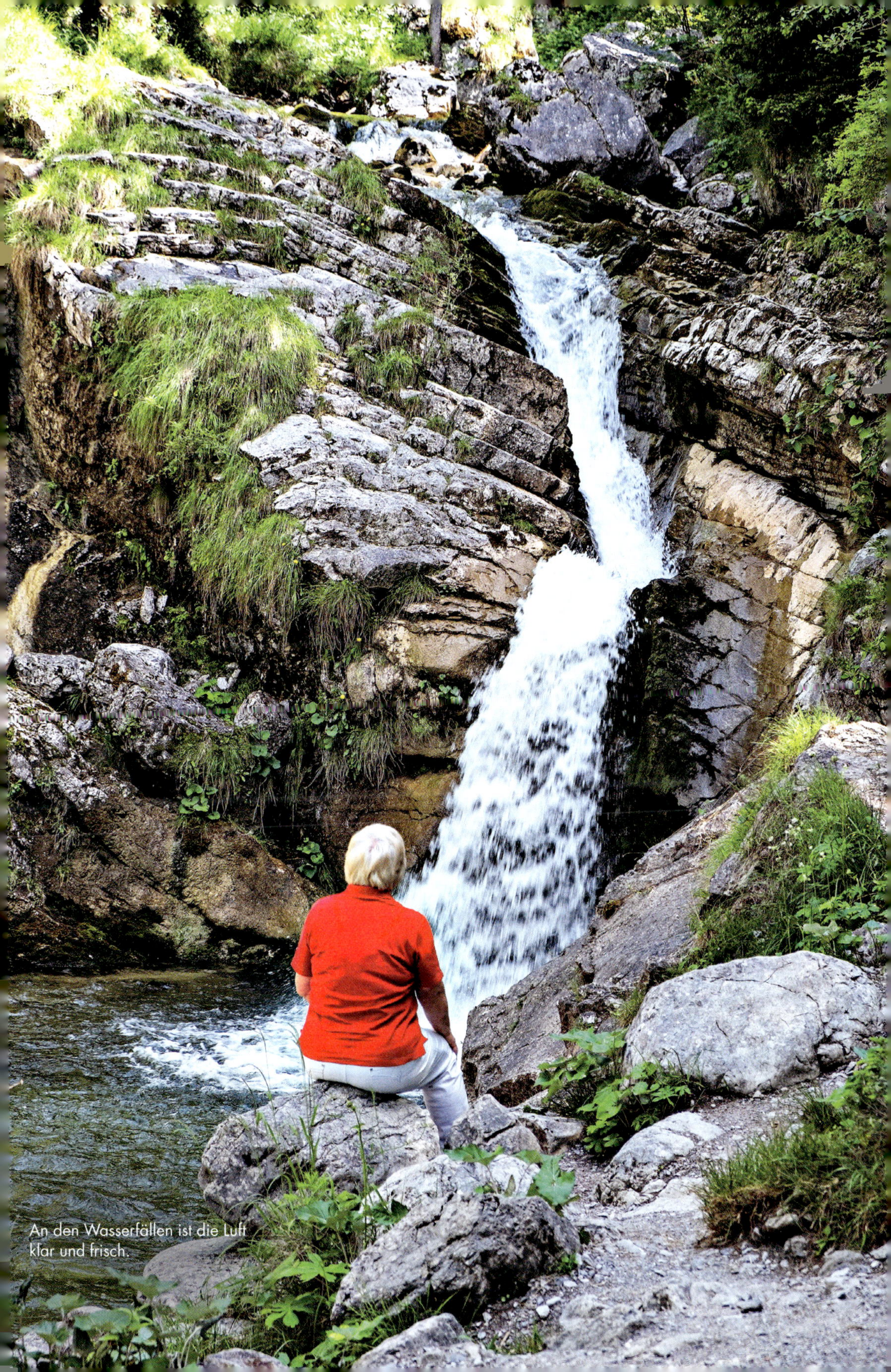

An den Wasserfällen ist die Luft klar und frisch.

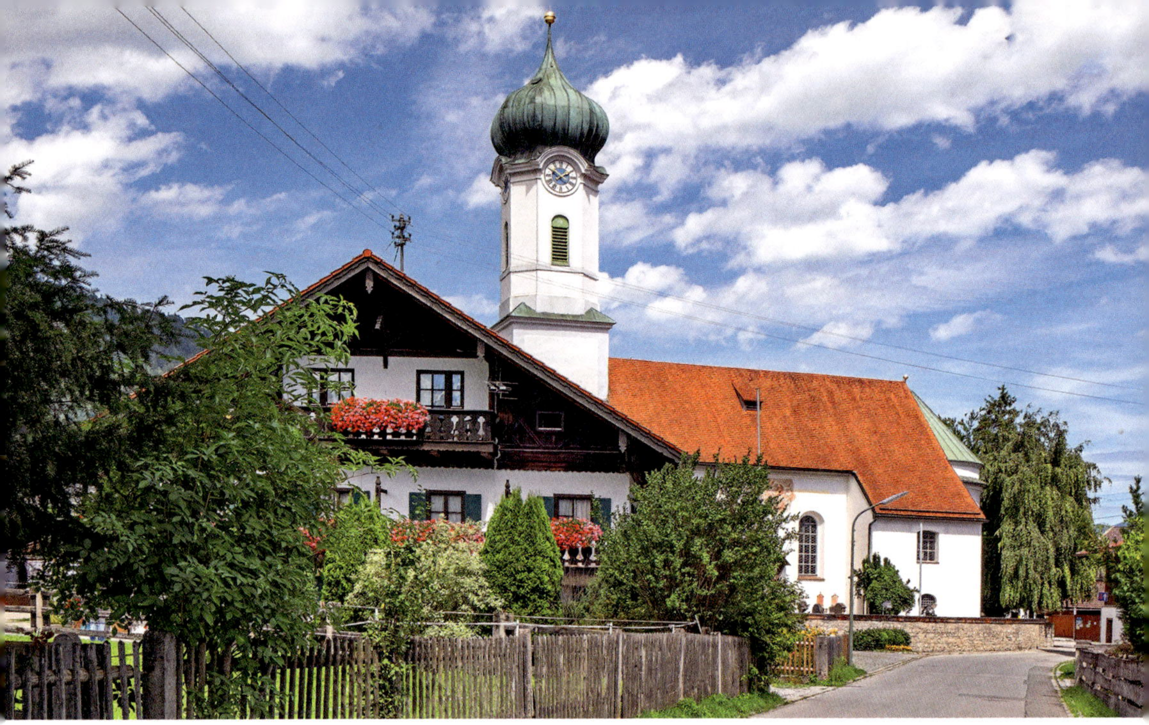

Die Kirche von Farchant ist dem Heiligen Andreas geweiht.

Römerzeiten an der alten Handelsstraße zwischen dem heutigen Italien und Germanien.

Vorbei am Kneipptretbecken und anderen Stationen erreichen wir schließlich mit einem letzten kleinen Schwung bergauf die **obere Brücke an den Kuhfluchtfällen** – bis hierher kommt man übrigens auch bequem mit dem Kinderwagen oder dem Rollstuhl. Nun liefert uns das Wasser eine wahre Show: Es strömt und fällt von mehreren Seiten nach unten, vereinigt sich und fließt wild brausend ins Tal. Hinweisschilder machen auf die Gewalt des Wassers aufmerksam.

Noch ein Farchanter Wasserfall

Es gibt einen weiteren, zwar kleineren, aber auch sehr schönen Wasserfall bei Farchant: Er liegt am entgegengesetzten Dorfende, am Ende des Spielleitenwegs – ebenfalls ein schöner Spaziergang für alle, die mit Kindern »on tour« sind, denn dort gibt es zudem einen netten Spielplatz.

Aufwärts zum Brotzeitglück

Wer möchte, kann noch bis zur **ersten Aussichtkanzel** aufsteigen. Es geht zwar steiler bergauf, aber der Weg ist gut ausgebaut (Achtung, die im Infoteil angegebene Weglänge sowie die Höhenmeter beziehen sich auf den Wegteil bis zur ersten Aussichtskanzel).

Danach wandelt sich unsere bisher bequeme Wanderung zu einer kleinen Bergtour, aber der Abstecher noch weiter hinauf lohnt sich ebenfalls. Der Waldweg zieht sich in steilen Kurven zwischen mächtigen alten Föhren bergan, und nach gut 30 Minuten erreichen wir eine **weitere Aussichtsstelle**, zu der uns ein kurzer Stichweg nach rechts führt. Es ist ein paradiesischer Rastplatz für unsere mitgebrachte Brotzeit, denn die Aussicht über das Loisachtal hinweg nach Süden und über Garmisch bis hin zur Zugspitze ist besonders schön. Nur auf Kinder müssen wir hier aufpassen, denn der Hang fällt an drei Seiten extrem steil ab!

Rückweg auf Königs Spuren Der Rückweg erfolgt dann bis zur erwähnten Weggabelung auf dem **Königsweg**, also auf unserem Hinweg. Hier bleiben wir nun geradeaus, der Weg ist nach Farchant und zur Waldbühne hin beschildert. So erreichen wir den Ort auf dem Kuhfluchtweg und können nun noch, geradeaus die Loisachbrücke querend, mit einem Abstecher die

Links: Räder werden abgestellt, zu den Wasserfällen geht es nur zu Fuß.

Aufgeteilt in mehrere Wasserläufe bricht sich die Kuhflucht über den Kalkstein.

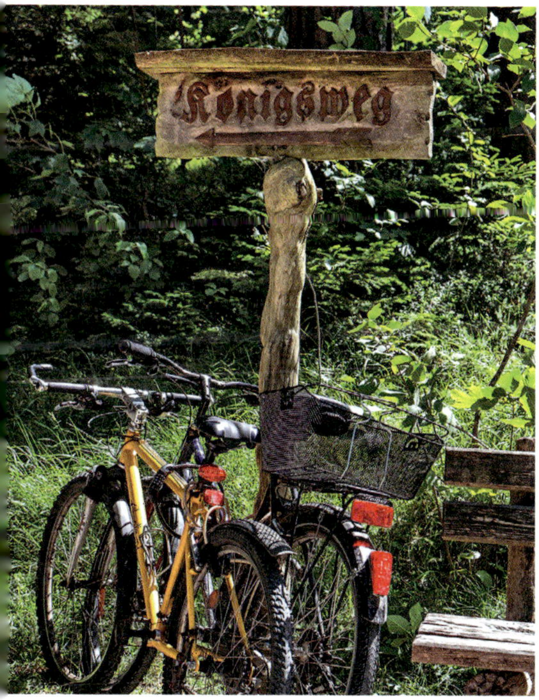

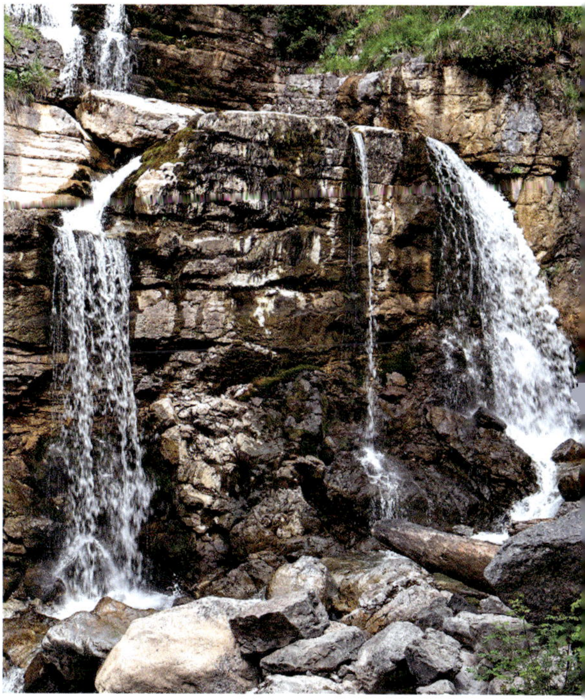

Dorfmitte besuchen. Ansonsten wenden wir uns nach links in die Esterbergstraße und biegen dann an der ersten Möglichkeit in den kleinen Uferweg ein. Für die letzten Meter zurück bis zu unserem Ausgangspunkt am **Warmfreibad** wandern wir so entlang der Loisach.

5 Schalmei- und Faukenschlucht

Garmischer Intermezzo

leicht | 7,5 km | ↑↓ 380 Hm | 3 Std.

Tourencharakter
Leichte Rundtour auf Wanderwegen und breiten Almsträßchen. Eine Hängebrücke sorgt für Nervenkitzel. Wer nicht schwindelfrei ist, kann diese Stelle umgehen.

Ausgangs-/Endpunkt
Garmisch-Partenkirchen, Parkplatz an der Wankbahn-Talstation
GPS: 47.503882, 11.106269

Anfahrt
ÖPNV: Mit dem Zug nach Garmisch und mit Bus 4 oder 5 bis Haltestelle Wankbahn
Auto: A 95 Richtung Garmisch bis zum Autobahnende und durch den Tunnel Richtung Garmisch/Mittenwald; am Ortseingang von Garmisch ist links die Wankbahn ausgeschildert (gebührenpflichtige Parkplätze).

Einkehr
Tannenhütte

Information
gapa.de

Die Namen der beiden Schluchten bei Partenkirchen sind relativ unbekannt, der Weg dorthin jedoch nicht: Erreichbar sind sie über den Philosophenweg, der ganz nebenbei für Kunsterlebnisse und eine schöne Aussicht sorgt.

Schlendern am Panoramaweg Wir starten unsere Wanderung am **Parkplatz der Wankbahn**, wo am südöstlichen Ende der **Philosophenweg** beginnt. Wir folgen diesem Wanderweg und halten uns an die Beschilderung Richtung **Wallfahrtskirche St. Anton**, die wir bald darauf erreichen. Dieses wunderbare barocke Kleinod ist einen Stopp wert: Die zahlreichen Votivtafeln, die man sogar an den Außenwänden der Kirche findet, zeigen, wie sehr heute noch der Hl. Antonius von Padua von den Bürgern Partenkirchens verehrt wird.

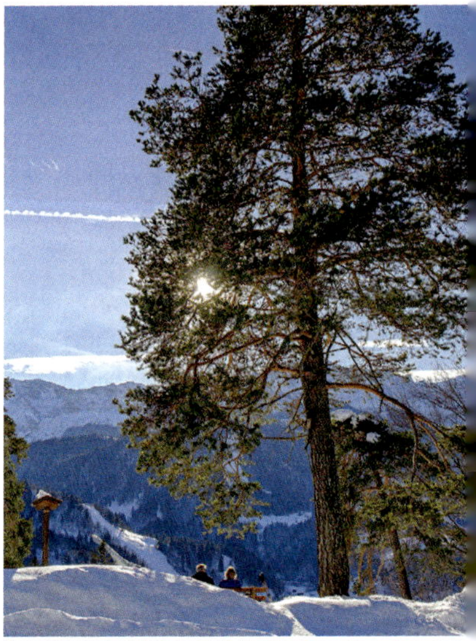

Der Schnee glitzert, und wir genießen die Ausblicke auf die Zugspitze.

Nach diesem kulturellen Zwischenspiel steigen wir die Straße vor der Kirche etwas aufwärts und biegen dann hinter dem Häuschen an der Kirche rechts in den Wanderweg ein, der nun bereits zur »Tannenhütte über den Josefsbichl« beschildert ist. Wieder geht es durch lichten Bergwald, in dem die hohen Kiefern viel Sonnenschein durchlassen. Der Wanderweg verläuft im steten Auf und Ab, dann passieren wir die Wiese am **Josefsbichl** mit dem aufgestellten Wegkreuz und der schönen Aussicht über Garmisch.

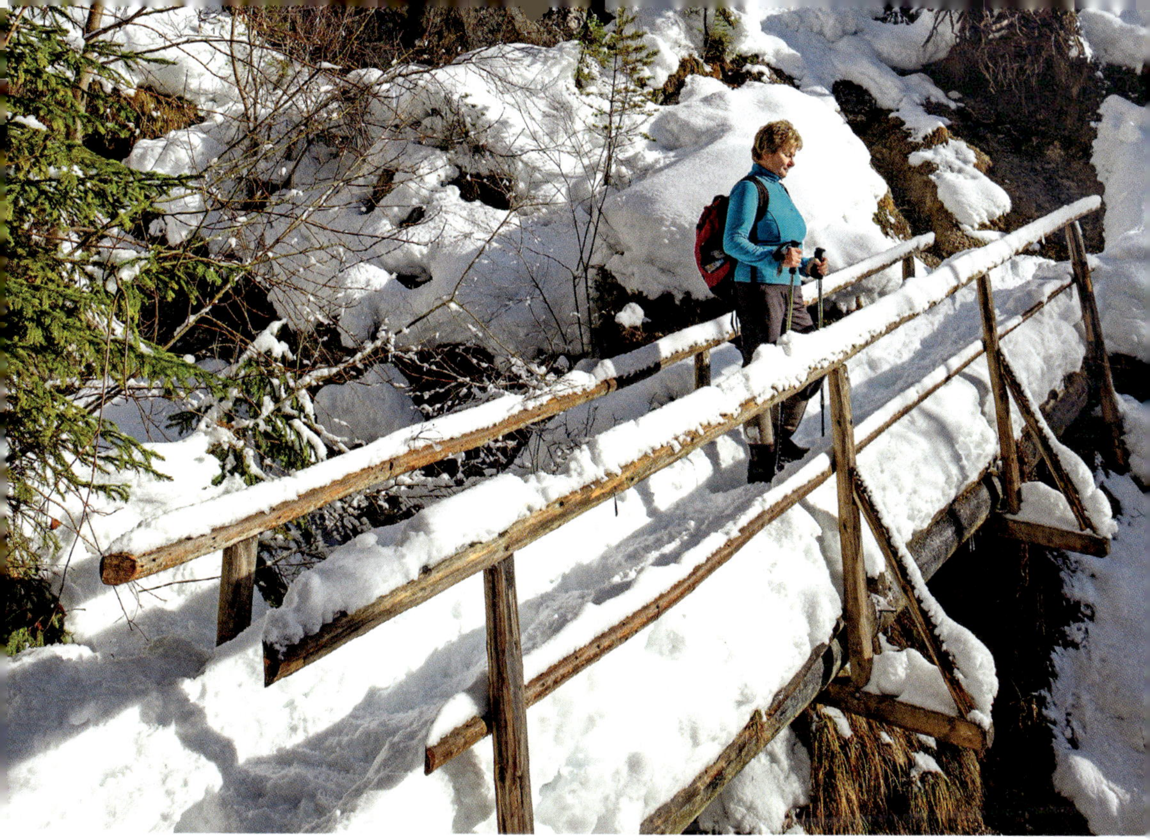

Eine Brücke führt sicher über die Faukenschlucht.

Faukenschlucht und Tannenhütte Dort halten wir uns nun links und folgen der Beschilderung zur Tannenhütte über den Wasserfallweg an der **Faukenschlucht**, die auch Kesselgraben genannt wird. Ein kleiner Bergbach frisst sich hier jedes Jahr stärker in den Untergrund, und der Wegverlauf ändert sich besonders nach Starkregen, denn das lockere Gestein wird mitgerissen, und es kommt zu Murenabgängen. Sogar einen kleinen Wasserfall gibt es.

Dahinter steigt der Weg noch einmal spürbar an, und im Zickzack geht es über viele Stufen aufwärts. Dann treten wir an der Hangkante aus dem Wald und stehen direkt vor der neuen **Tannenhütte**. Nun ist hoffentlich Zeit für eine längere Pause, denn von der Hütte mit ihren großen Glasfronten bietet sich eine Aussicht zum Niederknien bzw. zum Hinsetzen schön: Links blicken wir auf die Zugspitze, geradeaus vor uns liegt Garmisch, und dahinter erhebt sich ein auffälliger Berg, der Daniel bei Ehrwald in Tirol. Zu unserem Glück scheint bis

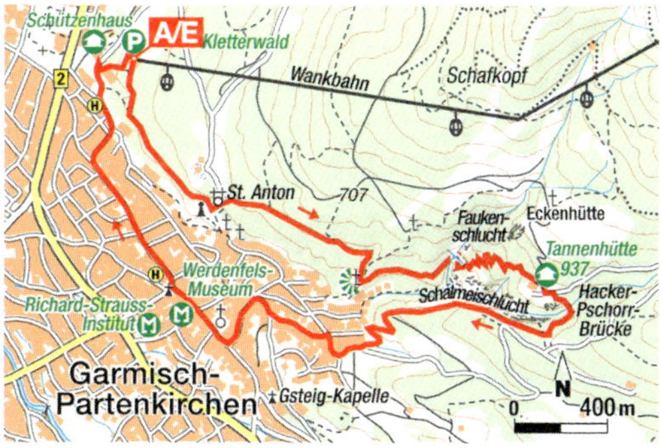

zum Spätnachmittag die Sonne auf die nach Südwesten hin ausgerichteten Tische auf der Terrasse.

Rechts unten: An der Hacker-Pschorr-Brücke

Wallfahrtskirche St. Antonius und der Garmischer Talkessel

Über die Schalmeischlucht Dann wird es Zeit für die zweite Schlucht. Um den Rundweg zu vollenden, wandern wir an der Tannenhütte vorbei und folgen für wenige Meter der Zufahrtsstraße. Dann biegen wir rechts ab und wandern abwärts zur spannenden **Hacker-Pschorr-Hängebrücke** (der Name lässt keine Zweifel an dem großen Sponsoren aufkommen). Mit Hilfe der Brücke überquert man die tiefe **Schalmeischlucht**. Nur wer sehr anfällig für Höhenschwindel ist, wird mit den leichten Schwankungen der metallenen Architektur zu kämpfen haben. Im Härtefall kann man diese Stelle aber auch mit einem Umweg von einer halben Stunde über die Zufahrtsstraße umgehen – oder man lässt sich einfach mit geschlossenen Augen über die Brücke führen. Auf der anderen Seite folgen wir

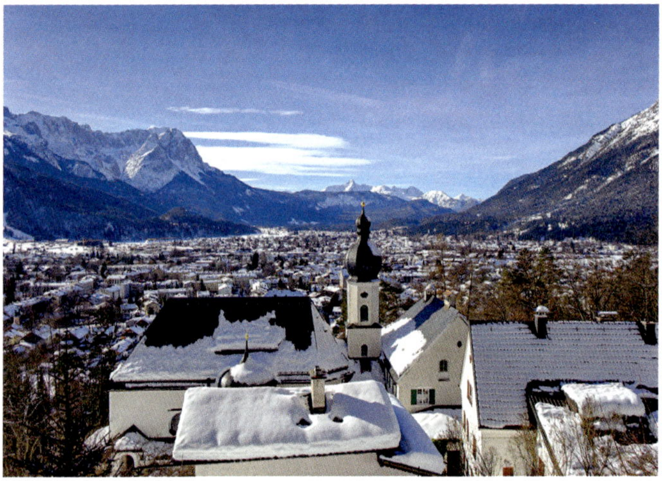

St. Anton am Wank

In den ersten Jahren des 18. Jh. tobte der spanische Erbfolgekrieg in ganz Europa. 1703 trafen die Bayern und die Tiroler in der Nähe von Oberau aufeinander – dabei wurden die Bayern geschlagen, und als sich die siegreichen Tiroler Richtung Scharnitz zurückzogen, befürchteten die Partenkirchner Bürger Brandschatzung und Mord. Wie durch ein Wunder blieben der Ort und die Bevölkerung aber verschont. Man schrieb dies der Hilfe des Hl. Antonius von Padua zu, denn diesem Heiligen war schon länger eine Kapelle am Hang unter dem Wank geweiht worden. Zum Dank für die Verschonung wurde die Kapelle durch ein größeres Kirchengebäude ersetzt, das man ganz im Zeitgeist des Barocks ausschmückte.

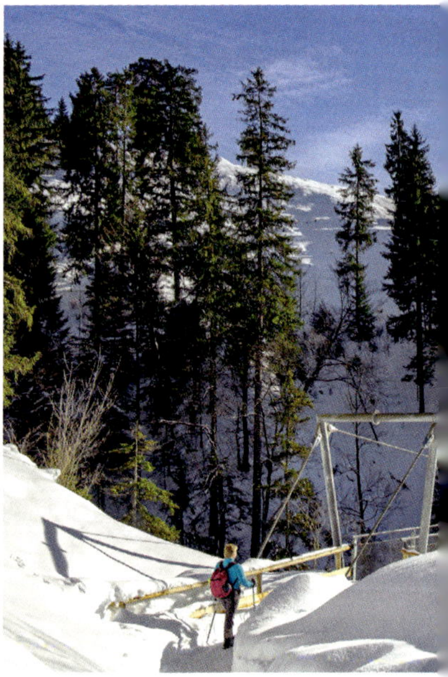

nun der Beschilderung Richtung Partenkirchen. Der Weg führt zunächst an der Hangkante der Schalmeischlucht entlang und dann über einige Wegwindungen hinunter nach **Partenkirchen**.

Krönender Abschluss Wir erreichen den Ort in der Hasentalstraße. Es macht viel Freude, zwischen den Bauernhäusern hindurch zu spazieren, denn Partenkirchen ist so ganz anders als das mondäne und städtische Garmisch. Wir können nun entweder wieder über die Antoniuskirche zur Wankbahn zurückgehen (der Rückweg zur Wankbahn ist ausgeschildert), abwechslungsreicher ist es aber, von der Hasentalstraße in den Elisenweg einzubiegen, um dann durch die Ballengasse zur **Ludwigstraße** abzusteigen. Sie ist quasi die »gute Stube« von Partenkirchen, wo wir zum Abschluss die vielen historischen Häuser mit ihren Lüftlmalereien bewundern und überdies auch noch einen Kaffee genießen können. Dann steigen wir entweder wieder zum **Philosophenweg** auf oder folgen der Münchner Straße nach Norden. Über die Wankbahnstraße erreichen wir dann wieder den **Parkplatz**, unseren Ausgangspunkt.

Unten: Aus Glas und Holz ist die Tannenhütte gebaut.

Brunnen in Partenkirchen

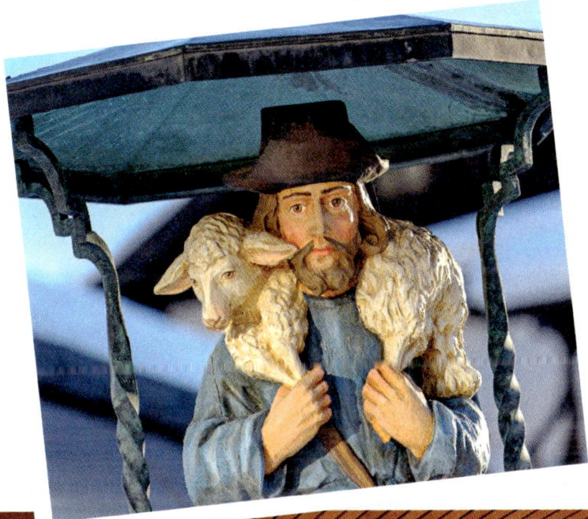

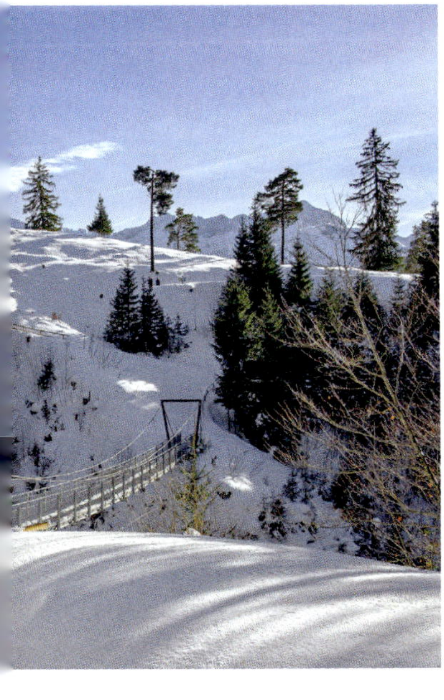

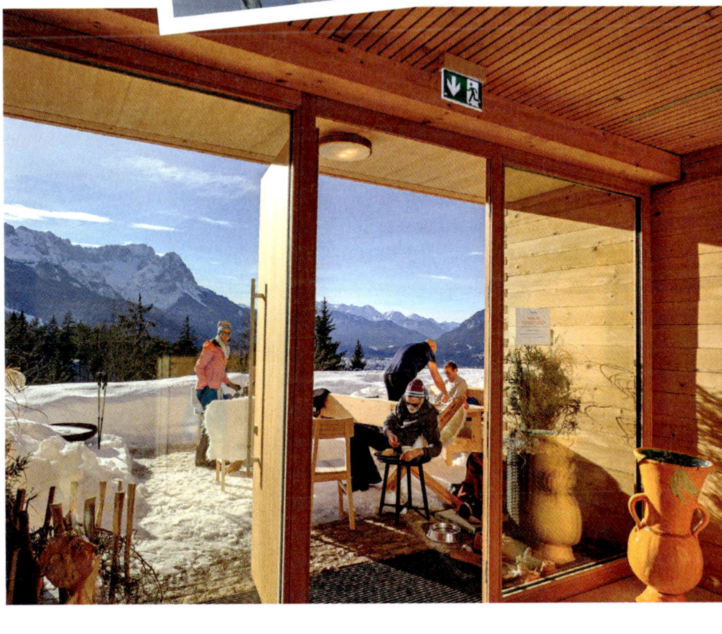

6 Berühmte Partnachklamm

Weite Ausblicke und eine tiefe Schlucht

mittel | 8,5 km | ↓ 550 Hm | 1.45 Std.

Tourencharakter
Auffahrt mit der Eckbauerbahn, Abstieg zur Klamm in steilen Serpentinen, Weg durch die Klamm gut gesichert, aber nass. Die Klamm wird manchmal kurzfristig geschlossen (Info-Tel. 08821/180700). Der Rückweg führt über eine für den öffentlichen Verkehr gesperrte Straße.

Ausgangs-/Endpunkt
Garmisch-Partenkirchen, Olympia-Skistadion
GPS: 47.481871, 11.118654

Anfahrt
ÖPNV: Garmisch-Partenkirchen ist von München, Innsbruck und Reutte her mit der Bahn sehr gut erreichbar. Ortsbuslinien verbinden den Bahnhof mit dem Olympia-Skistadion.
Auto: A 95 bis Autobahnende, nach Garmisch-Partenkirchen, dort Richtung Mittenwald und am Ortsende von Partenkirchen rechts in die Wildenauer Straße zum Olympia-Skistadion (große Parkplätze).

Einkehr
Berggasthof Eckbauer, Hotel Das Graseck, Almwirtschaft Hanneslabauer, Kaiserschmarrn-Alm

Information
gapa.de

Der Eckbauer ist ein lang gestreckter Grasberg vor der Zugspitze. Sensationelle Aussichten sind somit garantiert, und beim Abstieg erwartet uns eine der schönsten Klammen im gesamten bayerischen Alpenraum.

Duftende Wiesen und Gipfelreigen Unsere Tour startet am **Olympia-Skistadion** in Garmisch-Partenkirchen. Östlich davon befindet sich die **Talstation der Eckbauerbahn**, die uns 500 Höhenmeter erspart und uns hinauf zu den Wiesen des Eckbauern bringt. Von der **Bergstation** bummeln wir im leichten Auf und Ab über die sommerlich bunten Wiesen zum **Berggasthof Eckbauer**. Sicherlich sind wir hier nicht allein unterwegs, ein Geheimtipp ist der kurze Panoramaweg schon lange nicht mehr, aber die tolle Aussicht teilen wir doch gern mit einigen Mitwanderern. Beim Berggasthof Eckbauer könnten wir einkehren, und wem dort der Trubel zu viel ist, der wandert noch ein Stück über den Wiesenpfad bis zu einem **Feldkreuz** mit Rastbänken.
Hier gibt es zwar kein kühles Bier, aber für eine mitgebrachte Brotzeit ist das wirklich ein perfekter Platz: Direkt vor uns liegt das Wettersteinmassiv mit der Zugspitze, die, obwohl gut 300 Meter höher, im Vergleich zur nahen Pyramide der Alpspitze

Wiesenschau

Im Frühsommer sind die Wiesen am Eckbauer eine Pracht – es versteht sich natürlich von selbst, dass wir hier auf den Wegen bleiben und sie nicht betreten. Wer vom Blütenzauber und vom Wandern nicht genug bekommt, kann die Tour noch verlängern: An der Bergstation lohnt sich ein Abstecher (einfach 20 Min.) nach links zu einem Aussichtspunkt, dem Eckbauerkreuz auf einer Almwiese, bei dem man viel einsamer ist als beim Eckbauer selbst.

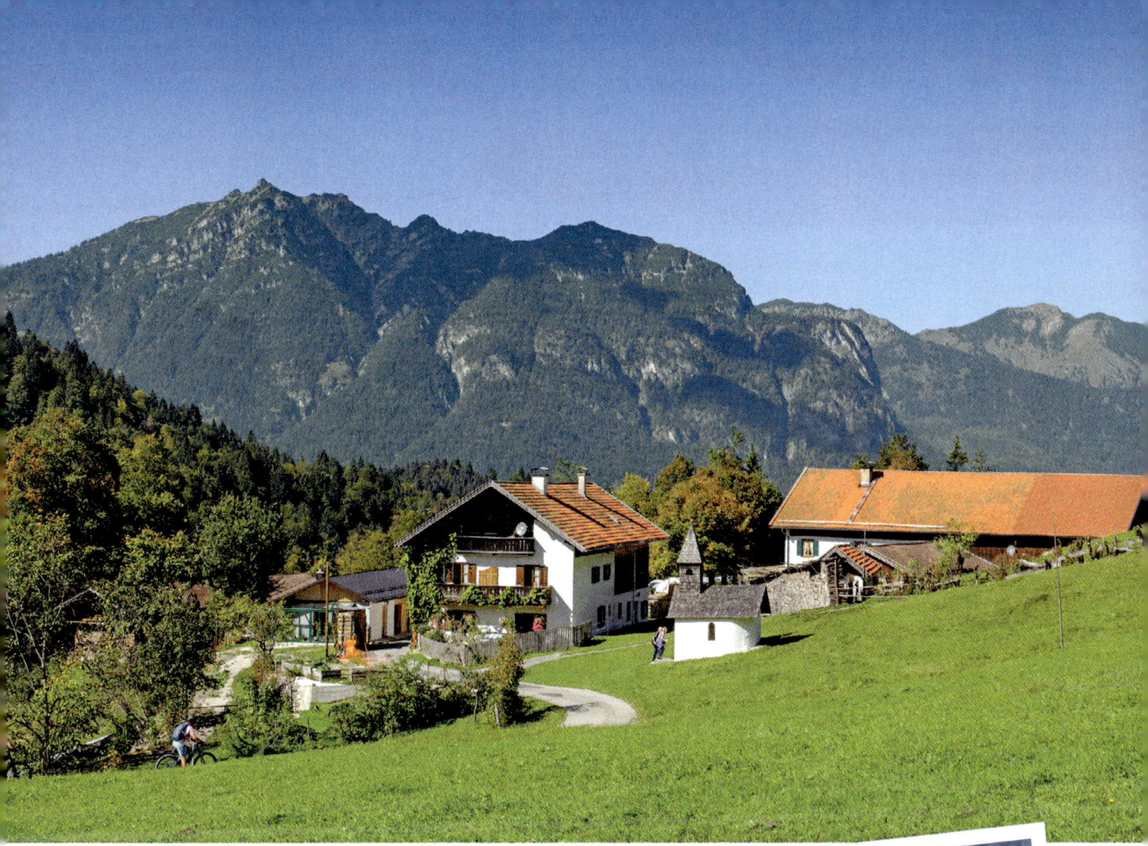

fast klein und unscheinbar aussieht, ist sie doch viel weiter von uns entfernt. Weiter nach Osten folgen die Kletterberge um die Dreitorspitze und die Wettersteinwand. Der Bergwall senkt sich zum Isartal hin ab, über das die Stubaier Alpen zu uns herüberschauen. Es folgt das Karwendel bis hin zum Wörner, ehe uns der Wald die weitere Sicht verdeckt.

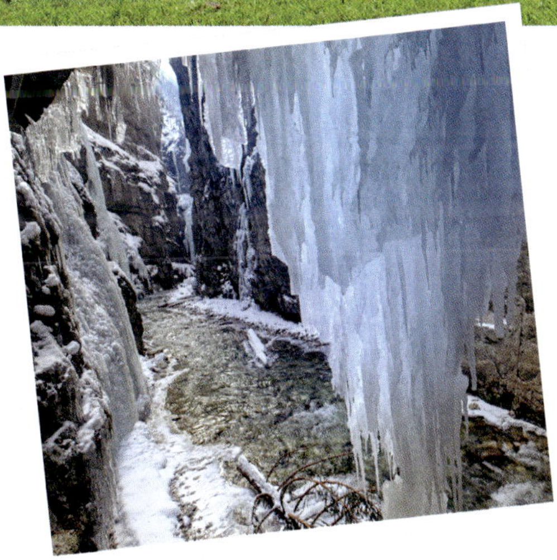

Gläserne Eiswände bilden sich im Winter in der Klamm.

Oben: Von Graseck geht es abwärts in die Klamm.

Nach Vordergraseck Nach der großen Bergschau geht es abwärts. Der Abstieg beginnt an der Terrasse beim Berggasthof Eckbauer und führt in zahllosen Serpentinen zu einer Bergstraße, die uns nach rechts wieder über herrlich duftende Wiesen vorbei an einer Kapelle nach **Vordergraseck** führt. Erneut verführen verschiedene Einkehrmöglichkeiten zu einer Pause – sehr nett sitzt man mit einem Abstecher nach rechts in der Almwirtschaft Hanneslabauer unter Kastanienbäumen, aber auch die Kaiserschmarrn-Alm ist sehr zu empfehlen.

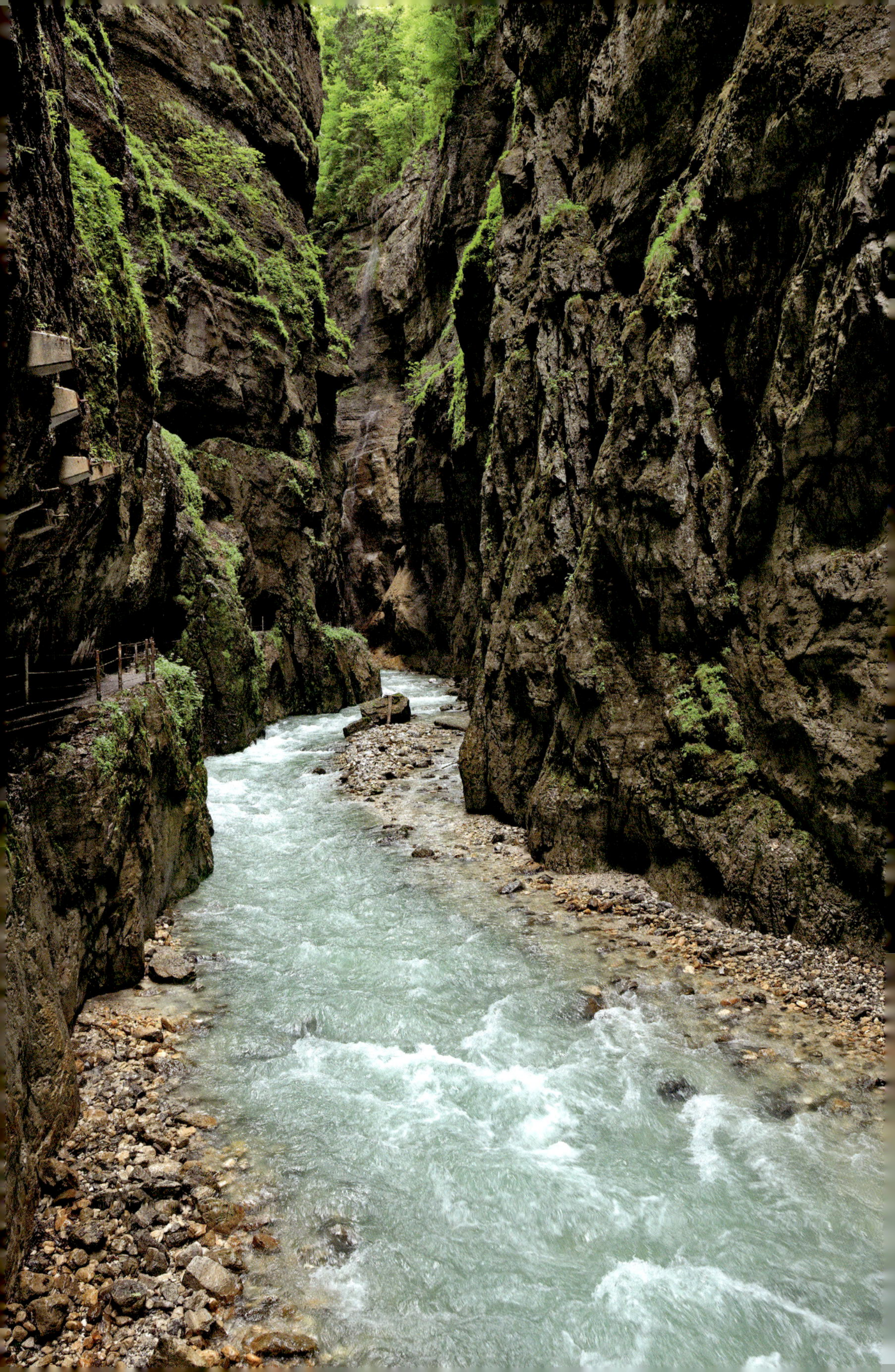

Kühle Klamm Vor dem **Hotel Das Graseck** beginnt nach links der Abstieg über und durch die Klamm. Zunächst passieren wir noch die Kaiserschmarrn-Alm, dann geht es im Wald abwärts zur Partnach. Ihr folgen wir flussabwärts, und schon sind wir am oberen Ende der **Partnachklamm** angelangt. Der Weg ist

Linke Seite: Dicht rücken die hohen Felswände der Partnachklamm zusammen und zwängen den Bergbach in sein Korsett.

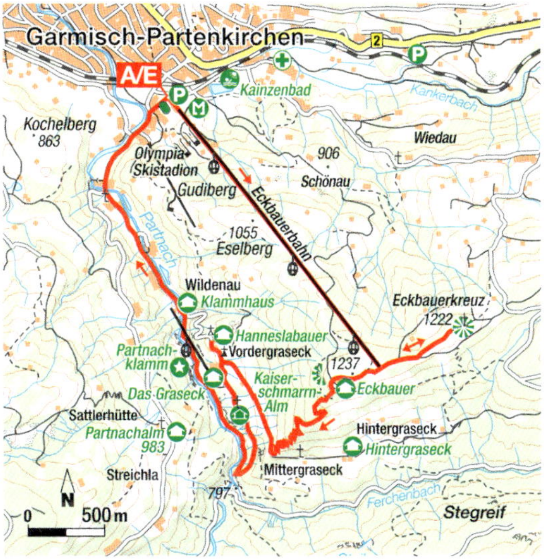

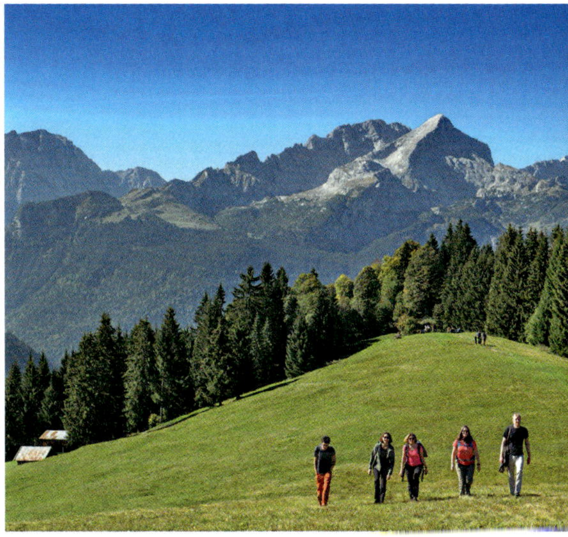

Am Eckbauerkreuz

gut ausgebaut und mit Geländern gesichert, aber teilweise sehr schmal, sodass es bei entgegenkommenden Wanderern immer wieder zu Engpässen kommt. Wir müssen uns bücken, es geht durch Tunnel, und es tropft nass von den Felsen. Aber der Blick in die enge Schlucht mit der wild fließenden und weiß schäumenden Partnach ist wirklich eindrucksvoll und intensiv. Unglaublich, wie sich das Wasser mit Kraft in die harten Felsen gefräst hat!

Nach der Schlucht beginnt eine **Teerstraße,** die jedoch für den öffentlichen Verkehr gesperrt ist. Wer jetzt keine Lust mehr auf Fußweg hat, kann in eine der Pferdekutschen steigen, um sich gemütlich und bequem zurückkutschieren zu lassen. Zu Fuß sind es aber keine 30 Minuten, und wir sind wieder am Ausgangspunkt unserer Wanderung beim **Olympiastation** angekommen.

Alternativer Aufstieg

Wanderlustige können sich die Auffahrt mit der Bahn sparen und zu Fuß hinaufsteigen. Links von der Talstation und der Sommerrodelbahn beginnt der Weg. Alternativ, aber etwas weiter, kann man am Kainzenbad vorbei bis in die Nähe der Garmischer Klinik wandern und von dort über Wamberg aufsteigen. Beide Wege lohnen sich und sind sehr kurzweilig (zusätzlich ca. 500 Hm, 1.45 Std.).

7 Durch die Höllentalklamm

Wild und ungestüm

mittel | 13 km | ↑↓ 600 Hm | 4.15 Std.

Tourencharakter
Längere Bergtour, der Zustieg zum Beginn der Klamm dauert bereits 1 Std. Der Weg durch die Klamm ist gut gesichert und führt durch einige Tunnel – man wird aber definitiv nass (Regenjacke sowie wärmere Jacke darunter sehr sinnvoll!). Trittsicherheit unbedingt erforderlich.

Ausgangs-/Endpunkt
Hammersbach
GPS: 47.468813, 11.040523

Anfahrt
ÖPNV: Mit dem Zug nach Garmisch-Partenkirchen und mit dem Bus oder der Zahnradbahn bis Haltestelle Hammersbach
Auto: A 95 nach Garmisch-Partenkirchen, weiter B 23 Richtung Fernpass nach Grainau, dort der Beschilderung zum Wanderparkplatz P2 in die Höllentalstraße bei Hammersbach folgen

Einkehr
Höllentaleingangshütte am Eingang zur Klamm mit netter kleiner Terrasse sowie nach der Klamm die berühmte, neu erbaute Höllentalangerhütte

Information
grainau.de

Kaum eine andere Schlucht präsentiert sich so dramatisch, wild und ungestüm wie die Höllentalklamm. Hier prallen Wasser und Felsen aufeinander, und die gischtenden Wasserfälle zeigen uns deutlich die entfesselten Naturgewalten.

Zustieg zur »Hölle« Autofahrer, die am **Parkplatz Hammersbach** starten, folgen dem Fußweg entlang der Straße nach Süden in den Ortsteil Hammersbach, wo auch der Bus hält. Wir queren den Hammersbach und biegen unmittelbar danach bei der **Kapelle** rechts in den Wanderweg ein, der bereits zur Höllentalklamm beschildert ist. Anfangs führt der Weg noch relativ gemütlich entlang des Bergbachs. Dann queren wir ihn, und kurz darauf steigt der Weg deutlich steiler an. Fortuna hat es hier mit einem dichten Wald gut mit uns gemeint, sodass wir nicht zu sehr ins Schwitzen kommen. Bald schon stößt von rechts der Weg aus Grainau kommend zu uns. Wir gehen in Wanderrichtung weiter, wobei wir zuvor noch einen Blick links auf die große **Kitzloch-Tanne** werfen, die nahe am Bach steht. Das gewaltige Baumdenkmal mit seinen fast fünf Metern Stammumfang wird auf 350–400 Jahre geschätzt und gehört zu den größten Tannen Deutschlands.
Bis zum Klammeingang wird der Weg bald wieder steiler und führt zum Finale als schmaler Pfad über einige Serpentinen zur kleinen **Höllentaleingangshütte**, die mit ihrer winzigen Terrasse wie ein Adlerhorst auf einem Felsen sitzt. Sie ist die letzte Einkehr vor der Klamm und fungiert gleichzeitig als Kassenhäuschen.

Jetzt wird es wild Nachdem wir den Eintritt bezahlt haben, geht es durch das Drehkreuz in die **Höllentalklamm** hinein. Gleich zu Beginn gibt es noch in einem winzigen Gebäude eine Ausstellung über die Klamm und den Bergbau: Historische Fotos, altes Werkzeug und Bergsteigerausrüstung sowie in der Klamm

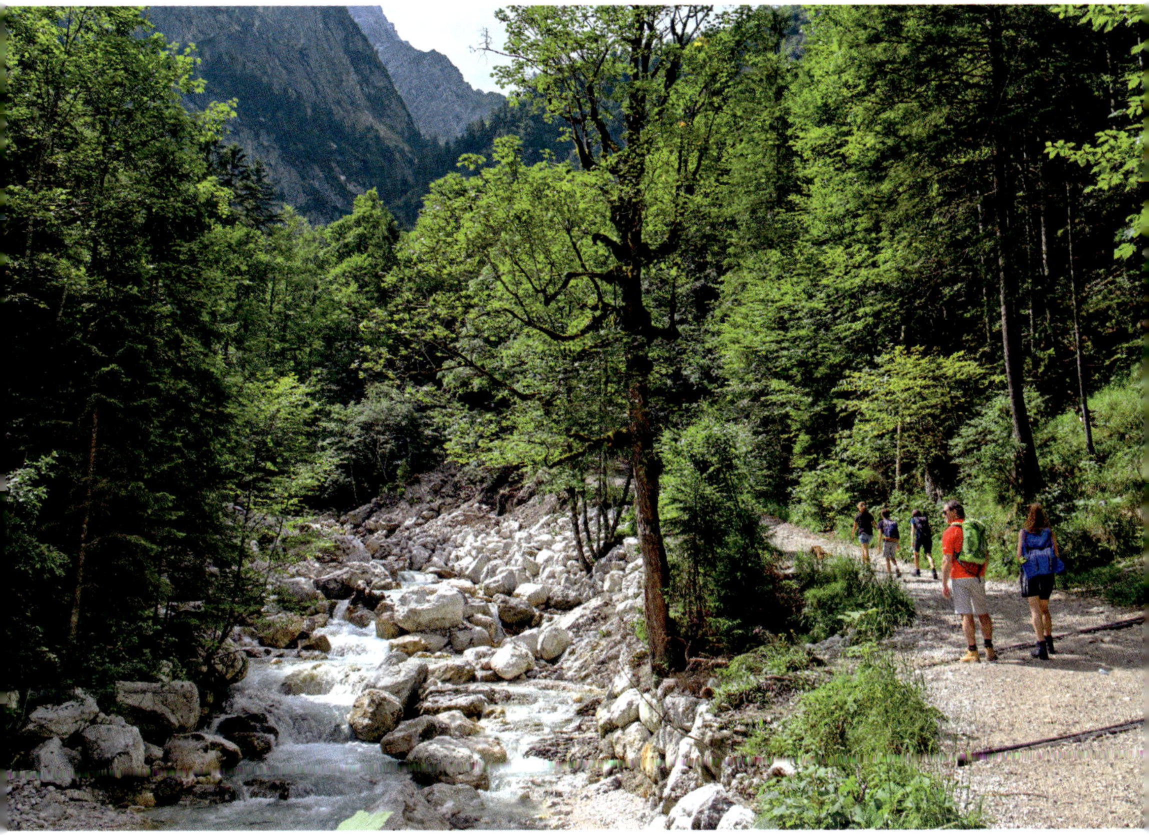

Anfangs führt der Weg fast eben entlang des Hammersbachs.

gefundene Relikte zeigen die lange Geschichte sehr anschaulich. Dann machen wir uns auf den Weg, und bereits nach wenigen Schritten wird es dramatisch: Eng rücken die Felswände aneinander, und unter uns brodelt mit ohrenbetäubendem Lärm das Wasser. Unser Weg führt mal mehr, mal weniger nahe an den Felsen entlang. Geschickt wurden Bohlenwege, Stege und Brücken verlegt, die jedes Jahr über den Winter abgebaut und im nächsten Frühjahr nach der größten Schneeschmelze wieder aufgebaut werden. Zum Wasser hin sind die Wege zwar mit einem Geländer gesichert, aber auf kleinere Kinder muss man hier sehr aufpassen! Die Zwischenabstände unterhalb des Geländers sind groß und der Weg ist feucht und kann sehr rutschig sein. Kinder gehören immer an die Bergseite oder an die Hand bzw. an eine Reepschnur.

Tipp

Da die Klamm nur wenige Monate im Sommer geöffnet hat, ist der Andrang recht groß. Wer nicht in einer Schlange wandern möchte, meidet besser das Wochenende und die Ferienzeiten.

Je weiter wir in die Klamm hineinwandern, desto häufiger führt unser Weg durch dunkle Tunnel, die sich teilweise aber auch umgehen lassen. Im Gegensatz zur Partnachklamm wandern wir relativ hoch über dem Fluss dahin, den wir daher zeitweilig kaum

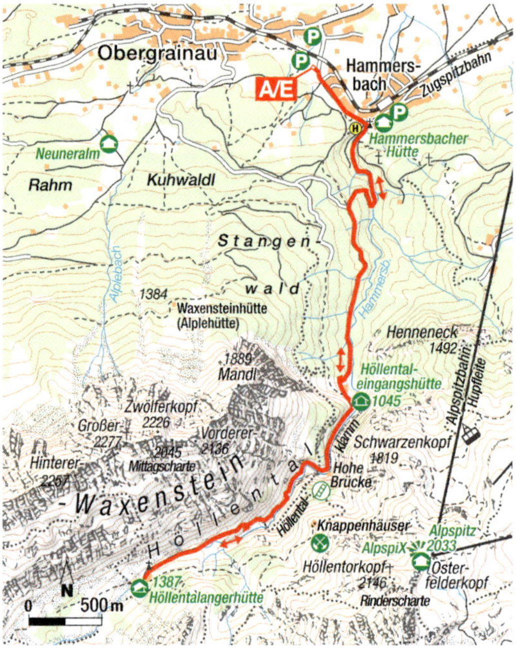

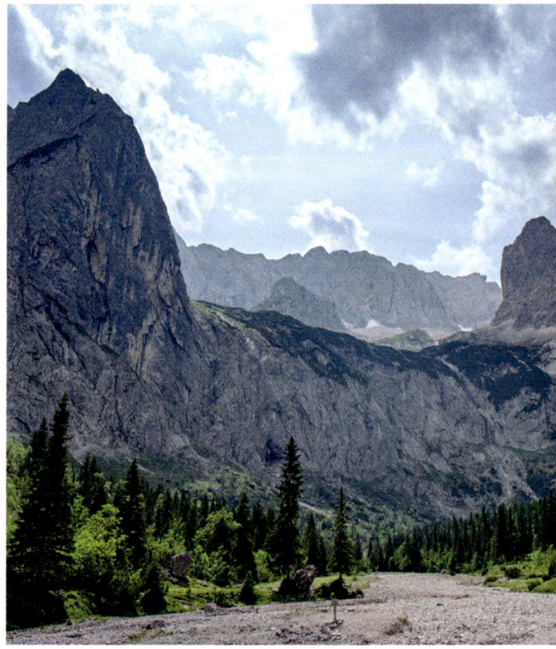

Rechts: An der Höllentalangerhütte öffnet sich der Talkessel.

sehen können. Dafür tropft und regnet das Wasser von oben auf uns herab – gut, wenn wir eine Regenjacke dabeihaben. Alles in allem ist diese Klammdurchquerung ein herrliches Spektakel, das noch dazu relativ lange währt.

Zur Höllentalangerhütte Schließlich nähern wir uns dem **Ende der Klamm** und treten wieder in die Sonne. Das breitere Bachbett verlockt zu einer Pause, aber große Tafeln warnen vor Steinschlag. Leider kann man hier viele Wanderer fröhlich auf den Felsen sitzen sehen, die diese Schilder restlos missachten – davor wollen wir ausdrücklich warnen, denn es ist schon zu viel passiert! Wir befinden uns zwischen bröckelnden Felsen inmitten der Berge, und die Schilder wurden nicht zum Spaß aufgestellt.
Für eine Rast wandern wir deshalb noch bis zur Höllentalangerhütte weiter. Zunächst zweigt links der Stangensteig ab, den wir ignorieren. Wir halten uns auf der rechten Bachseite und steigen nun deutlich steiler noch einmal über viele Kehren und Kurven

bergauf. Es gibt kaum Schatten, und so wird es nun schon deutlich anstrengender. Schließlich erreichen wir die Kante, queren den Bach noch einmal und wandern das letzte Wegstück relativ flach hinüber zum DAV-Stützpunkthaus. Kurz bevor wir es er-

Eine Stunde Aufstieg dauert es vom Ende der Klamm bis zur Höllentalangerhütte, aber das ist es wert.

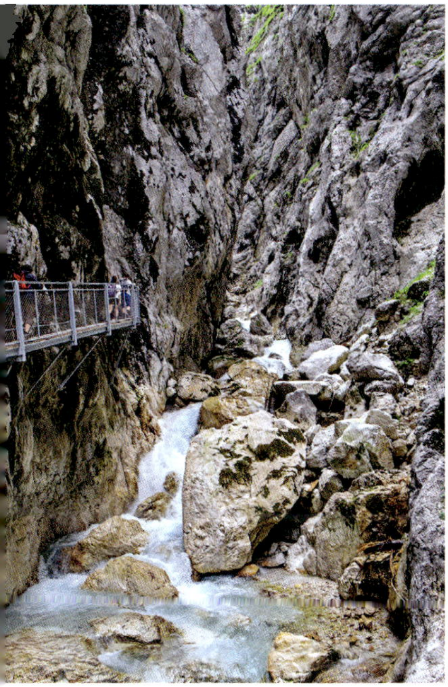

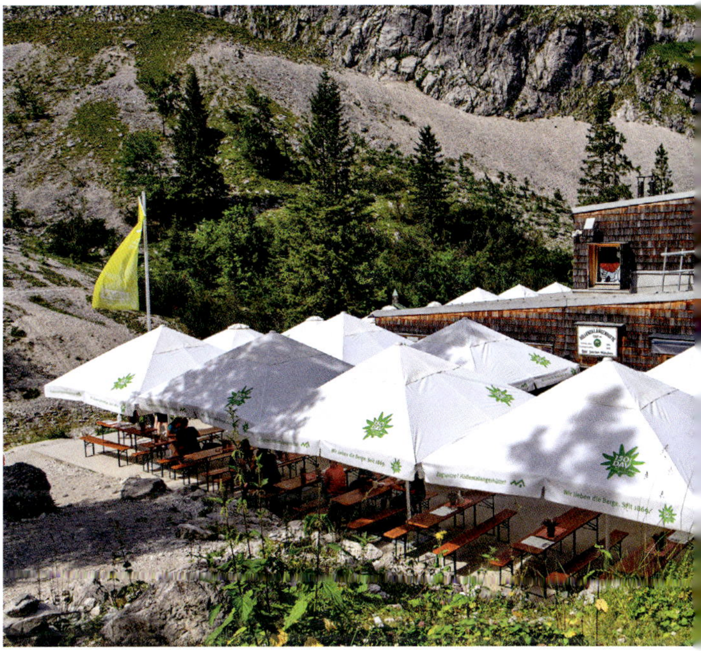

reichen, öffnet sich der hintere Talkessel, und wir blicken über den **Höllentalanger** hinauf zur Zugspitze und dem kläglichen Eisrest des Höllentalferners – vom Gletscher ist nicht mehr viel zu sehen, stattdessen Steine, Felsen, Geröll und einige Murenabgänge.

Jetzt ist Zeit für eine Einkehr. Auf der 1387 Meter hoch gelegenen **Höllentalangerhütte** wird lecker gekocht, und auf der Terrasse ist es sehr gemütlich. Wer seine eigene Brotzeit mitgebracht hat, findet auf den kleinen grünen Grasflächen einen gemütlichen Picknickplatz. Wir können uns etwas Zeit lassen, denn den Rückweg kennen wir bereits – er führt über den Hinweg zurück zum **Parkplatz Hammersbach**.

Alternativer Rückweg

Wer absolut trittsicher und schwindelfrei ist, kann alternativ über den Stangensteig zurückwandern. Dafür folgt man am oberen Klammende der Beschilderung auf den Stangensteig und wandert noch etwas bergauf. Auf der Hohen Brücke quert man die Höllentalklamm und trifft schließlich unweit der Höllentaleingangshütte auf den Hinweg, dem man dann retour folgt.

Links oben: Stege führen über das Wasser.

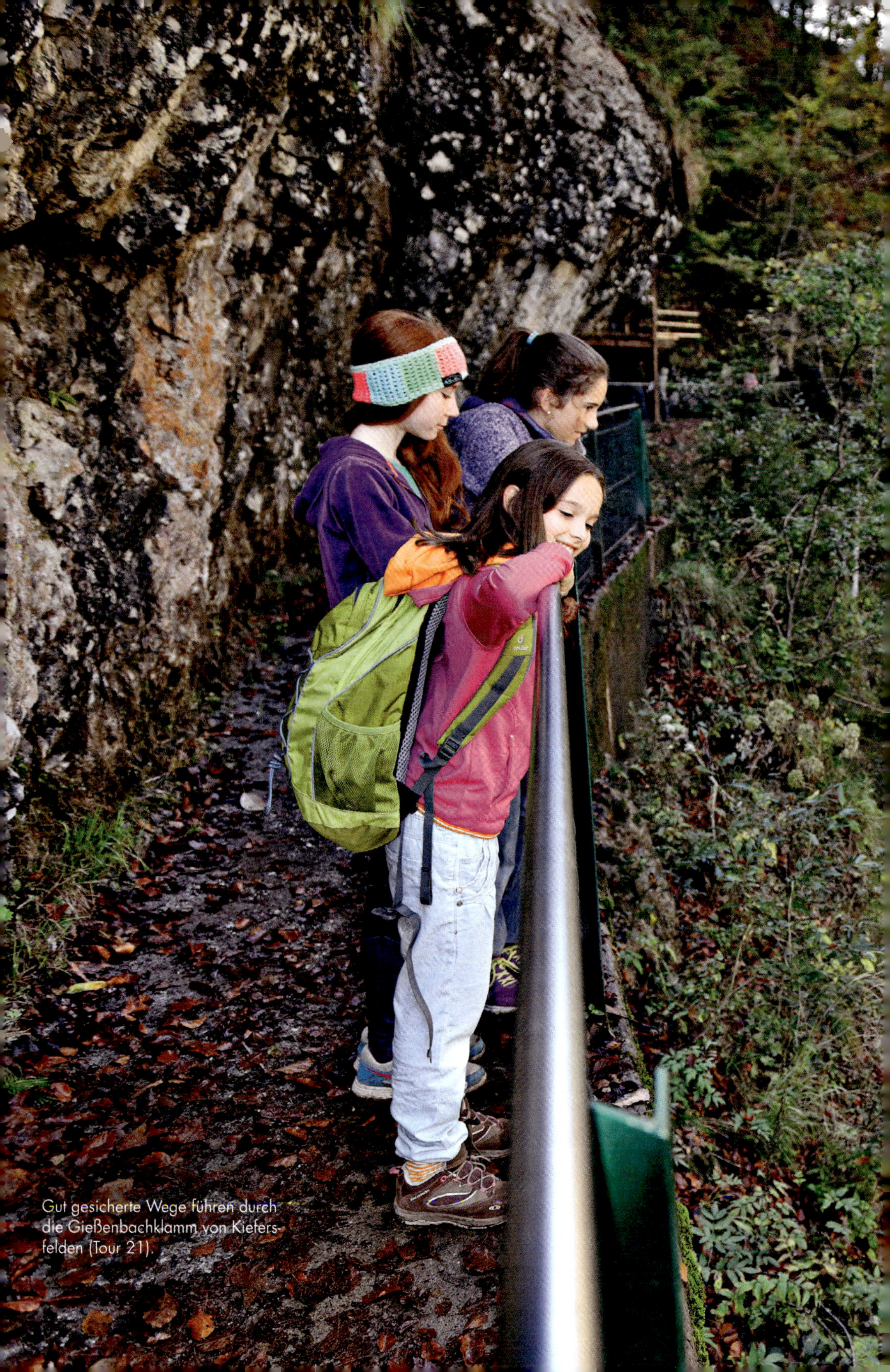

Gut gesicherte Wege führen durch die Gießenbachklamm von Kiefersfelden (Tour 21).

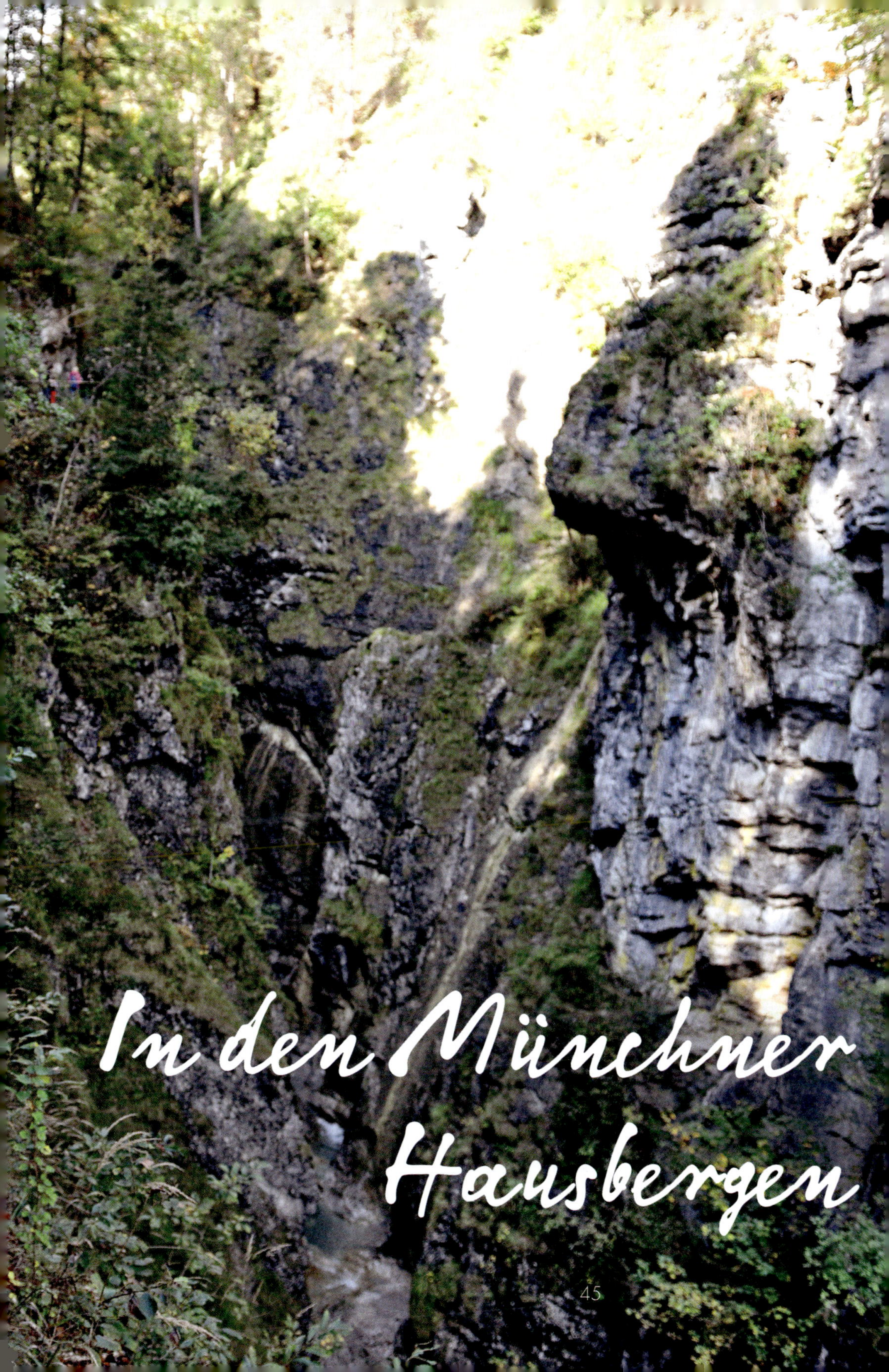

In den Münchner Hausbergen

8 Zu den Kochler Lainbachfällen

Mystischer Schleierfall

leicht | 10 km | ↑↓ 300 Hm | 2.45 Std.

Tourencharakter
Entlang des Kochelseeufers beginnen wir die Wanderung. Der Wasserfallweg verläuft vor allem auf kleinen Forstwegen und schmalen Waldpfaden ohne technische Schwierigkeiten.

Ausgangs-/Endpunkt
Kochel, Bahnhof
GPS: 47.660353, 11.370926

Anfahrt
ÖPNV: Mit dem Zug von München nach Kochel (Endstation)
Auto: A 95 bis Ausfahrt Murnau/Großweil und links über Großweil und Schlehdorf nach Kochel. Wir können am Bahnhof parken, besser ist es kurz nach der Ortseinfahrt rechts zur Kristall Therme zu fahren, dort gibt es viele kostenlose Parkmöglichkeiten (dann die Tour von dort starten).

Einkehr
Unterwegs keine, aber es gibt schöne Rastplätze. In Kochel Bauerncafé Zum Giggerer (Di Ruhetag, sonst bis 18 Uhr geöffnet) und Hotel-Restaurant Grauer Bär direkt am Kochelseeufer

Information
kochel.de

Zwar nicht groß, dafür aber hoch und mit einem zarten Schleier präsentiert sich der Lainbachwasserfall bei Kochel. Die schattenreiche Tour eignet sich gut für den Hochsommer, und im Anschluss genießt man die Badefreuden im Kochelsee.

Am Kochelseeufer Wir beginnen unsere Wanderung am **Bahnhof in Kochel**. Mit den Gleisen im Rücken wandern wir nach rechts, queren die Parkplätze und wandern geradeaus in den Döllerfeldweg. An seinem Ende folgen wir der großen Schlehdorfer Straße nach rechts und wechseln spätestens an der Loisach die Straßenseite. Jetzt geht es links in Richtung Kristall Therme. Den **Kochelsee** zu unserer rechten Seite wandern wir in Ufernähe weiter und passieren viele Bootshäuschen, die sich als schöne Fotomotive entpuppen.

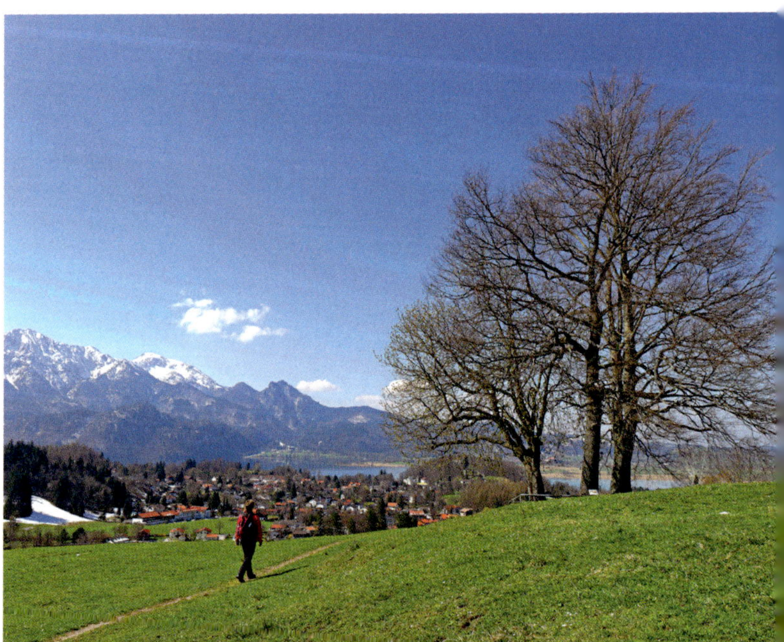

Am Aussichtspunkt über Kochel

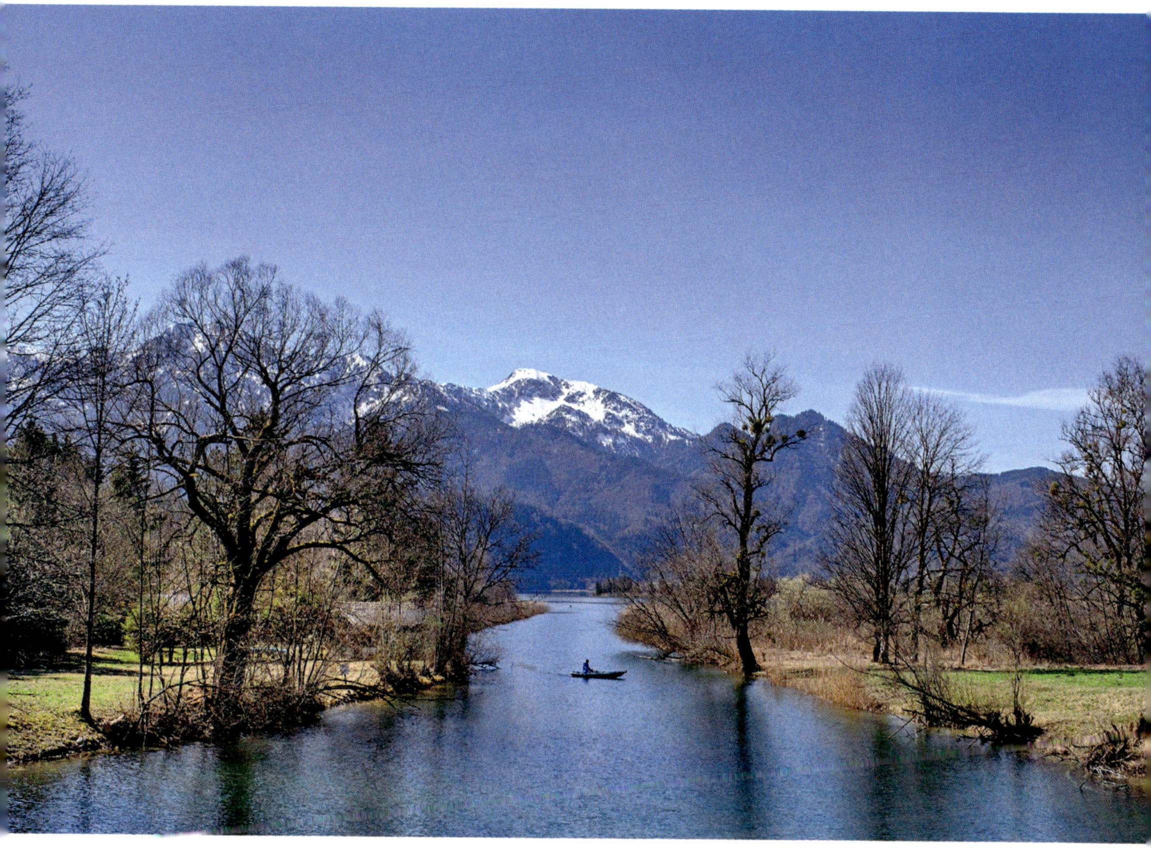

Loisach und Kochelsee

Der Uferweg umrundet den **Badepark** und wendet sich dann nach links weg vom See. Durch den **Kurpark** spazierend, in dem wir uns leicht rechts halten, stoßen wir dann auf die große Ortsdurchgangsstraße (B 11). Auf dem Bürgersteig folgen wir ihr nach rechts und treffen am Parkplatz des **Franz Marc Museums** wieder auf das **Kochelseeufer**. Noch ein Stück weiter in Wanderrichtung queren wir an der großen **Firma Dorst** die B 11 ein Stück nach links versetzt und beginnen mit dem Aufstieg ins **Lainbachtal** auf dem nur für Fußgänger freigegebenen Weg. Die Firma Dorst und bald darauf der Lainbach liegen dabei auf unserer rechten Seite.

Alternativer Parkplatz

Wer das Auto an der Kristall Therme geparkt hat, geht vor dem Gasthaus Zur Post am »Schmied von Kochel«-Denkmal links in die kleine Hanersimmergasse. Diese führt südlich der kleinen Dorfkirche alsbald über die Felder in den Seeweg, der uns absolut verkehrsberuhigt zurück zum Parkplatz an der Loisach bringt.

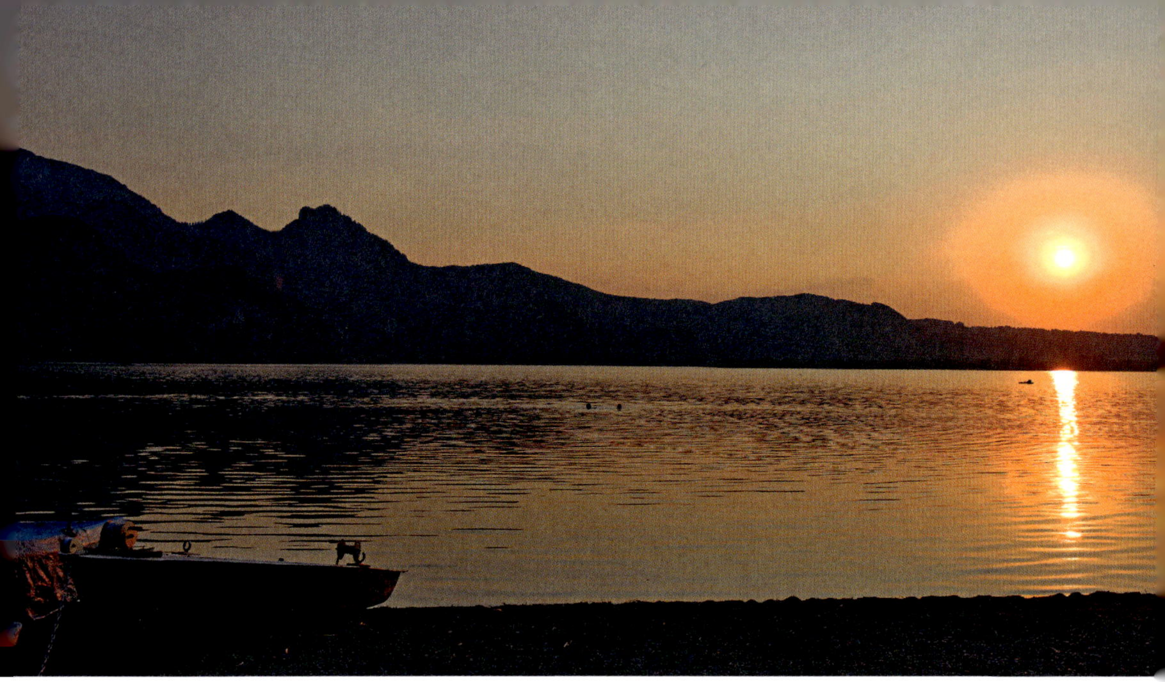

Am Ende bleibt noch viel Zeit, den Tag in Kochel und am See ausklingen zu lassen.

Durchs Lainbachtal zum Wasserfall Wir bleiben auf dieser Bachseite und folgen dem rauschenden Gewässer aufwärts. Es ist herrlich kühl unter den Bäumen, und auch vom Bach weht eine angenehme Brise herüber. Am Waldrand stoßen wir auf eine Teerstraße – rechts geht es hinauf zur Kochler Sonnenspitze, von links kommen die Wanderer direkt aus dem Ort. Wir bleiben unserem Bachlauf treu, der immer noch zum Lainbachfall und überdies nun als Vogellehrpfad beschildert ist. Kurz darauf queren wir den Bach und folgen dem von Wurzeln durchzogenen, steinigen Weg, der nun ansteigt.

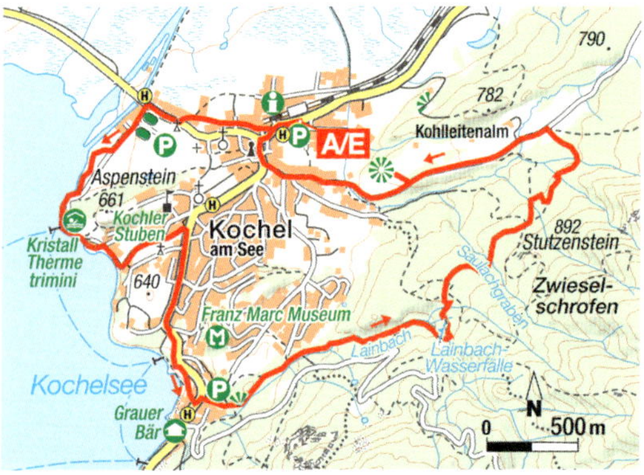

Schließlich nähern wir uns den **Lainbach-Wasserfällen** – richtig gelesen, es sind zwei. Der Pfad zieht sich steil an der Kante des ersten Wasserfalls weiter hinauf, dann stehen wir am **oberen Wasserfall**. Wie ein Schleier fällt hier meterhoch das Wasser von einer Felskante. Ein magischer Anblick und eine natürliche »rainshower« mit klarem kühlem Bergwasser.

Über die Kohlleitenalm Nach dieser erfrischenden Rast folgen wir dem Weg weiter bergauf und passieren bald eine Abzweigung, die nach links in den Ort Kochel führt. Wir bleiben geradeaus und folgen dem Weg im Auf und Ab durch den Wald. Er ist mit der Beschilde-

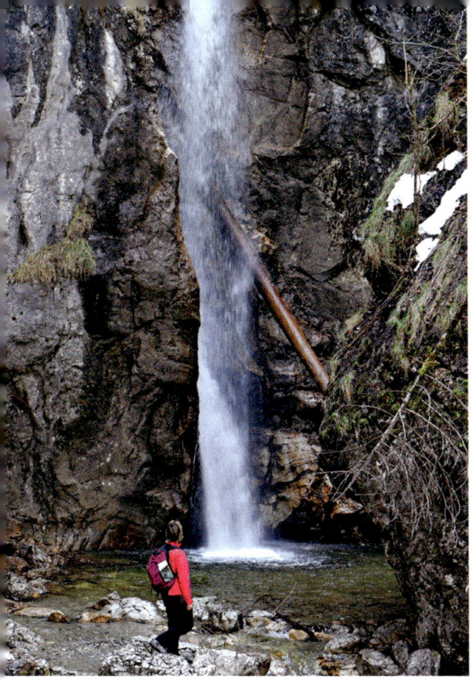

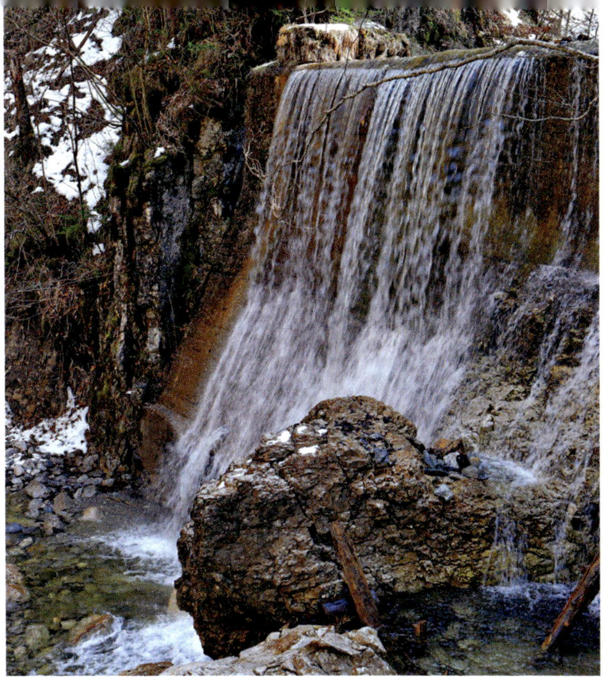

rung des Heilklimawegs 42 markiert. Nach einigen Bachquerungen geht es abwärts, und wir erreichen eine Almwiese, die **Kohlleite**. Hier treffen wir auf eine kleine Almstraße, der wir nach links folgen. Die Almen auf der Wiese sind alle in Privatbesitz und leider nicht bewirtschaftet. Trotzdem hat man von hier eine wunderschöne Aussicht über den Kochelsee auf Herzogstand und Heimgarten.

Wellness statt kalter Dusche?

Der Wasserfall ist – ganz klar – nichts für Warmduscher! Wer es gern gemütlich, kuschelig und warm mag, der kann sich nach der Wanderung in der Kristall Therme Trimini verwöhnen lassen. Neben den vielen Saunen gibt es ein Sole- und ein Freizeitbad (kristall-trimini.de).

Kurz bevor es endgültig nach Kochel hinabgeht, können wir am **Wasserreservoir** rechts für einen Abstecher zum **Aussichtspunkt Kohlleite** abbiegen. Die Rastbänke gruppieren sich unter drei mächtigen Bäumen, einer Buche, einer Eiche und einer Linde. Franz Marc malte hier eines seiner berühmten Bilder: »Zwei Frauen am Berg«. Für uns ist es neben dem Wasserfall der zweitschönste Rastplatz und krönender Abschluss dieser Wanderung.

Zurück an der Almstraße geht es die letzten Höhenmeter hinunter in den Ort, wo wir durch die Kalmbachstraße, vorbei am **Bauerncafé Zum Giggerer** und dem Rathaus, bis zur B 11 gehen. Nun halten wir uns noch ein Stück nach rechts, gehen vorbei am Denkmal »Schmied von Kochel« in die Bahnhofstraße und sind bald zurück am **Bahnhof**.

Oben: Im Frühling zur Schneeschmelze gischtet das Wasser noch viel kräftiger.

Oben links: Lainbachfall

9 Zum Obernacher Wasserfall

Unbekanntes Kleinod

leicht | 2,5 km | ↑↓ 60 Hm | 1 Std.

Tourencharakter
Kleiner Spaziergang, z. T. auf einem Rad- und Forstweg sowie auf einem unbeschilderten Pfad, für den man etwas Orientierungssinn benötigt. Eine Verlängerung der Wanderung ist möglich.

Ausgangs-/Endpunkt
Wanderparkplatz/Parkbucht Maxhütte bei Wallgau
GPS: 47.533275, 11.285256

Anfahrt
ÖPNV: Mit dem Zug nach Garmisch oder Mittenwald, weiter mit dem Bus nach Wallgau bis Haltestelle Bichl und von dort in zusätzlich 8 Min. auf dem Fuß- und Radweg entlang der B 11 zum Parkplatz
Auto: Über den Walchensee auf der B 11 nach Wallgau. Kurz vor dem Ort liegt auf der linken Straßenseite eine Parkbucht, die auch für die Wanderung zur Maxhütte genutzt wird. (Achtung: Es ist die letzte Parkbucht vor dem Ort, ein paar Hundert Meter zuvor gibt es nämlich auch schon eine!)

Einkehr
Unterwegs keine. Einkehrmöglichkeiten gibt es nur bei Verlängerung der Wanderung zur Maxhütte.

Information
alpenwelt-karwendel.de

Als »kurz und bündig« könnte man diesen Spaziergang bezeichnen, der zu einem unbekannten Wasserfall führt – in Kombination mit der Umrundung des türkisfarbenen Sachensees, der ebenfalls gern übersehen wird, eine wirklich feine Sache.

Einsamer Obernacher Wasserfall Wir beginnen am **Wanderparkplatz Maxhütte**, der direkt an der B 11 liegt. Diese queren wir gleich einmal vorsichtig und wandern dann auf dem Fuß- und Radweg nach links in nördliche Richtung. Das ist leider der am wenigsten schöne Abschnitt der Tour, denn viele Autos und Motorräder rauschen – zum Glück mit Abstand – an uns vorbei. Aber die Strecke ist schnell geschafft, nur etwas Orientierungssinn ist nötig, denn weder der Wasserfall noch der Sachensee sind beschildert. Ein echter Geheimtipp eben! Links von uns schimmert zwischen den Bäumen bald schon der tiefer gelegene Sachensee herauf. Zunächst passieren wir ihn jedoch und bleiben dem Weg treu, bis wir auf der anderen Seite der B 11 eine **weitere Parkbucht** sehen.

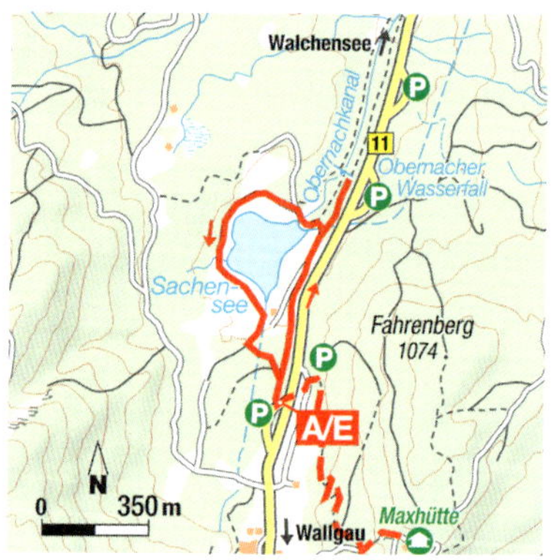

Nun sind es nur noch ca. 50 Meter, und wir treffen links auf den **Obernacher Wasserfall**. Er gehört zum ausgeklügelten System des Walchenseekraftwerks und dient zur Energiegewinnung. Warnhinweisschilder erinnern daran, nicht zu nahe an das Ufer des Obernacher Kanals zu gehen – es ist nicht gesichert, und der Wasserstand kann sprunghaft ansteigen. Etwas Vorsicht ist somit geboten, denn man erkennt auch deutlich, wie das Wasser mit seinen tiefen Strömungen zwischen den Felsen eine ungeheure Kraft entfes-

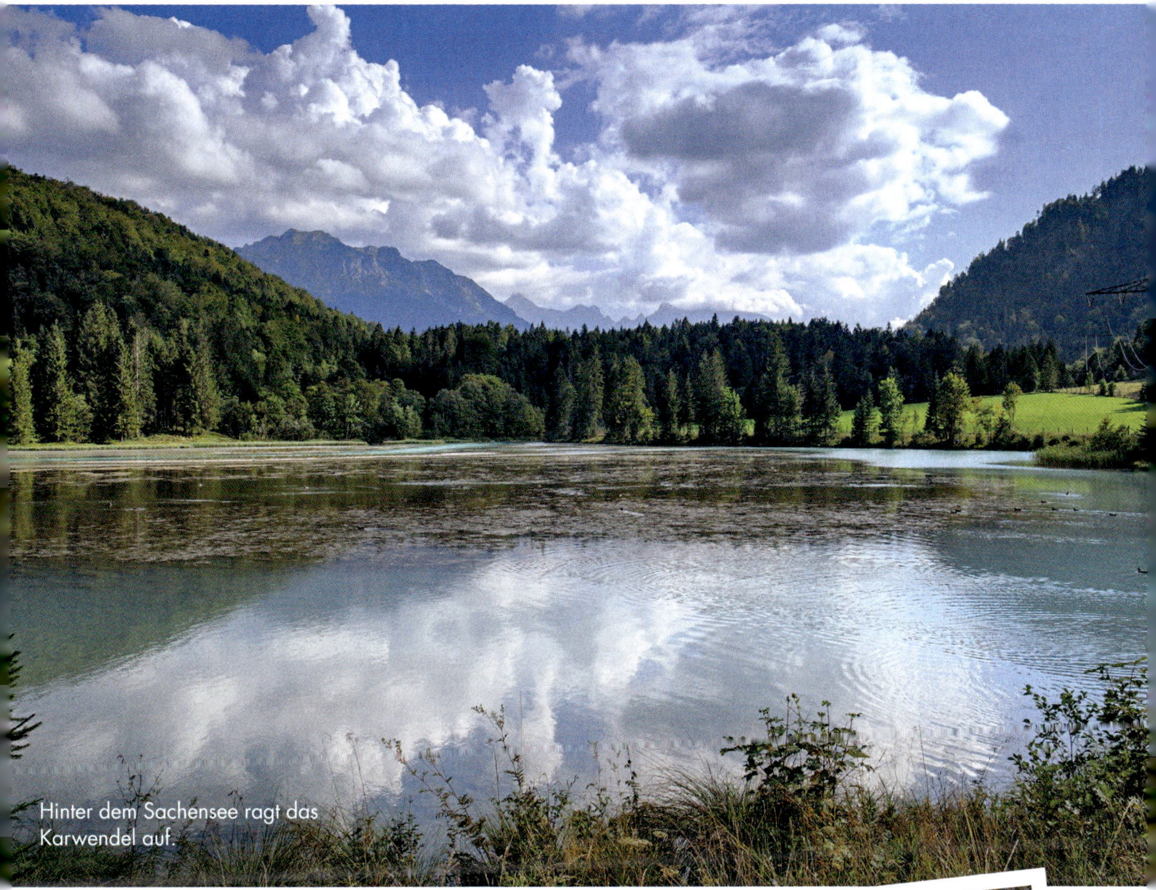

Hinter dem Sachensee ragt das Karwendel auf.

selt. Auch wenn es hier nun keinen Platz zum Niederlassen und Ausruhen gibt, ist der türkisfarben schillernde Wasserfall hübsch anzusehen.

Zum Sachensee Einen Rastplatz finden wir im Anschluss dann am Sachensee. Deshalb drehen wir hier um und wandern ein Stück zurück. An der nächsten Möglichkeit biegen wir rechts in einem spitzen Winkel in den kleinen Feldweg ein, der nur für den Werksverkehr sowie für Land- und Forstwirtschaft freigegeben ist. Leicht bergab kommen wir so zum Ablauf des **Sachensees**.

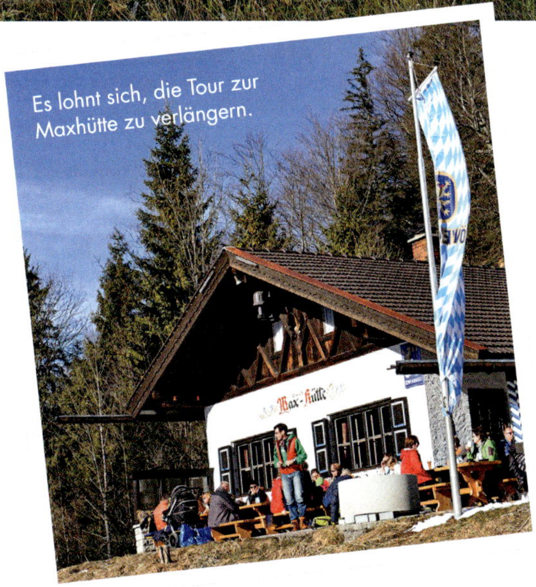

Es lohnt sich, die Tour zur Maxhütte zu verlängern.

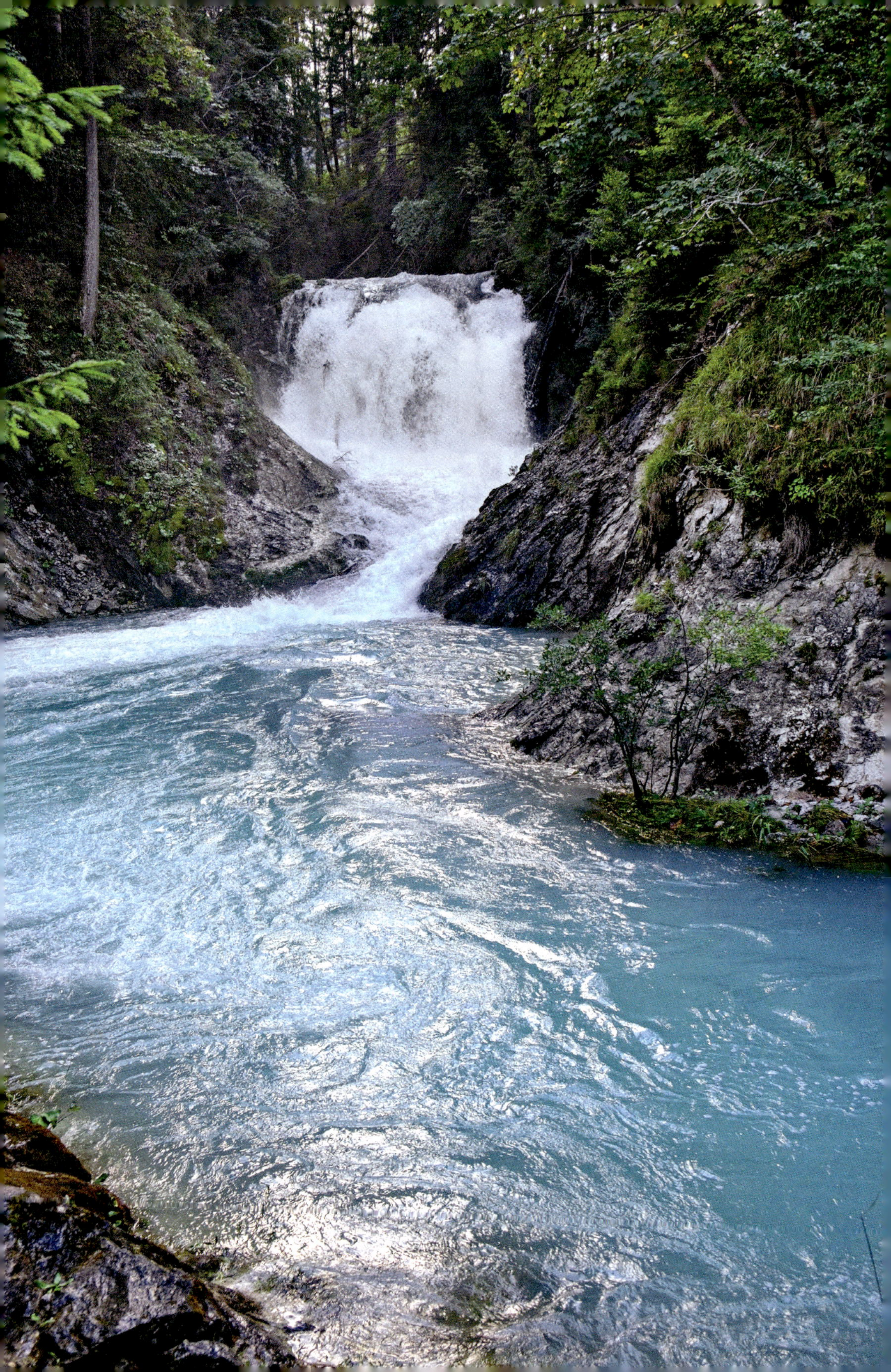

Um das System zu verstehen, muss man wissen, dass südlich von Krün am Isarstausee ein Teil des Isarwassers abgezweigt wird, um für das große Walchenseekraftwerk bei Kochel immer genügend Wasser zu haben. Dieses Wasser wird in Krün in einen Kanal geleitet, der bei Wallgau in die Erde versenkt wird, nur um kurz darauf am Sachensee wieder ans Tageslicht zu treten. Von dort fließt das Wasser im Obernachkanal zum Walchensee, nicht ohne zuvor noch Verwendung in der großen Obernacher Wasserversuchsanstalt der TU München zu finden.

Auch in Wallgau können wir nach der Wanderung einkehren.

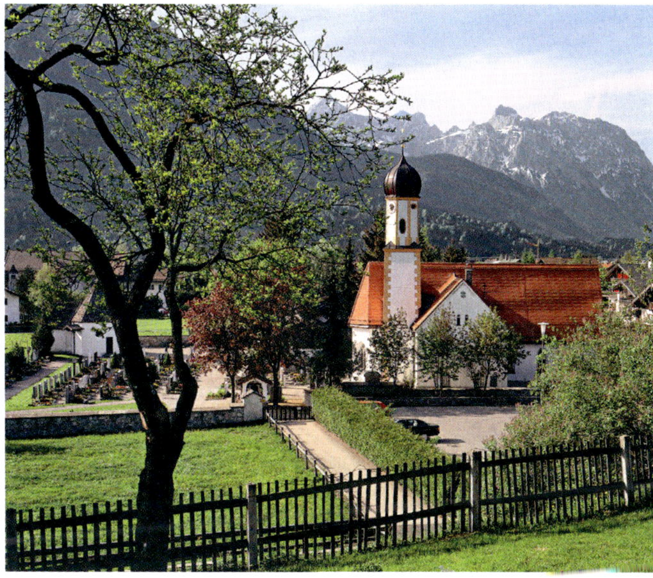

Orientierungssinn gefragt Sensationell ist die türkise Farbe des Sees, die sich vor allem im Bereich des Flusses verteilt. Weiter zu den Uferregionen hin verliert sich dann das Farbenspiel. Wir queren den Ablauf und folgen links dem **Uferweg** im Uhrzeigersinn. Mit etwas Abstand zum Ufer geht es durch ein **kleines Moor** und entlang einer Almwiese. Dann nähern wir uns dem **Einlauf des Obernachkanals**, und der Weg wird nun abrupt schlechter. Das Wasser verschwindet in den Untergrund, links sehen wir einen kleinen **Wall**.

Maxhütte

Die Entdeckertour zum Wasserfall ist wirklich nur sehr kurz. Es lohnt sich daher, im Anschluss vom Startplatz zur Maxhütte oberhalb von Wallgau aufzusteigen. Sie liegt in sonniger Aussichtslage über dem Talkessel der Isar und bietet nicht nur eine herrliche Aussicht, sondern auch eine gute Küche (zusätzlich 120 Hm, 35 Min.).

Jetzt ist etwas Orientierungssinn gefragt. Der Pfad quert schließlich etwas nach links und führt dann als Trampelpfad zu einer einsamen **Hütte** im Wald, vor der wir uns links halten. Der Weg ist jetzt wieder breiter, aber in einem schlechten Zustand. Wir steigen bergauf, halten uns an der Weggabelung rechts und erreichen von oben wieder den Rad- und Fußweg an der B 11. Wenn wir alles richtig gemacht haben, stehen wir dann genau gegenüber der **Parkbucht**, an der unsere Wanderung begann.

Linke Seite: Die Luft am Wasserfall ist voller Wassertröpfchen.

10 Durch die Hüttlebachklamm

Spannende Wanderung entlang der jungen Isar

mittel	14 km	↑↓ 400 Hm	4 Std.

Tourencharakter
Sonnige, lange Wanderung entlang der Isar. In Flussnähe kaum Höhenmeter, schwieriger ist nur der Anstieg durch die Hüttlebachklamm und der Aufstieg zum Schwarzenberg (steil, viele Stufen, Trittsicherheit nötig). Auch beim Abstieg muss man trittsicher und schwindelfrei sein. Die Tour lässt sich abkürzen.

Ausgangs-/Endpunkt
Krün, Isarbrücke
GPS: 47.504419, 11.285909

Anfahrt
ÖPNV: Mit der Bahn nach Mittenwald und mit dem Bus bis zur Haltestelle an der Kirche, dann ca. 10 Min. zusätzlicher Fußweg an die Isar
Auto: Über die A 95 und die B 2 über Garmisch-Partenkirchen Richtung Mittenwald, kurz vor Mittenwald nach Krün, von der Haupt- in die Schöttlkarstraße, den Isarkanal überqueren und zum Wanderparkplatz

Einkehr
Auhütte an der Isar (geöffnet Mitte Mai bis Anfang Juli/ Mitte Sept. bis Kirchweih, Mo Ruhetag, unbedingt vorher Öffnungszeiten recherchieren!)

Information
alpenwelt-karwendel.de

Der Kieselsteinlehrpfad und der Isar-Natur-Erlebnisweg führen bei Krün an der jungen Isar entlang und um den Stausee. Dazu locken eine spannende Klamm, ein toller Aussichtspunkt und eine gemütliche Almwirtschaft.

Über den Kieselsteinlehrpfad … Wir starten an der **Isarbrücke von Krün**, die etwas südlich des Wanderparkplatzes liegt. Wer mit öffentlichen Verkehrsmitteln anreist, muss über die Fischbachalm- und die Soiernstraße dorthin gehen. Wir bleiben auf der Krüner Seite und wandern auf dem **Kieselsteinlehrpfad** flussaufwärts. Völlig eben geht es neben der noch jungen Isar entlang, die ihren Charakter – den eines wilden Bergflusses – schon hier deutlich zeigt. An der Weggabelung bleiben wir in Flussnähe. Mit jedem Schritt ändert sich die Vegetation, und wir erleben die typische Isaraue-Flora mit ihren niedrigen Kiefern und Wacholder- und Erikabüschen zwischen den trockenen Kiesbänken.

… zum Isarstausee Am großen **Wasserkraftwerk** mit der Fischtreppe endet unser Weg. Wir wenden uns nach rechts weg von der Isar und queren kurz darauf den **Obernacher Kanal**, der seinen Lauf gerade erst am Kraftwerk begonnen hat. Unser Weg mündet am Krüner Gewerbegebiet in eine Straße, der wir nach links folgen. Wir passieren die Supermärkte (wer picknicken möchte, kann sich dort noch eindecken) und wenden uns erst an den letzten Häusern wieder nach links hinunter zur Isar. Aber statt des wilden Flusses entdecken wir nun den großen **Isarstausee**: Hier leben viele Wasservögel, die sich gut beobachten lassen. Am Südende des Sees wendet sich der Weg nach links und verläuft über einen **Damm**, der den See in zwei Bereiche teilt. Hier gibt es einen Rastplatz, von dem wir die schönste Sicht über den südlichen Teil des Sees auf die Berge genießen.

Am Isar-Natur-Erlebnisweg Hinter dem Stausee erreichen wir etwas links haltend wieder die Isar, die wir gleich darauf mit

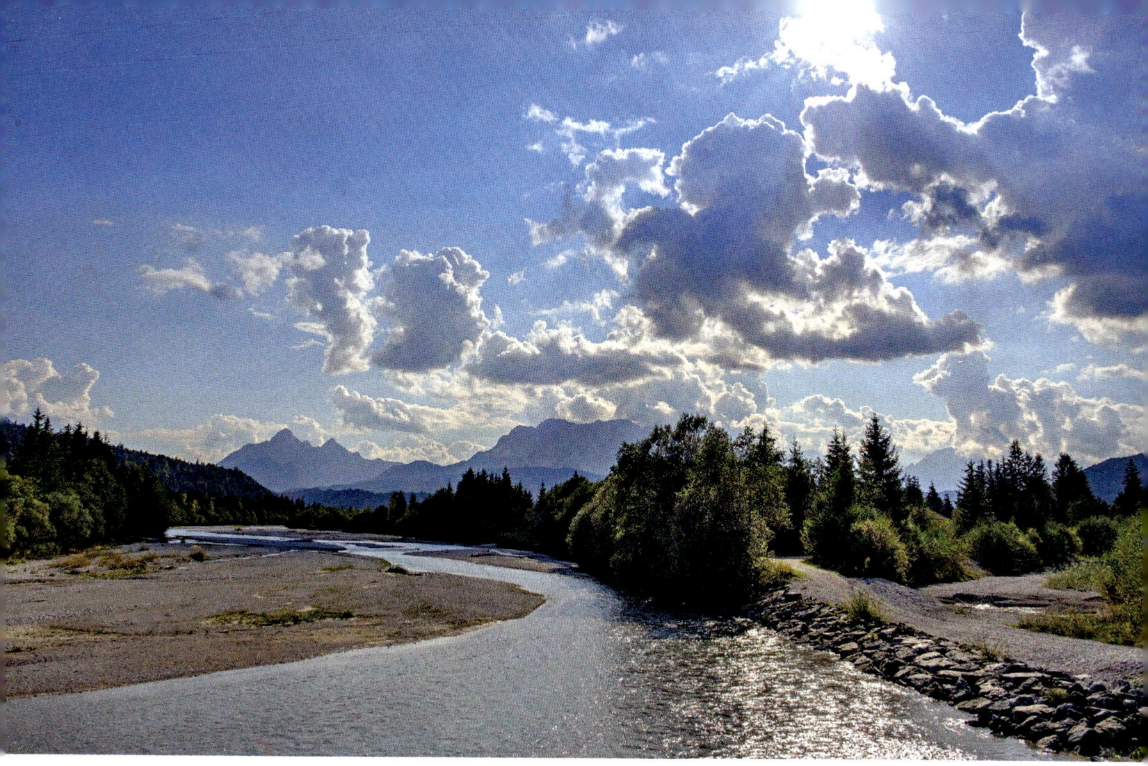

Die Isar-Kiesbänke laden zum Verweilen ein.

einer Brücke überqueren. Nun sind wir auf dem **Isar-Natur-Erlebnisweg** flussabwärts unterwegs. Weiter in Ufernähe passieren wir ein großes **Floß**, das aber auf dem Trockenen liegt: Mit diesen Flößen, deren Bauart sich im Lauf der Jahrhunderte kaum verändert hatte, transportierten die Flößer einst Waren, die über die Alpen nach Mittenwald geliefert wurden, bis nach München. Bald nach dem Floß erreichen wir die Abzweigung zur **Hüttlebachklamm**; die Stelle ist gut ausgeschildert.

Auhütte

Die Auhütte ist nur in der Vor- und Nachsaison bewirtschaftet, da die beiden Hüttenwirte auf zwei Almen arbeiten: Im Hochsommer ziehen sie mit ihren Tieren und dem Brotbackofen hinauf zur Fischbachalm (1400 m), die auf halben Weg zum Soiernhaus liegt. Mit dabei sind auch die beiden Hausschweine, einige Kälber und Pferde – diese ziehen dann im Herbst wieder um, auf die Auhütte, die nur einen Spaziergang weit bei Wallgau direkt am Isarhochufer liegt. Ein toller Platz, um den Tag ausklingen zu lassen (Achtung, die Öffnungszeiten variieren je nach Witterung!).

Steine über Steine Der Hüttlebach, der im Sommer so harmlos plätschert, tritt gar nicht viel weiter oben mit mehreren Quellen zu Tage. Im Frühjahr zeigt er bei der Schneeschmelze seine ganze Kraft und rauscht mit Ungestüm und jeder Menge Steine im Gepäck zu Tal. Er hat sich bereits tief in den Hang eingeschnitten.

Wer nun keine Lust auf die Bergtour hat, besucht mit einem Abstecher nur die Klamm und kehrt dann zum Uferweg zurück, um ihm weiter nach Norden zu folgen. Alle anderen folgen dem **Hüttlebach** durch sein Kiesbett. Der bequeme Weg endet an einer steilen Wand, und über einige Treppen steigen wir steil im Zickzack am Wasserlauf entlang hinauf. Fast ganz oben angekommen, queren wir nach links die **Quellbäche**; eine **Aussichtskanzel** lässt uns tief in die Schlucht blicken. Auch hier kann man wieder abkürzen und direkt nach links absteigen, aber wirklich lohnenswert ist es, den Wegweisern nach rechts zum Schwarzkopf zu folgen.

Unbekannter Schwarzkopf Dafür müssen wir noch weiter aufsteigen, aber die Mühe ist es wert. Bald schon erreichen wir noch eine Weggabelung, von der wir mit wenigen Schritten zum Aussichtspunkt **Schwarzkopf** (1150 m) gelangen. Es handelt sich zwar nicht um einen echten Gipfel, aber eine Rastbank markiert die Stelle, und die Aussicht über das Isartal hinüber zum Wettersteinmassiv ist unglaublich schön.
Wenn wir uns sattgesehen haben, steigen wir die wenigen Meter zur letzten Abzweigung zurück und folgen nun rechts dem Bergpfad, der zunächst noch fast ohne Höhenverlust am Hang entlangführt. Der Weg fällt links von uns stellenweise steil ab, etwas Konzentration ist nötig. Über einige Kurven folgen wir der Beschilderung zurück zum Isar-Natur-Erlebnisweg – dabei ist ein bisschen Orientierungssinn gefragt.

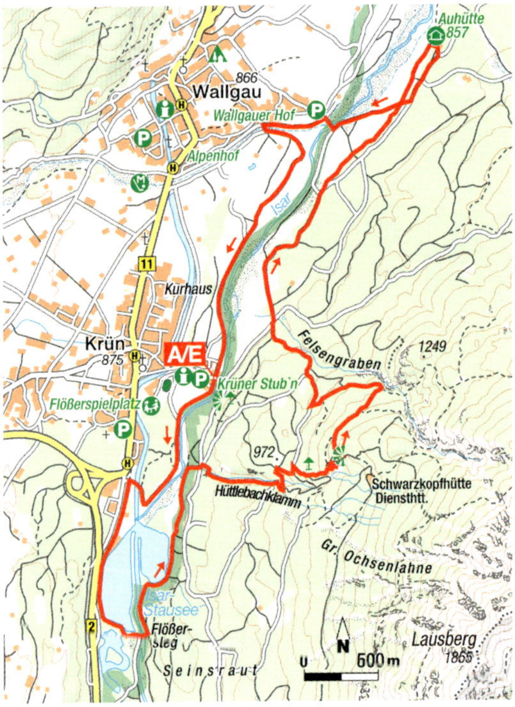

Rückweg über die Auhütte Dort angekommen, können wir wiederum abkürzen und links der Beschilderung direkt zurück nach Krün folgen. Wer jedoch noch die Auhütte besuchen möchte, folgt dem Isarweg flussabwärts. Am großen **Felsengraben** teilt sich der Weg: Rechts geht es bergauf zur Fischbachalm, wir aber halten uns links weiterhin in Flussnähe Richtung Wallgau. Dabei fließt die Isar an dieser Stelle mit einigem Abstand zu uns. Wer näher ans Wasser möchte, folgt einfach einem der kleinen Pfade abwärts. Aber

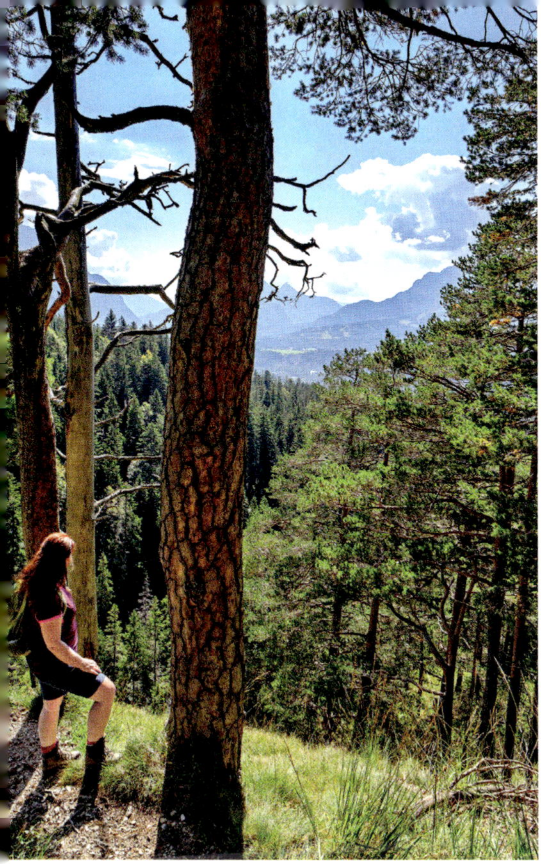

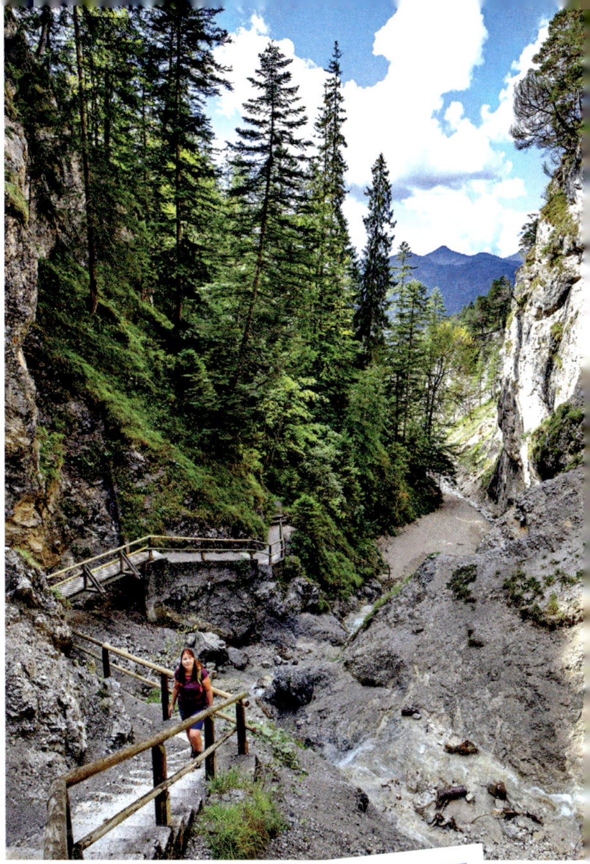

bitte auf dem Pfad bleiben und nicht querfeldein laufen, die Isarauen sind ein empfindliches Ökosystem und zudem Naturschutzgebiet!
So erreichen wir schließlich die **Auhütte** (857 m) am Hochufer über der Isar. Es gibt leckere Kuchen, aber auch kleine Gerichte und Brotzeiten (s. Tipp). Für das letzte Wegstück steigen wir zum Wanderweg hinunter, der etwas tiefer und in Flussnähe verläuft. Zahlreiche seltene Blumen wachsen links und rechts auf dem mageren Kiesboden.

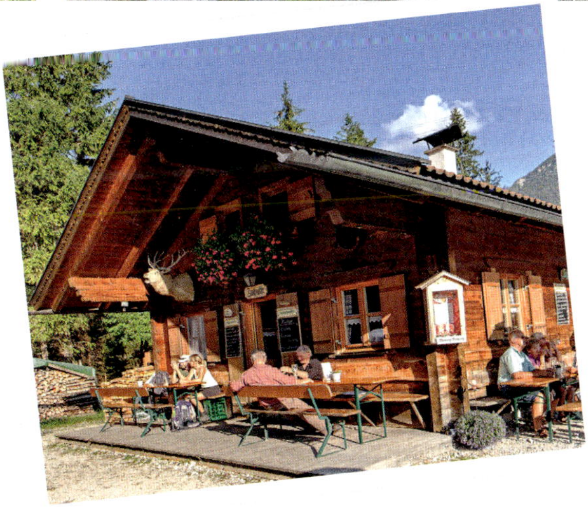

Rast an der Auhütte

Rechts haltend erreichen wir den **Isarsteg bei Wallgau**. Auf der anderen Seite biegen wir sofort links ein und gehen ein Stück am Finzbach entlang, den wir kurz darauf ebenfalls nach links mit einer Brücke überwinden. (Falls er kein Wasser führt, kann man ihn schon direkt beim Isarsteg queren.) Am anderen Ufer geht es nun immer flussaufwärts zurück zur **Isarbrücke von Krün**.

Oben links: Lichter Kiefernwald wechselt sich mit sonnigen Wegabschnitten ab.

Oben rechts: Eine gewaltige Kerbe hat der Hüttlebach in das Seitental der Isar gegraben.

11 Die Leutascher Geisterklamm

Wilde Sagengestalten in einer tiefen Schlucht

leicht | 7,5 km | ↑↓ 250 Hm | 2.15 Std.

Tourencharakter
Ein leichter Aufstieg führt zur Klamm. In der Klamm fast ebener Wegverlauf, der gut gesichert ist. Der Blick durch die offenen Gitterböden ist aber nur etwas für Wanderer ohne Höhenangst.

Ausgangs-/Endpunkt
Mittenwald, Fußgängerzone
GPS: 47.44076, 11.26028

Anfahrt
ÖPNV: Mit Bahn oder Bus über Garmisch-Partenkirchen nach Mittenwald
Auto: Über Garmisch-Partenkirchen nach Mittenwald; Parkmöglichkeiten um den Bahnhof

Einkehr
Unterwegs Gasthaus Gletscherschliff, in Mittenwald zahlreiche Möglichkeiten

Information
gapa.de

Ein geheimnisvoller Klammgeist soll tief unten in der Schlucht zwischen Leutasch und Mittenwald wohnen. Unsere Wanderung durch die Geisterklamm macht nicht nur Kindern Spaß, auch Erwachsene erfreuen sich an dem abenteuerlichen und doch sicheren Weg.

Zur Klamm Unsere Tour beginnt in der **Fußgängerzone**, im Obermarkt von Mittenwald. Wir verlassen sie nach Süden und gehen auf der Innsbrucker Straße zum kleinen **Kanal vor der Isarbrücke**. Ohne die Isar oder den Kanal zu queren, biegen wir rechts ein und verlassen Mittenwald. Kurz darauf begleitet uns die Leutasch, und wir erreichen den **Kiosk** mit dem Eingang zum Wasserfallweg. Der gebührenpflichtige Abschnitt führt nahezu schwebend über dem dunkelgrünen Wasser zu einem 23 Meter hohen Wasserfall – ein kleiner Abstecher und eine spannende Zusatztour.
Für die Geisterklamm selbst steigen wir kurz vor dem Kiosk rechts im Bergwald hinauf. Auf der gesamten Runde vermitteln Infotafeln viel Wissenswertes über die eiszeitliche Entstehung der Klamm, aber auch über die Besonderheiten von Flora und Fauna und über die Geschichte der Gegend. Natürlich kommen auch die Sagengestalten, bei denen der Klammgeist eine besondere Rolle spielt, nicht zu kurz.

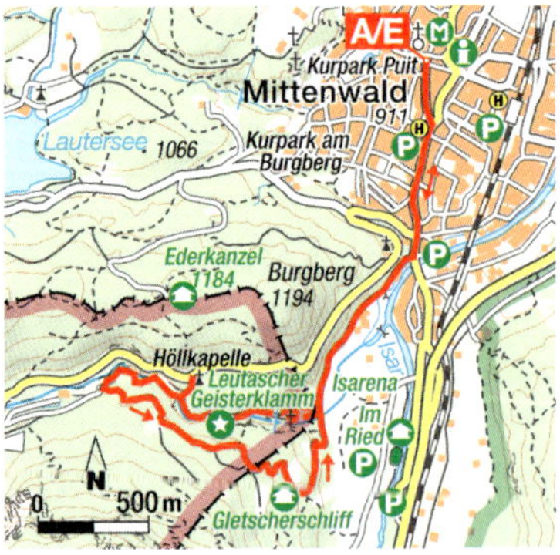

Panorama- und Höllbrücke So gelangen wir abwärts über eine Treppe zur **Panoramabrücke**, die über die Klamm führt. Ein erster Tiefblick in den Schlund der Klamm lohnt sich, ansonsten bleiben wir auf der ursprünglichen Uferseite und wandern auf einem Steg hoch über der **Leu-**

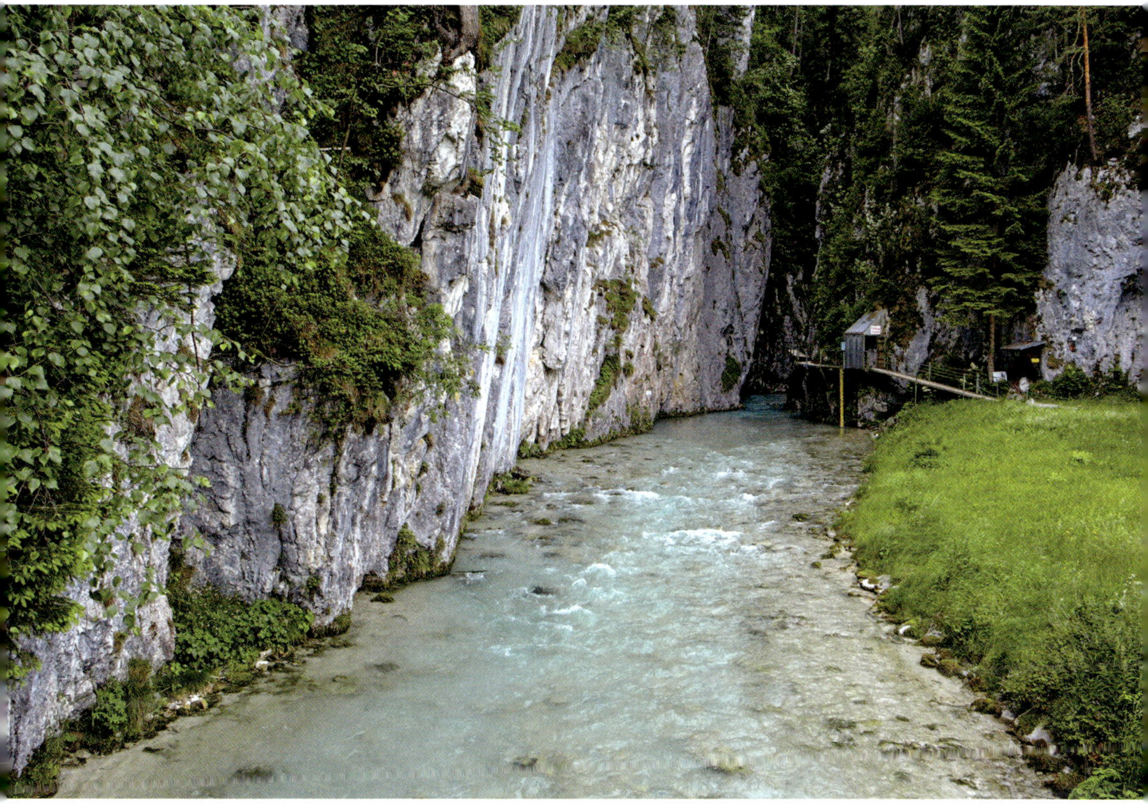

Hier verlässt die Leutasch die Klamm.

taschklamm weiter. Machen wir uns doch dabei auf die Suche nach Feuerschweif, Feenharfe, Regenbogenschlange und dem Klammgeist! Ein wenig schwindelfrei sollte man aber sein, denn unter unseren Füßen rauscht wild und gewaltig das Wasser zwischen den Felsen hindurch. Schließlich erreichen wir die **Höllbrücke**, wo rechts ein Abstecher zur Höllkapelle führt. Danach wechseln wir das Ufer, wenden uns am Ende des Klammwegs bei einem **Picknickplatz** nach links und vollenden unsere Runde, indem wir entweder über den Berggasthof Gletscherschliff absteigen oder links erneut die Panoramabrücke anvisieren, um im Anschluss wieder auf dem Hinweg nach **Mittenwald** zurückzukehren.

Mittenwald

Die Wanderung durch die Klamm ist spannend, aber nicht tagesfüllend. So kann man die Tour gut mit einer Besichtigung von Mittenwald verbinden. Der malerische Ort ist berühmt für seinen Geigenbau und die zahlreichen mit Lüftlmalereien verzierten Häuser. Am besten besucht man dazu den Obermarkt, das Herz der Stadt.

12 In der Gießenbachklamm

Almen-Glücksplatz am Talende

leicht | 12 km | ↑↓ 480 Hm | 3.45 Std.

Tourencharakter
Wanderung auf meist sanft ansteigender kleiner Almstraße ohne technische Schwierigkeiten. Hin- und Rückweg verlaufen auf derselben Strecke.

Ausgangs-/Endpunkt
Wanderparkplatz in Gießenbach bei Scharnitz/Tirol
GPS: 47.376825, 11.237209

Anfahrt
ÖPNV: Mit der Bahn nach Mittenwald und weiter mit dem Zug nach Gießenbach. Ab Mittenwald fahren in der Sommersaison auch Busse (Linie 432) nach Gießenbach.
Auto: Nach Mittenwald, weiter über die Grenze nach Scharnitz und durch den Tunnel Richtung Seefeld bis Gießenbach. Der gebührenpflichtige Parkplatz liegt links der Straße.

Einkehr
Eppzirler Alm (geöffnet nur in den Sommermonaten Juni-Sept., wenn sie bestoßen wird, im Okt. nur bei schönem Wetter und am Wochenende)

Information
seefeld.com

Am Talende, inmitten grüner Almwiesen und umgeben von zerklüfteten Kalkgipfeln, liegt die Eppzirler Alm. Auf dem Weg dorthin wandert man durch die Gießenbachklamm, die sich von einer steinigen, zerfurchten und wilden Seite zeigt.

Durch die Gießenbachklamm Die landschaftlichen Veränderungen durch Murenabgänge und deren Folgen sind auf der gesamten Wanderung nicht zu übersehen und verleihen der Tour einen zusätzlichen Reiz (s. Tipp). Auch der Beginn ist sogleich eindrucksvoll, denn direkt vom **Wanderparkplatz** folgen wir der Straße über die Gleise und wandern über die Brücke in die **Gießenbachklamm**. Die kleine Almstraße führt stets ansteigend, aber nicht zu steil ein gutes Stück oberhalb des tosenden Wassers an großen Felsbrocken vorbei. Mit seiner Wasserkraft fräst sich der Gebirgsbach Jahr für Jahr tiefer in das Bachbett. Auf einigen

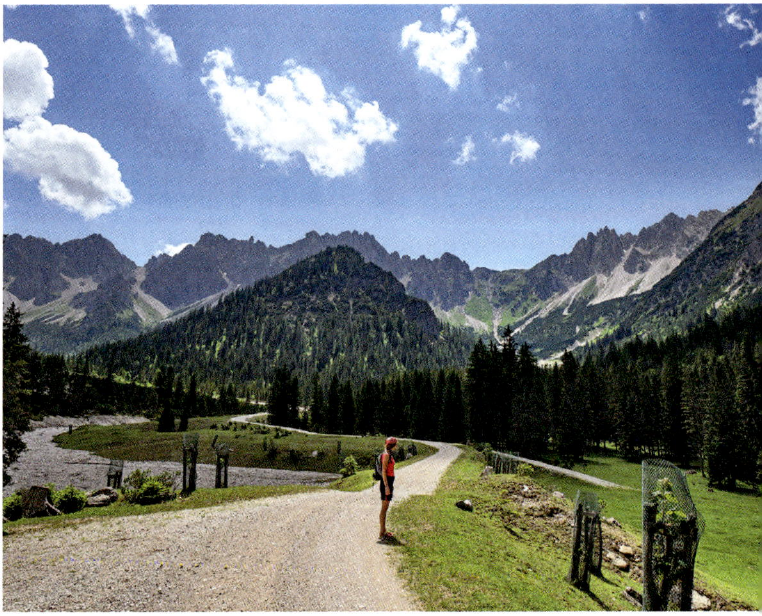

Im Eppzirler Tal weitet sich der Almboden, und wir blicken auf die Berge der Innsbrucker Nordkette.

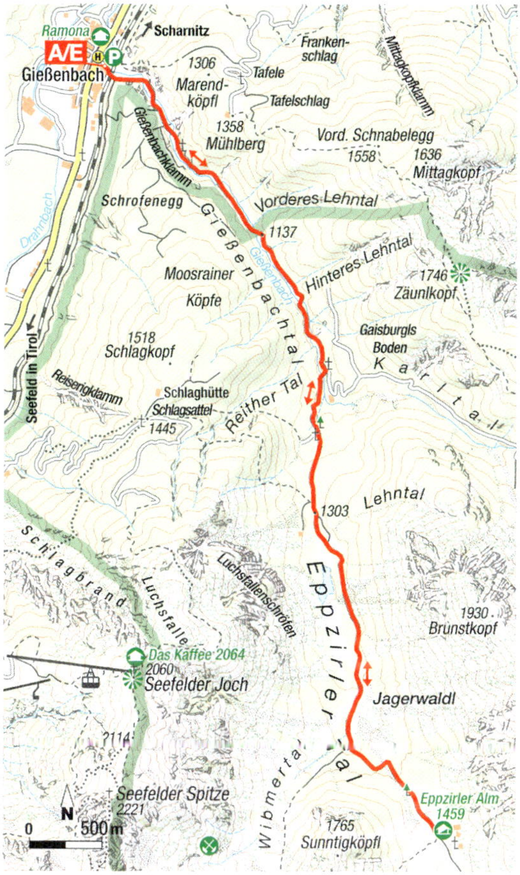

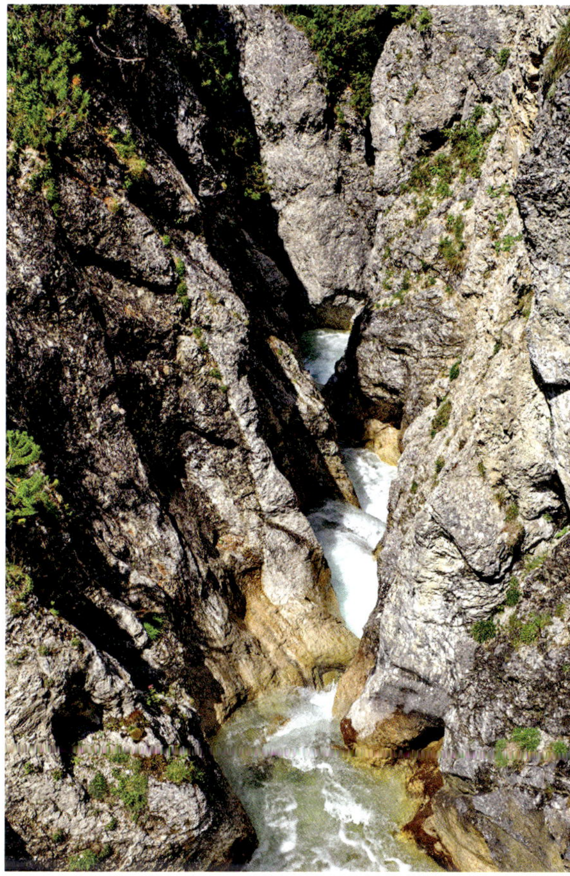

Die Gießenbachklamm verändert das Tal beständig.

Brücken haben wir die Möglichkeit, in die Tiefe zu schauen. Die Klamm ist relativ unbekannt und so haben wir den Weg, abgesehen von ein paar Mountainbikern, eigentlich für uns allein.

Dramatische Landschaft Bald wird der Weg flacher, und das Wasser plätschert deutlich sanfter neben unserem Weg dahin. Vorbei an einigen **Wasserreservoirs** teilt sich der Weg dann an einer **Brücke**: Geradeaus ginge es weiter zur Oberbrunnalm, auf einem Weg, den Mountainbiker gern nutzen. Wir hingegen halten uns hier rechts und folgen der Beschilderung zur Eppzirler Alm. Nun steigt der Weg etwas steiler, aber immer noch human an. Wir überwinden dabei den Übergang vom Gießenbach- ins Eppzirler Tal. Dann wird der Weg wieder flacher, und die Bäume geben einen ersten Blick zum beeindruckenden Felsenkessel am Talende frei. Gut, dass es hier eine erste **Rastbank** gibt, die uns das Szenario in Ruhe genießen lässt.

Rechte Seite: Dieser mächtige Bergahorn konnte sich dem Murenabgang widersetzen.

Wenige Schritte weiter ändert sich dann das Landschaftsbild dramatisch: Ganz plötzlich befinden wir uns zwischen Schuttreißen, die sich ihren Weg durch die Latschen suchten – Überreste der großen Unwetterkatastrophe von 2013, als die Gerölllawinen am Talboden sogar einen kleinen See entstehen ließen. Wir wandern nun direkt auf das hufeisenförmige Talende zu, wo die Felsriegel der Erlspitzgruppe den Abschluss des Talkessels bilden. Und das sind nicht einfach irgendwelche Berge: Steinige Spitzen und Zacken präsentieren sich von ihrer schönsten Seite, und dieser atemberaubende Anblick begleitet uns nun bis zur **Eppzirler Alm** (1459 m).

Katastrophe

Es waren mehrere Unwetter mit starken Regenfällen, die am Wochenende um den 06.09.2013 über Tirol hinweggezogen. Am Eppzirler Talschluss, wo das lockere Dolomitgestein schon einige Schuttreißen bildete, lösten sich vier große Muren und zerstören große Teile des Almgebiets. Wie durch ein Wunder blieben jedoch die Eppzirler Alm und die Kapelle unbeschädigt, obwohl sich das Geröll bis zu zwei Meter hoch auftürmte. Mit viel Aufwand sanierte man das Gebiet wieder und errichtete dabei einen Wall, um die tieferliegenden Almflächen zukünftig zu schützen.

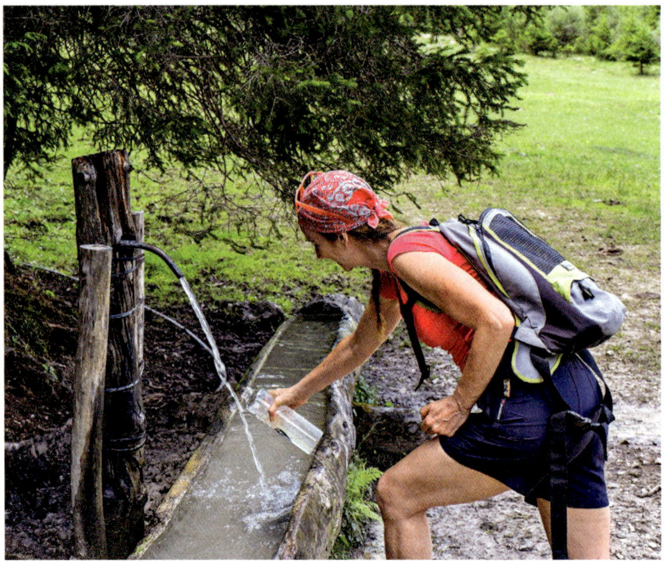

Erfrischender Brunnen – ob Trinkwasser oder nicht, das bleibt jedem selbst überlassen.

Zum Almenglück Auf dem letzten Kilometer dorthin stoßen wir nochmals auf Überbleibsel der Murenabgänge, bevor wir unser Ziel erreichen und auf der sonnigen Almterrasse sicher ein schönes Plätzchen finden. Mit einem guten Kaspressknödel, einem deftigen Speck- oder Käsebrot oder einem süßen Mohnstrudel ist das Glück dann perfekt. Wer sich für die Geschichte der Alm interessiert, findet in der kleinen Speisekarte einige interessante Informationen.

Bevor wir uns auf den Rückweg machen, werfen wir noch einen Blick in die **Marienkapelle** hinter der Hütte. Dann geht es auf dem Hinweg retour, wobei sich nun mit dem Blick auf die Ahrnspitze ein ganz neues Panorama auftut. Durch die **Gießenbachklamm** erreichen wir wieder unseren **Wanderparkplatz**.

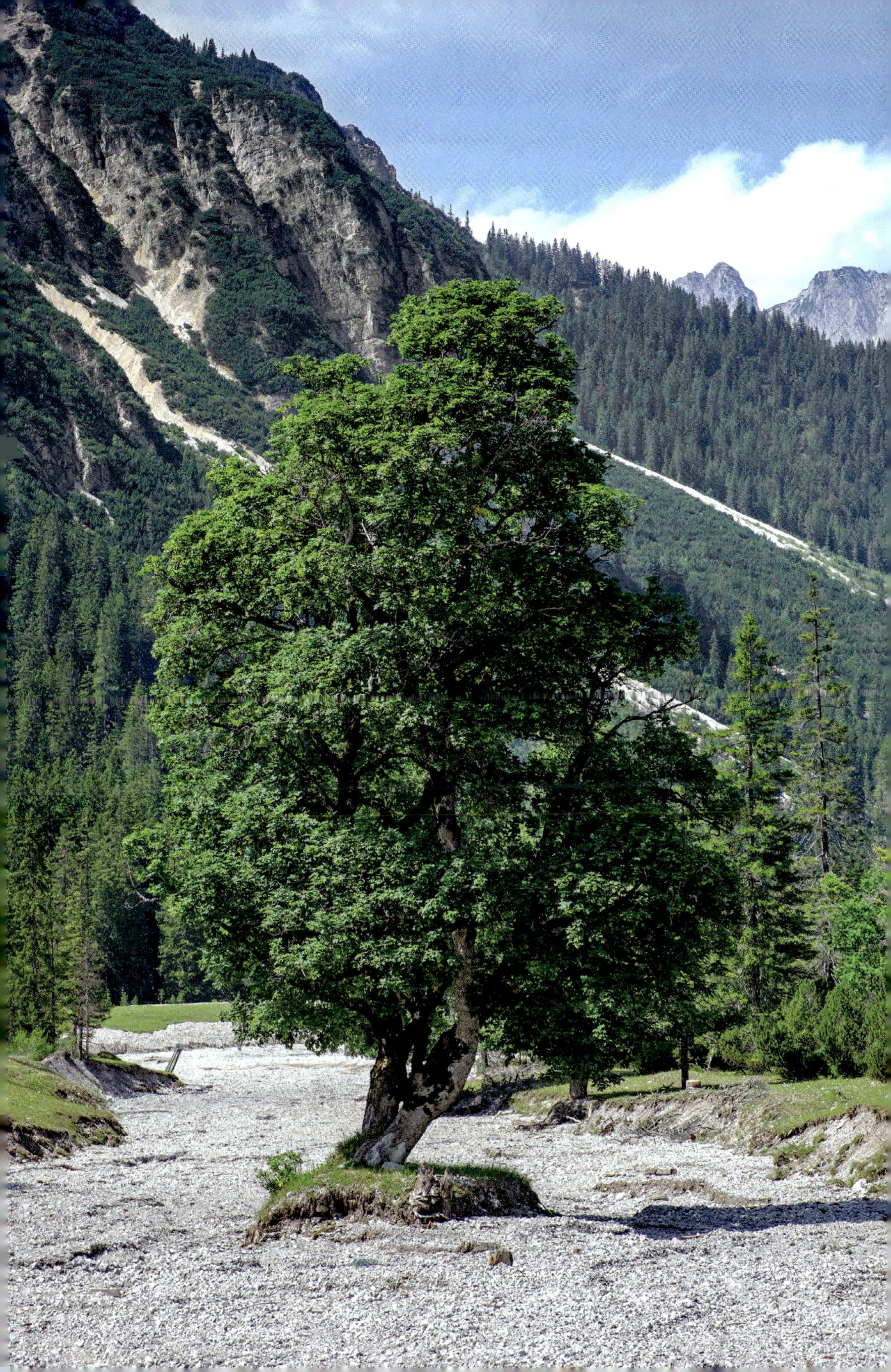

13 Zum Jachenauer Wasserfall

Eiskaltes Bad im Hochsommer

leicht | 10 km | ↑↓ 200 Hm | 2.45 Std.

Tourencharakter
Rundtour, die am Hinweg fast ausschließlich über eine Forststraße führt. Der Rückweg verläuft auf Bergpfaden entlang des Bachs. Sehr gut für Familien mit Kindern geeignet

Ausgangs-/Endpunkt
Ort Jachenau, Wanderparkplatz am Schützenhaus
GPS: 47.60628, 11.43315

Anfahrt
ÖPNV: Von München mit der BOB nach Lenggries, weiter mit dem Bus ins Dorf Jachenau bis Haltestelle Post (Hauptstraße)
Auto: Mit dem Auto nach Bad Tölz, weiter nach Lenggries und in die Jachenau zum Talende mit dem Dorf Jachenau; unterhalb der Kirche rechts großer Wanderparkplatz am Schützenheim

Einkehr
Unterwegs keine. In der Jachenau: Gasthof zur Jachenau, Schützenhaus

Information
jachenau.de

Eine erfrischende Runde vor allem an heißen Sommertagen: Der Lainlbach lädt an vielen Stellen zur Rast ein, und Höhepunkt ist der große Jachenauer Wasserfall, auch Glasbachfall genannt. Unter ihm kann man sogar – mit etwas Vorsicht – baden.

Am Ende des Tals Wir wandern vom **Wanderparkplatz am Schützenhaus** zurück zur Hauptstraße des Jachenauer Tals, biegen in diese links ein und folgen ihr für ca. 500 Meter talauswärts in Richtung Lenggries. Dabei passieren wir den großen **Gasthof Jachenau**, überqueren die Große Laine und sehen zu unserer linken Seite eine auf einem Hügel thronende **Kapelle**. Der Einstieg zu unserem Wanderweg ist der Feldweg, der unmittelbar hinter der Kapelle auf der linken Straßenseite beginnt. Auf einem Schild ist unser Wanderweg »Zum Wasserfall« bereits ausgeschildert.

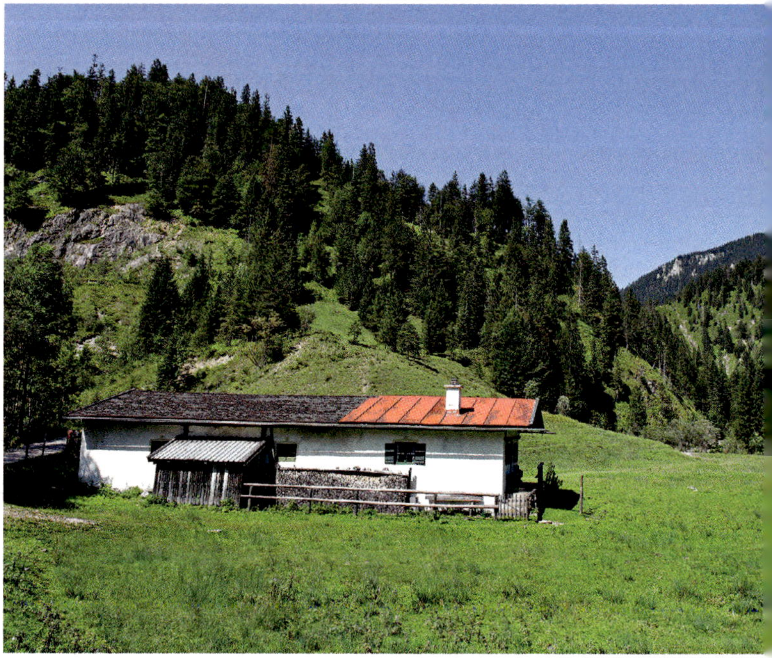

An der Lainlalm

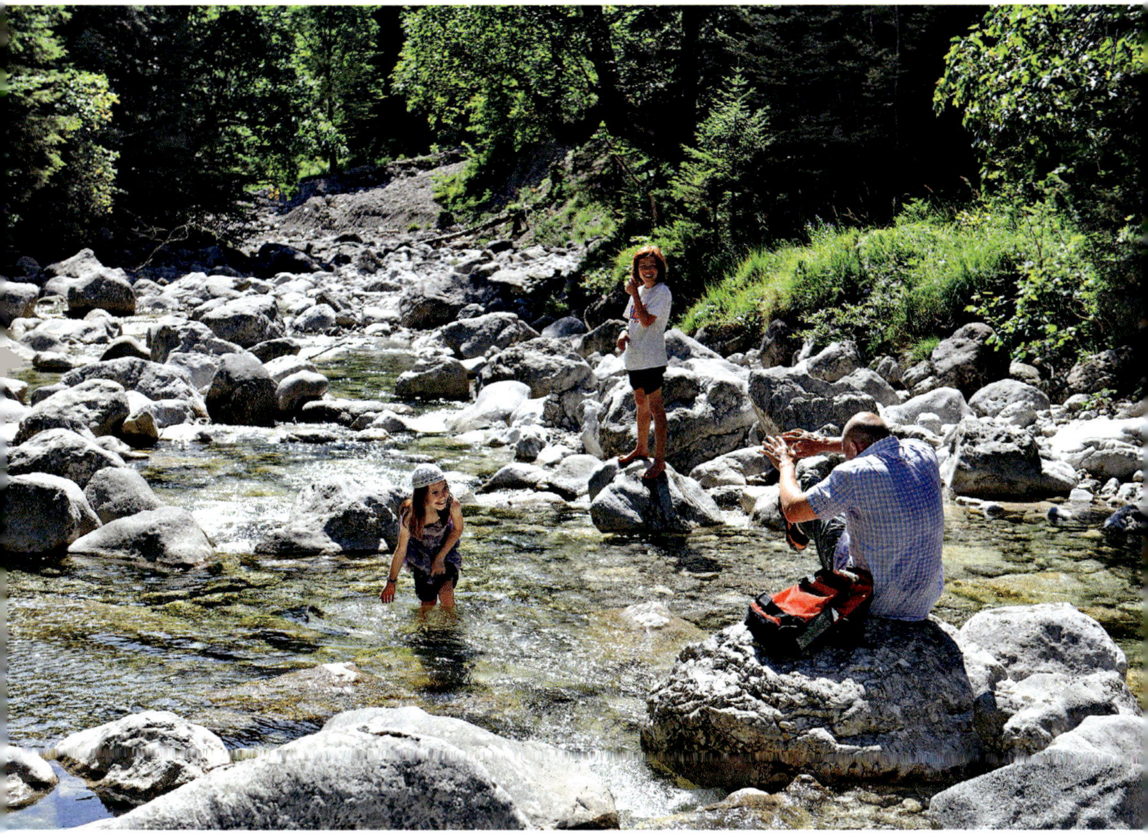

Für Familien mit Kindern gibt es viele Naturspielplätze auf der Wanderung.

»Gacher« Aufstieg Zu Beginn ist der Weg recht sonnig und steigt gleich ein anstrengendes Stück bergan. Bis zur privaten **Berglalm** kann man im Sommer ganz schön ins Schwitzen kommen – »ganz schee gach« würde ein Oberbayer sagen. Aber gleich hinter der Alm geht es in den Wald, und dort wird der Weg erheblich flacher, sodass wir die stete Steigung kaum mehr bemerken. In unterschiedlichen Abständen zu unserem breiten Weg rauscht links von uns der **Lainlbach**, genau genommen die Große Laine, dahin. Wir lassen alle Abzweigungen unberücksichtigt und folgen der Beschilderung zum Wasserfall. So erreichen wir entlang der Felswände des Labelsbergs die

Sanfte Schönheit

Das Dorf Jachenau bildet den Abschluss des gleichnamigen Tals. Es verbindet das Isartal bei Lenggries mit dem Walchensee und hat sich den »sanften Bergtourismus« auf die Fahne geschrieben: Keine Lifte oder Hotelbauten verunzieren die Landschaft, dafür gibt es sattgrüne Almwiesen, dichte Wälder und jede Menge Berggipfel, die man mit Wanderungen erobern kann.

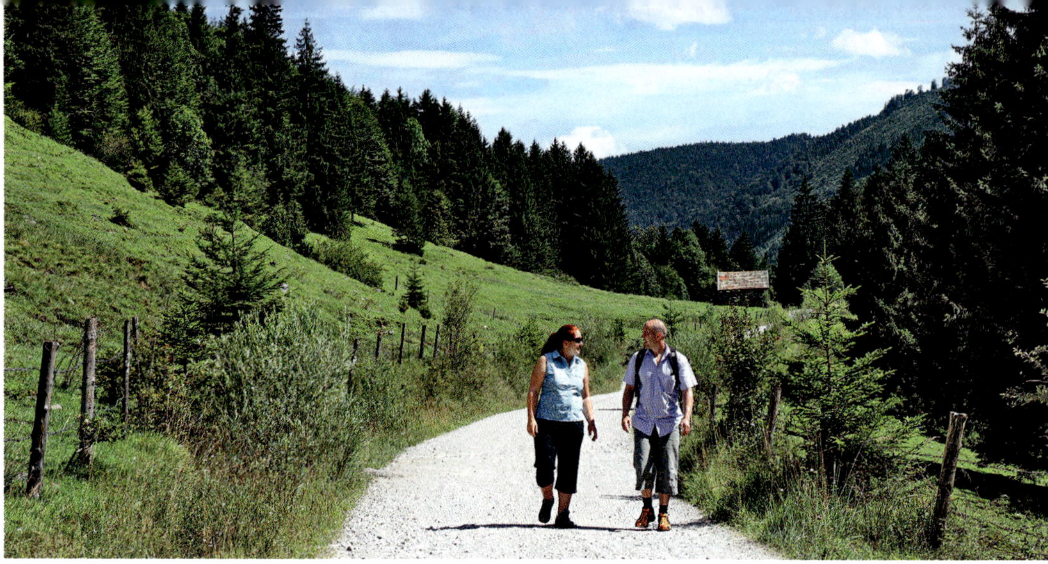

Überaus sonnig ist der Aufstieg.

Rechte Seite: Der Wasserfall, ein schöner Platz zum Verweilen

Abzweigung zur Rappinalm und Rappinschlucht, die wir uns aber für einen anderen Tag vornehmen. Heute bleiben wir geradeaus bis zur nur 300 Meter entfernten **Lainlalm**, wo der Glasbach in den Lainlbach mündet.

Kaltes Vergnügen Direkt hinter der Alm biegen wir nun rechts auf einen Wiesenweg ab. Im Sommer steht hier das Wollgras hoch. Jetzt geht es entlang des **Glasbachs**, und es sind nur noch ein paar Minuten, bis wir vor dem **Jachenauer Wasserfall** stehen, der sich bei gutem Wasserstand aus drei herabstürzenden Wasserschleiern zusammensetzt. Am Fuß der Felswand hat sich eine tiefe Gumpe gebildet, in deren eiskaltem Wasser man sich wunderbar erfrischen kann – es bedarf aber einigen Mutes angesichts der geschätzten 14 °C Wassertemperatur!

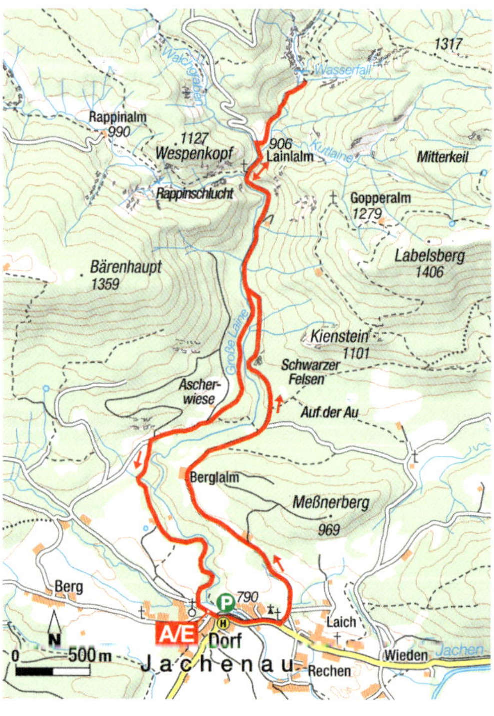

Nach der Erfrischung wandern wir zunächst wieder ein gutes Stück auf der Forststraße zurück. Dann biegen wir rechts in den mit »Fußweg zur Jachenau« und »J1« ausgeschilderten Wanderweg ein. Nun queren wir den Bach und laufen auf einem sehr malerischen Pfad auf der rechten Uferseite bergab. Wir erreichen schließlich ein paar Almwiesen, die **Ascherwiesen**, wandern dort links weiter und halten uns kurz drauf nochmals links in Bachnähe. So erreichen wir direkt am großen **Wanderparkplatz** wieder das Dorf Jachenau.

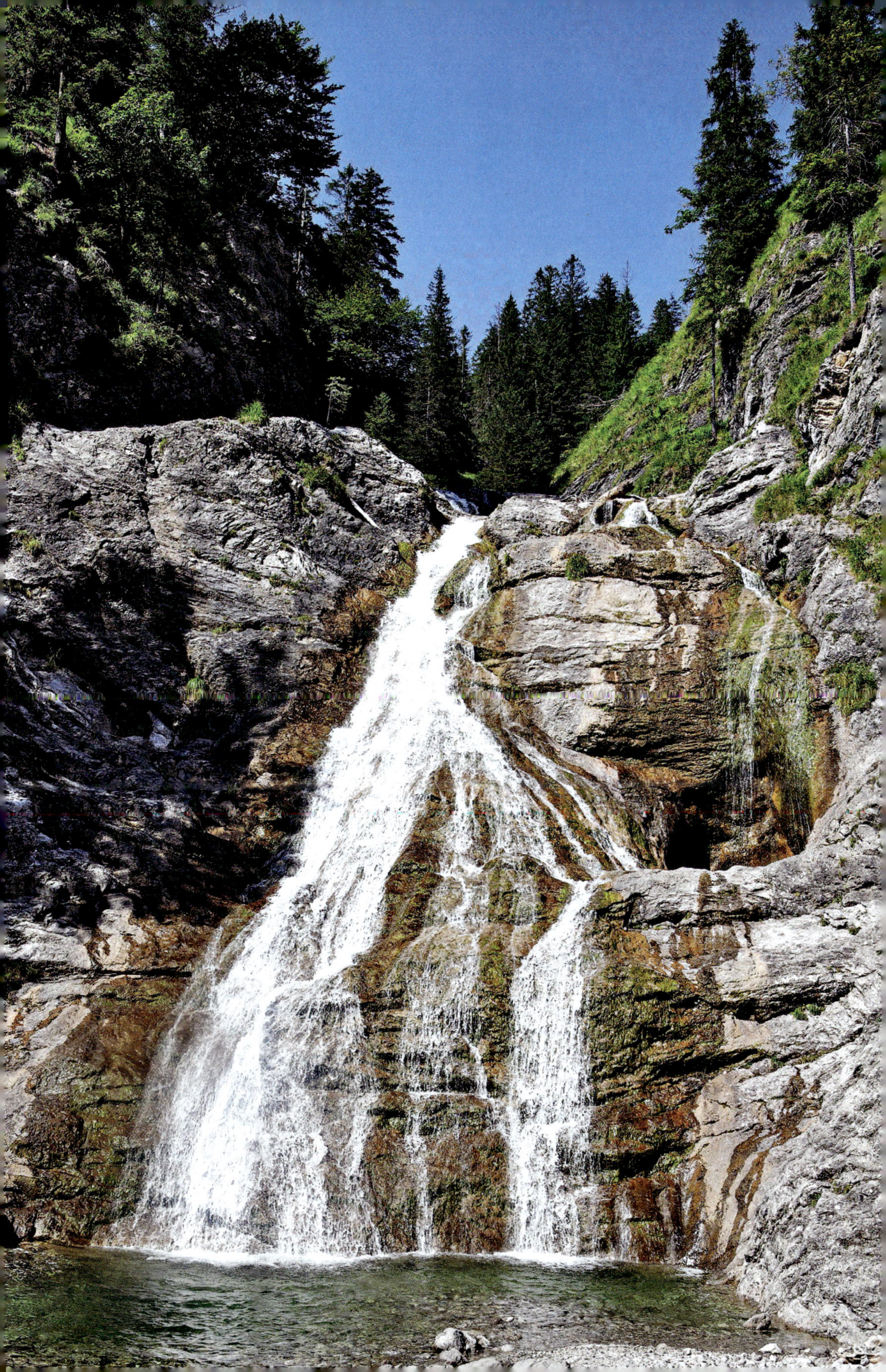

14 Kleine und Große Wolfsschlucht

Vom Alten Bad über Siebenhütten in die Klamm

mittel	10,5 km	↑↓ 250 Hm	3 Std.

Tourencharakter
Einfache Wanderung mit nur geringer Steigung auf angenehm breiten Wanderwegen und Pfaden. »Mittel« deshalb, weil man sich in der Klamm und durchs Bachbett den Weg meist selber suchen muss – technisch aber keine wirkliche Herausforderung. Vorsicht bei Starkregen, nach Hochwasser oder während der Schneeschmelze, es ist ein Wildbach!

Ausgangs-/Endpunkt
Parkplatz Wildbad Kreuth
GPS: 47.625770, 11.746979

Anfahrt
ÖPNV: Mit der BOB bis Bahnhof Tegernsee und weiter mit dem Bus bis Haltestelle Wildbad Kreuth
Auto: Am Südufer des Tegernsees bei Rottach der Beschilderung nach Kreuth ins Weißachtal folgen, durch Kreuth hindurch, dann links auf den gebührenpflichtigen Parkplatz Wildbad Kreuth

Einkehr
Almwirtschaft Siebenhütten (je nach Schneelage Mai bis Anfang Nov. geöffnet)

Information
tegernsee.de

Traumhaft schön und einfach ist die Wanderung über Wildbad Kreuth entlang der Hofbauernweißach nach Siebenhütten. Unser Ziel liegt noch ein Stück weiter am Fuß der Blauberge, wo uns die Große und die Kleine Wolfsschlucht erwarten.

Am Kiem-Pauli-Weg zu den Siebenhütten Vom **Parkplatz** queren wir die Weißach und bleiben geradeaus auf der Zufahrtsstraße in Richtung Wildbad Kreuth. Der Weg steigt minimal an, und kaum verlassen wir den Wald, liegt **Wildbad Kreuth** vor uns. An der Weggabelung halten wir uns links und passieren das Hauptgebäude mit etwas Abstand. Weiter in südlicher Richtung wandern wir an der Kapelle Hl. Kreuz und dem **Gasthaus Altes Bad**, dem Ursprung von Wildbad Kreuth, vorbei. Rechts führt ein Weg hinunter zur Fischzucht. Diese Abzweigung ignorieren wir, können aber gleich darauf einen Abstecher (10 Min.) nach links zur Quelle mit dem kleinen Wasserfall und dem **Denkmal**

Siebenhütten

Einst standen sieben Almhütten an der Hofbauernweißach. Als 1818 Maximilian I. Joseph, König von Bayern, das alte Bad in Kreuth erwarb und es zu einem (damals modernen) Heilbad umbauen ließ, erlebten die Bauern und ihre Almhütten einen großen Aufschwung. Bis zu 500 Ziegen wurden hier gehalten, deren Milch bzw. Molke für die Kuren benötigt wurde. Als der Kurbetrieb zum Erliegen kam, verschwanden auch die Almhütten. Drei Gebäude sind übriggeblieben, und ein viertes, ein alter Troadstadl, wurde 2015 wieder neu aufgestellt. Bis heute gehört das Gebiet den Wittelsbachern; Besitzerin ist Helene Herzogin in Bayern, die sich mit den Pächtern sehr dafür einsetzt, die Traditionen zu bewahren.

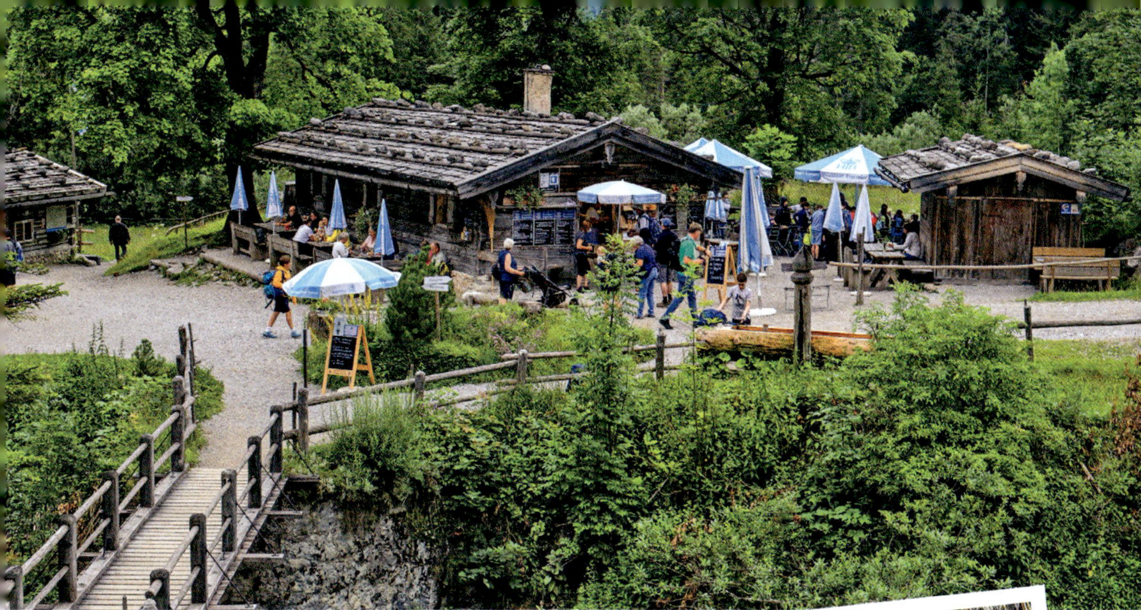

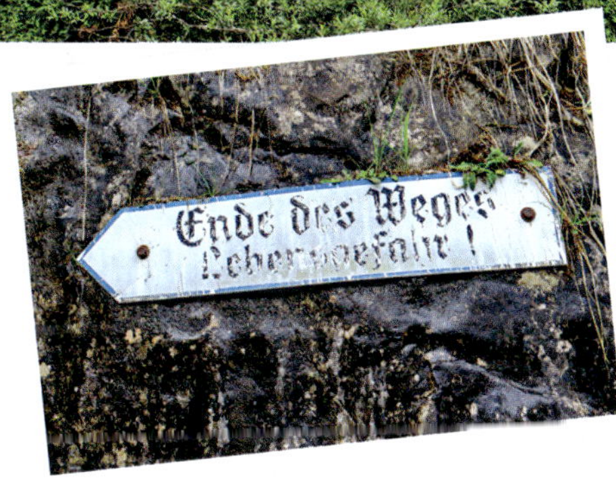

Maximilian I. Josephs machen. Er war es, der nach 1818 das Bad gekauft hatte, um es zu einem modernen Sanatorium auszubauen. Zurück am Abzweig geht es dann über den Bach, der von der Quelle kommt. Nun sind wir auf dem **Kiem-Pauli-Weg** unterwegs; der bekannte Volksmusiker lebte von 1924 bis zu seinem Tod 1960 in Wildbad Kreuth. Der kleinere Wanderweg zieht sich mit einigen Aussichtspunkten oberhalb der Hofbauernweißach entlang. Bald haben wir die **Siebenhütten** erreicht, wobei wir uns die Einkehr für den Rückweg aufheben wollen.

In der Großen Wolfsschlucht ist dann wirklich Schluss.

Oben: »Über Siebenhütten musst du gehen …«

Zwei Schluchten So setzen wir mit Elan die Tour fort und queren gleich hinter den Siebenhütten auf einer kleinen Brücke die **Hofbauernweißach**. Am anderen Ufer geht es für uns nach links, wobei wir uns gleich darauf rechts halten und der Beschilderung zu Wolfsschlucht und Schildenstein folgen. Der Forstweg steigt noch etwas an, und wir nehmen Abschied von der Hofbauernweißach. Bald passieren wir die **Oberen Weißachalmen**, die auf einer Wiese liegen. Dahinter sind wir wieder in der Nähe eines Bachs unterwegs, der **Felsweißach**. Der Weg wird deutlich schmäler, und wir wandern direkt auf den Talschluss und damit auf den Schildenstein zu.

Unser Weg endet am **Bachbett**, und ab jetzt ist etwas Orientierung gefragt. Wer aufpasst, kann meist die nächsten Pfadspuren bzw. rot-weißen Markierungen im Bachverlauf erkennen. Sehr

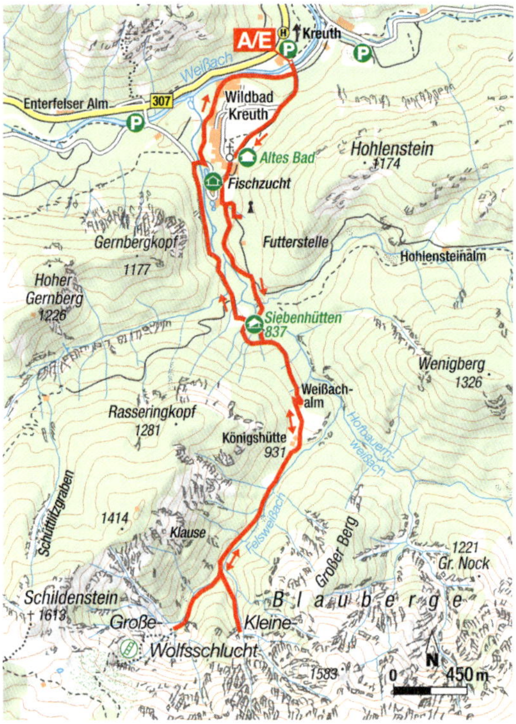

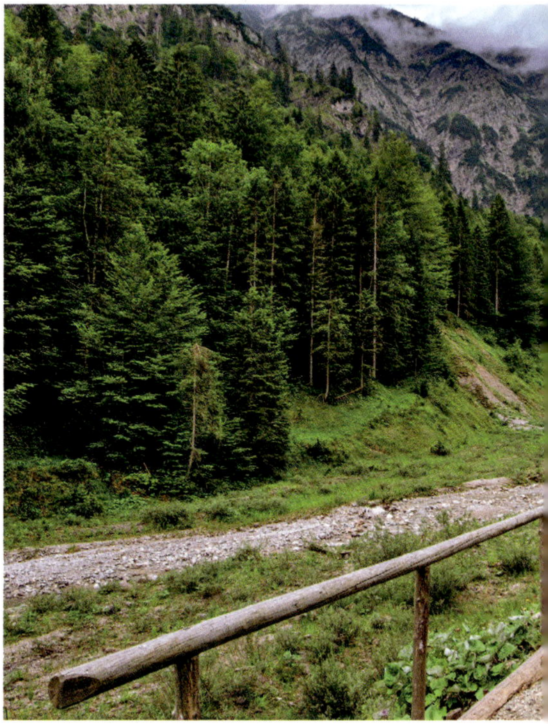

Rechts: Die Felsweißach präsentiert sich sehr unterschiedlich.

deutlich teilt sich das Bachbett mit seinem Geröll dann an einer Stelle – diese ist auch mit einem Wegweiser markiert, hinter dem man sogar noch einen historischen Wegweiser findet. Jetzt geht es für uns zunächst links in die **Kleine Wolfsschlucht**. Hier rücken die Felswände schon bedrohlich nahe zusammen, und wir erreichen an ihrem Ende einen herrlichen Wasserfall, der sogar Gumpen bildet. Ein stiller Platz für eine Rast.

Dann heißt es umdrehen und dem anderen Bachlauf folgen. Nur noch wenige Minuten trennen uns von der **Großen Wolfsschlucht**, die ebenso beeindruckt. Wer mit Kindern unterwegs ist, wird die Stellen als perfekte Naturspielplätze zu genießen wissen. Und falls jemand noch höhere Ambitionen hat: Von der Großen Wolfsschlucht aus lässt sich der Schildenstein (1613 m) besteigen, was aber nur wirklich alpin erfahrenen Bergsteigern vorbehalten ist! Wir wollen auf dieser Tour die Schluchten und ihre Wasserfälle genießen, deshalb ist für uns im hintersten Talwinkel Schluss.

Genussvoller Rückweg Für den Rückweg wählen wir bis **Siebenhütten** denselben Weg. Dort angekommen, können wir ge-

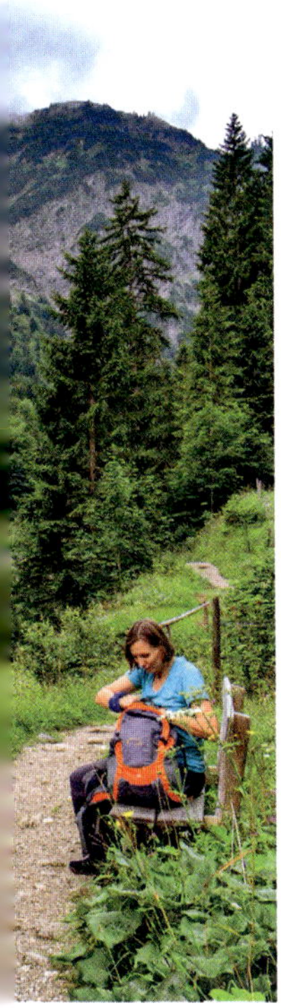

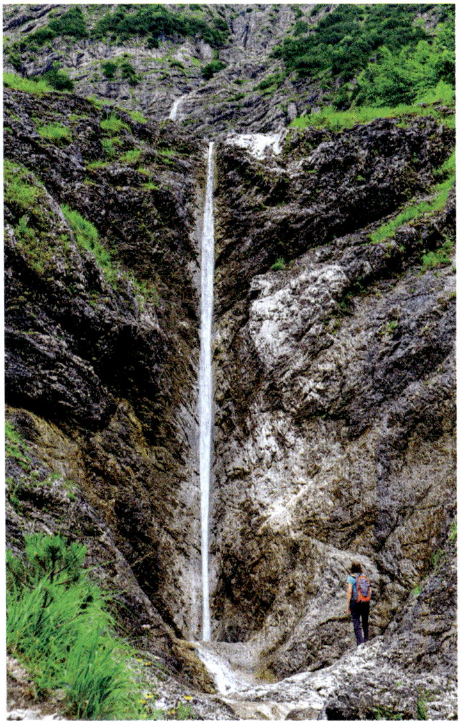

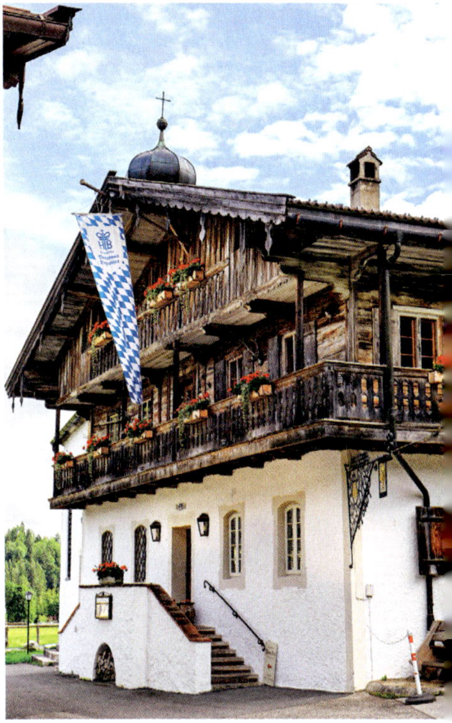

nussvoll einkehren – die Siebenhütten sind wärmstens zu empfehlen. Danach wollen wir unsere Wanderung als Rundtour vollenden und überqueren nochmals die Brücke (wer nicht einkehren möchte, bleibt gleich auf der Seite der Schluchten) und folgen dem Bach flussabwärts. Wem die Almstraße zu langweilig ist, der kann immer wieder auf schmale Pfade entlang des Bachlaufs ausweichen. Hier gibt es nochmals herrliche Wasserspiele zwischen den Felsen und an Gumpen zu genießen.

Der Weg mündet an der nächsten **Brücke** in einen größeren Weg. Wir wenden uns nach rechts und queren den Bach. Unmittelbar dahinter biegen wir dann links auf den Wanderweg ein, wobei sich an dieser Stelle ein Abstecher nach rechts zu den **Fischweihern** lohnt. Nicht nur, weil dort die nächste perfekte Einkehrmöglichkeit auf uns wartet, sondern weil man sich mit frisch geräucherten Forellen und Saiblingen auch für zu Hause eindecken kann.

Egal, ob mit oder ohne Abstecher: Wir wandern unterhalb der Gebäude des **Wildbads** vorbei und werden das letzte Wegstück von der Weißach begleitet. Schließlich stoßen wir an der Brücke wieder auf unseren **Parkplatz**.

Das Alte Bad ist heute ein Wirtshaus.

Links: Schmaler Wasserfall in der Kleinen Wolfsschlucht

15 Die Rottacher Wasserfälle

Abseits bekannter Routen

leicht | 11,5 km | ↑↓ 130 Hm | 3 Std.

Tourencharakter
Fast ebene Wanderung entlang der Rottach mit einem kleinen Aufstieg zu den Wasserfällen

Ausgangs-/Endpunkt
Rottach-Egern, Rottachbrücke
GPS: 47.660353, 11.370926

Anfahrt
ÖPNV: Mit der BOB nach Tegernsee-Ort (Endstation) und mit dem Bus nach Rottach-Egern bis Haltestelle Seeforum
Auto: Zum Tegernsee und ans Südende nach Rottach-Egern, dort an der Nördlichen Hauptstraße gegenüber des Seeforums/Freibads zur Rottachbrücke (großer Parkplatz)

Einkehr
Unterwegs Gaststätte Almhof und Café Angermeier (Abstecher), am Ende der Tour bei Rottach Café Gäuwagerl

Information
tegernsee.com

Der Tegernsee an sich ist schon sehenswert, und die angrenzenden Münchner Hausberge sowieso. Aber auch abseits der bekannten Routen gibt es noch viel zu entdecken, z. B. diese Wanderung entlang der Rottach zu den schönsten Wasserfällen der Gegend.

Entlang der Rottach Die **Rottachbrücke** ist unser Startplatz. Sie überquert den kleinen Gebirgsbach und läutet die letzten Meter seines Wegs ein, denn kurz drauf ergießt er sich in den Tegernsee. Wir wollen jedoch flussaufwärts wandern, und so beginnen wir die Tour auf dem Dammweg am rechten Ufer. Auf der linken Seite verläuft ebenfalls ein Wanderweg, dort müssten wir ihn uns aber mit den Radlern teilen, weshalb es auf dem von uns gewählten Fußweg entspannter zugeht. Eine Beschilderung finden wir schnell: Enterrottach ist unser nächstes Ziel. Für die

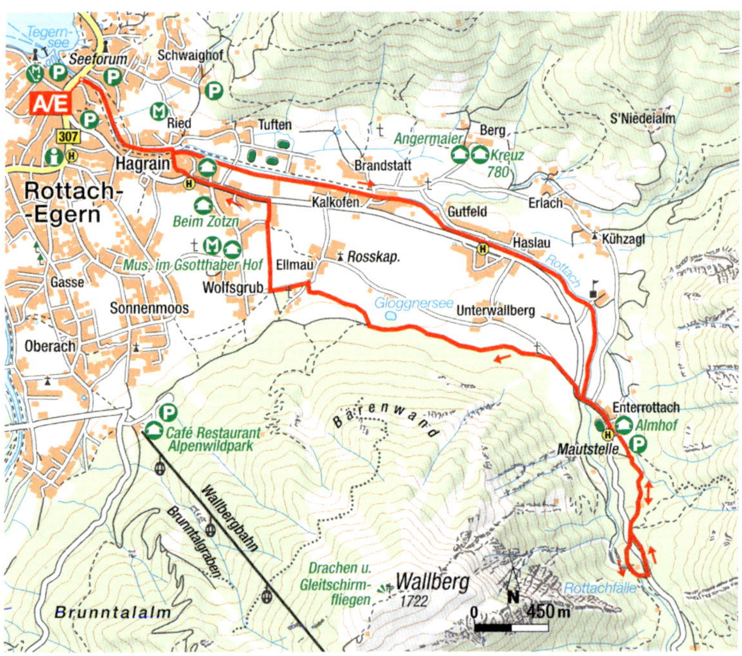

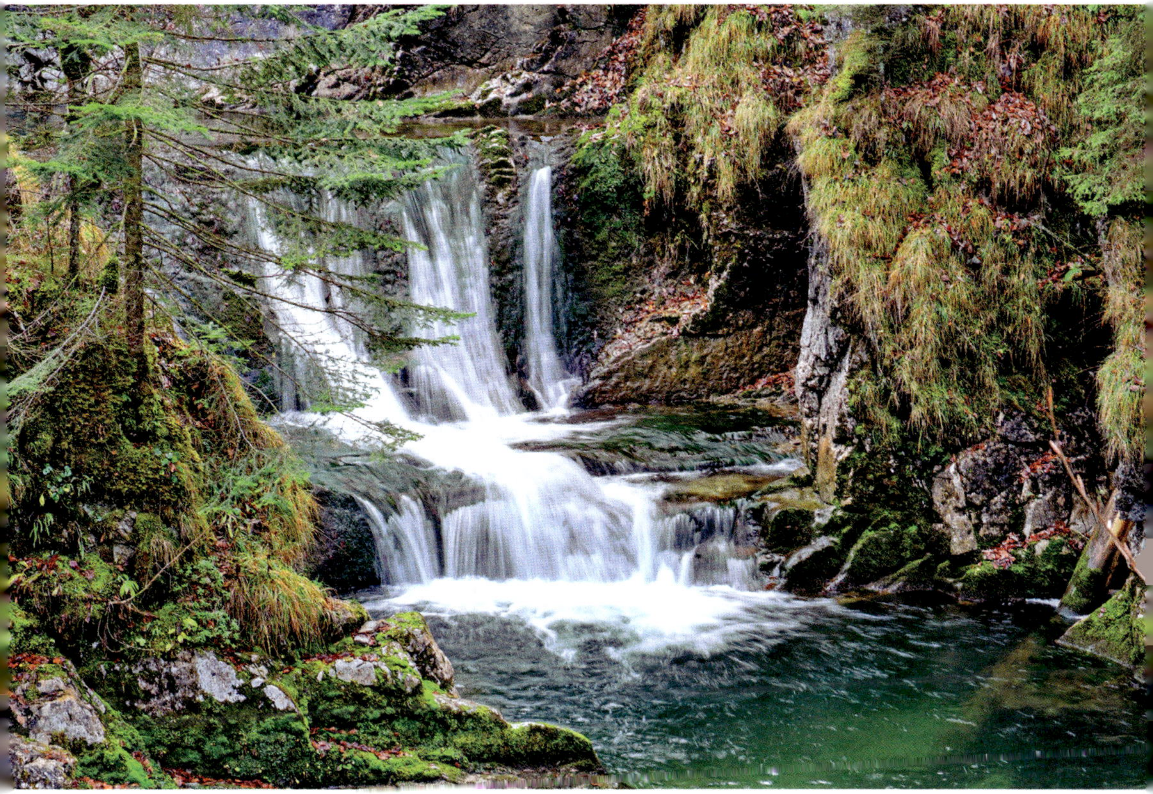

Magische Stimmung: Die Fälle fließen in dunkelgrüne Gumpen.

erste Stunde unsere Wanderung gibt die **Rottach** den Weg vor. Alle Straßen, auf die wir treffen, überqueren wir geradeaus und bleiben so am Lauf des Wassers. Die zahlreichen Bäume spenden Schatten und ähneln einer langen Allee.
Wo wir auf die Kühzaglstraße treffen, können wir nach links einen Abstecher zum Café Angermaier machen, ansonsten bleiben wir unserer Bachseite treu. Langsam wird der Wald dichter, und schließlich endet der Wanderweg an der Valepper Straße.

Zu den Wasserfällen Jetzt geht es nur ein kurzes Stück nach links, vorbei an der Gaststätte Almhof, und zum großen **Parkplatz bei der Mautstraße** ins Suttengebiet. Am Parkplatz halten wir uns links; dort beginnt ein Feldweg, der zu den Rottacher Wasserfällen ausgeschildert ist. Kaum sind wir im Wald, steigt der Forstweg über zwei Kurven an. Wir passieren eine **einsame Hütte** und ein Wegmarterl, halten uns dann rechts und stoßen nach wenigen Schritten auf die **Mautstraße**. Diese queren wir und steigen nun hinunter zu den **Wasserfällen**. Die Rottach hat

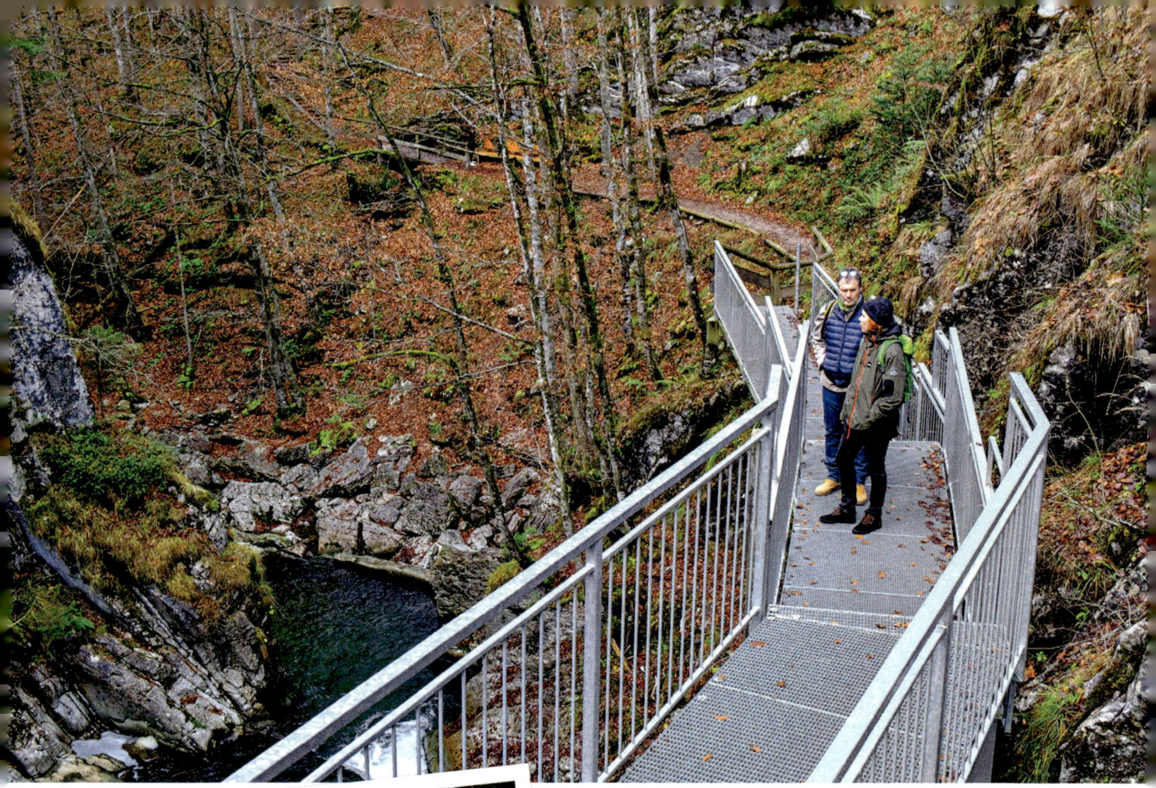

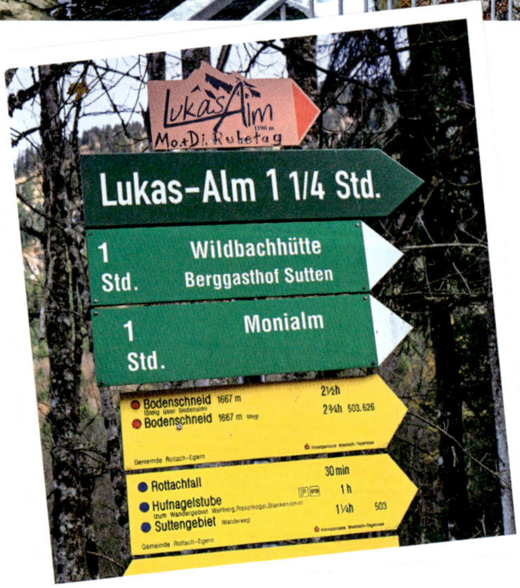

sich hier über ein paar Stufen mit tiefen Gumpen in das Kalkgestein gefressen. Am anderen Ufer ragen bizarre Steinplatten senkrecht nach oben. Brücke und Stege leiten uns weiter flussaufwärts und lassen uns dabei tief ins Wasser hinabschauen. Zum Glück gibt es auch genügend Rastbänke, um das schöne Szenario ausführlich zu würdigen.

Dann steigt der kleine Weg über ein paar Stufen wieder aufwärts, wo ein **weiterer Wasserfall** sich zur Rottach hinunterstürzt. Oben treffen wir dann wieder auf die **Mautstraße** – wir sind jetzt einen Halbkreis gewandert. Erneut queren wir sie und folgen dem Forstweg, der uns in wenigen Minuten zurück zu der Stelle bringt, die wir bereits kennen. Bis zum **Parkplatz** am Beginn der Mautstraße geht es nun auf demselben Weg zurück.

Verlaufen kann sich hier niemand.

Oben: Die Wege sind gut und sicher.

Am Fuß des Wallbergs Für den weiteren Rückweg wollen wir nun aber einen sonnigeren Weg nehmen, deshalb geht es im Folgenden noch ein Stück auf dem Hinweg zurück. An der Abzweigung zum Wanderweg entlang der Rottach bleiben wir kurz geradeaus und biegen dann links von der Valepper Straße in den Wanderweg ein, der zur Talstation der Wallbergbahn beschildert ist. Jetzt wandern wir über sonnige **Wiesen**. Die Straße gabelt sich, und hier geht es für uns links in den Feldweg, der uns **am Fuß des Wallbergs** im leichten Auf und Ab am Waldrand entlangführt.

Nach einem kleinen Waldstück halten wir uns rechts, und der Feldweg bringt uns über eine Rechtskurve zur **Ellmauer Straße**. Ihr folgen wir kurz nach links, passieren ein Haus und biegen dann rechts in den Feldweg ein. (Wer im Café Gäuwagerl einkehren möchte, nimmt erst die nächste Straße nach rechts und biegt dann links in den Feldweg ein.) Der Wiesenweg führt nun schnurgeradeaus nach Norden bis zur Valepper Straße. Ihr folgen wir nach links, dann geht es rechts in den Hafelbachweg, der uns wieder an die **Rottach** bringt. Zur Abwechslung queren wir sie diesmal und folgen nun dem Weg nach links, also auf die rechte Seite der Rottach. Schnell sind wir so wieder an der **Rottachbrücke** angelangt.

Rottach-Egern

Der malerische Ort am Südufer des Tegernsees lohnt einen Besuch. Die Seestraße bringt uns entlang der Uferpromenade mit einigen Cafés und Bars zum Malerwinkel, von dem man den schönsten Blick über Rottach-Egern auf den Wallberg genießt.

Links: Die feuchte Luft sorgt für üppigen grünen Pflanzenwuchs.

Nach dem Besuch der Wasserfälle steigen wir wieder zur Straße hinauf.

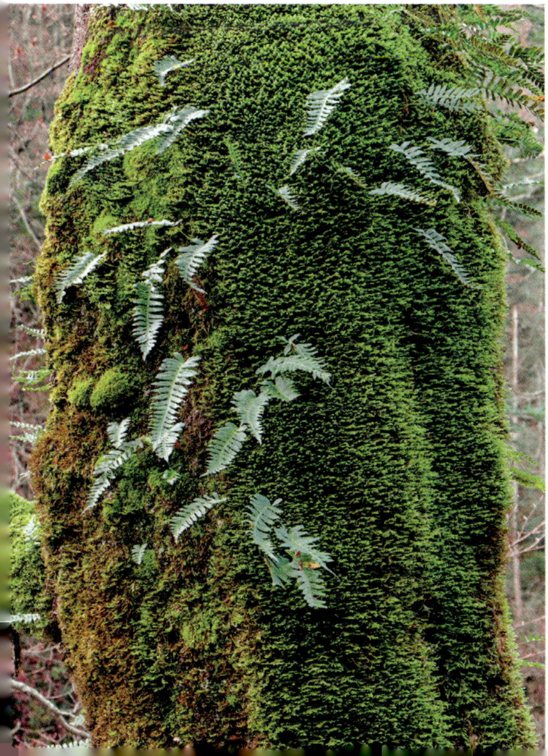

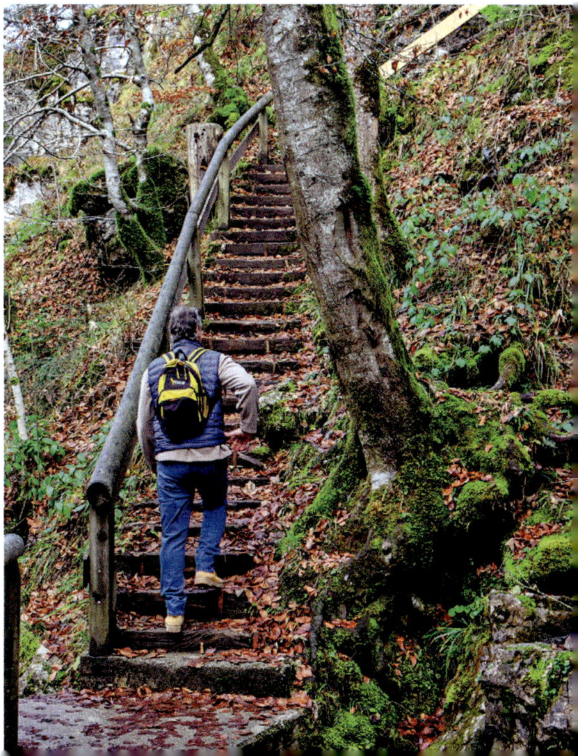

16 Farbenfroher Sibli-Wasserfall

Schiffbach und Siblialm

leicht | 8 km | ↑↓ 280 Hm | 2.30 Std.

Tourencharakter
Leichte Almwanderung mit viel Schatten an einem ostseitig ausgerichteten Hang. Steiler Aufstieg, dafür flacher, knieschonender Abstieg

Ausgangs-/Endpunkt
Kistenwinterstube, Mautstraße Enterrottach
GPS: 47.658157, 11.828690

Anfahrt
ÖPNV: Mit der BOB nach Tegernsee-Ort (Endstation), weiter mit dem Bus nach Rottach-Egern und über Enterrottach Richtung Valepp bis Haltestelle Kistenwinterstube
Auto: A 8 bis Ausfahrt Holzkirchen, weiter an den Tegernsee nach Rottach-Egern, dort auf der Valepper Straße nach Enterrottach und über die Mautstraße bis zum Parkplatz/Bushaltestelle Kistenwinterstube

Einkehr
Siblialm (nur im Sommer geöffnet). Am Ende der Wanderung liegen im Tal die Monialm und die Wildbachhütte direkt am Weg.

Information
tegernsee.com

Am östlichen Ausläufer von Wallberg und Risserkogel stürzt sich der Sibli-Wasserfall in die Tiefe – ein idyllischer Platz, den man schnell erreicht. Überdies lässt sich die Wanderung perfekt mit einem Besuch auf der Siblialm verbinden.

Einsamer Wanderspaß Direkt an der **Kistenwinterstube** beginnt auf der Parkplatzseite in westliche Richtung eine Forststraße, die zum Blankenstein und Risserkogel beschildert ist. Wir folgen ihr gemächlich durch den Wald aufwärts. Dann erreichen wir die Abzweigung nach links, die zum »Risserkogel über Siblialm« ausgeschildert ist. Dort wollen wir später zur Alm aufsteigen. Zunächst geht es jedoch geradeaus, um den **Sibli-Wasserfall** zu besuchen. Wenige Schritte vor der bereits sichtbaren Forsthütte führt ein kleiner Rundweg dorthin. Es ist der Schiff-

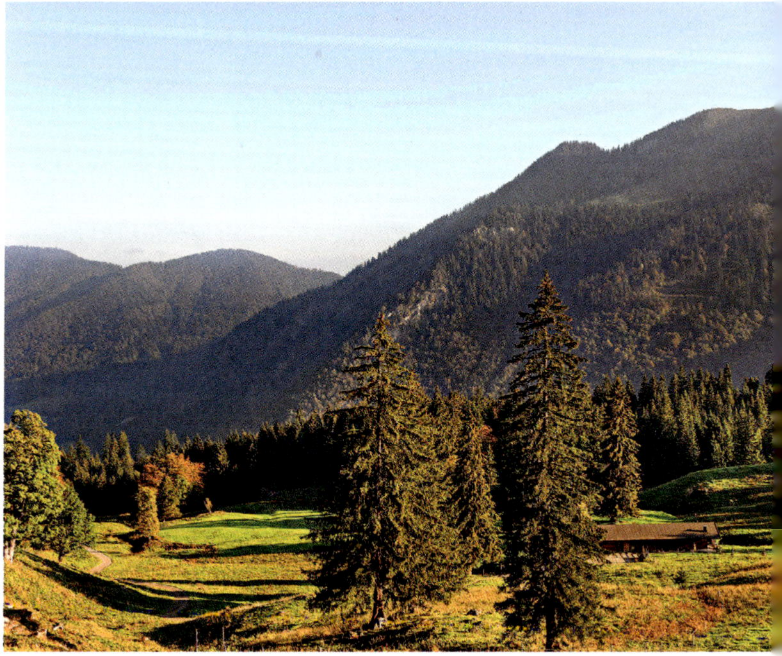

An der Siblialm

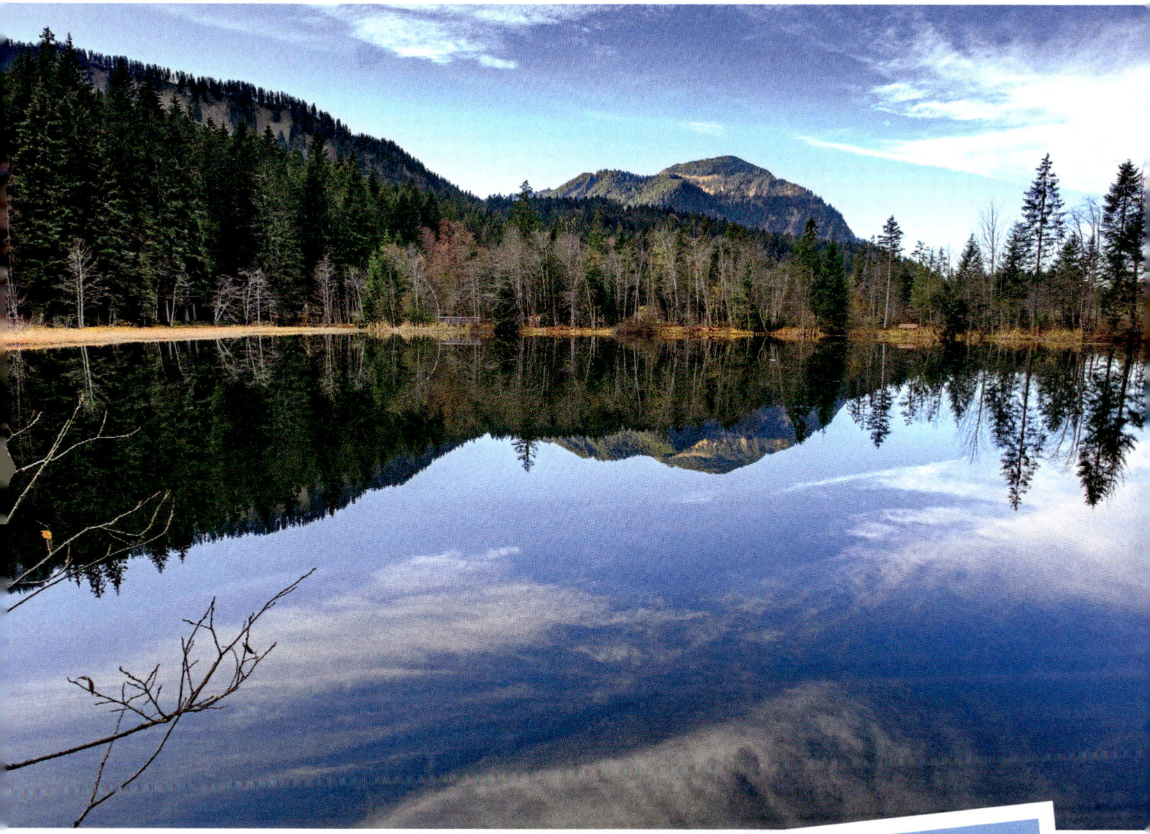

bach, der sich hier besonders nach Regen mit einem gewaltigen Schwall rund 15 Meter in die Tiefe stürzt – ein farbenfrohes Spektakel in Türkis- und Grüntönen und sehr schön anzusehen.

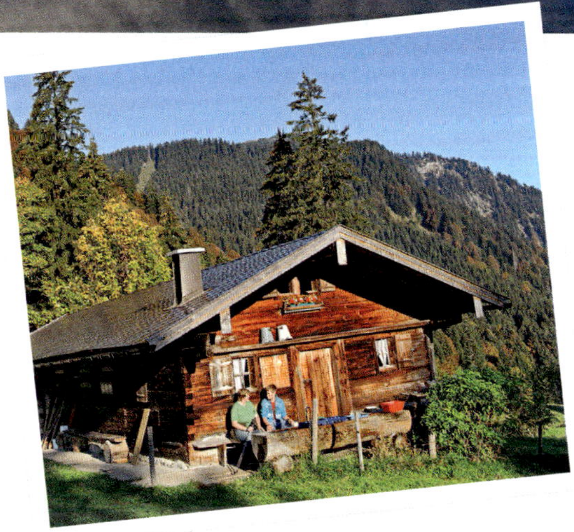

Auf der Siblialm, die übrigens in manchen Karten auch als Sieblialm verzeichnet ist

Oben: Am Suttensee

Zur Siblialm Danach drehen wir um und wählen die Abzweigung zur ausgeschilderten Siblialm. Jetzt geht es auf der kleinen Almstraße aufwärts. Der Weg steigt nun kräftiger an, aber nach ein paar Kurven haben wir es schon geschafft und sind bereits am Ziel angelangt. Von der kleinen **Siblialm** genießen wir beste Aussichten hinüber zur Bodenschneid und auf das Suttengebiet, das auf der anderen Talseite liegt. Während der Almsaison gibt es sogar etwas zu trinken, und selbst wenn der Senner einmal nicht da ist, stehen gut gefüllte Getränkekästen zur Selbstbedienung im Brunnentrog (das Geld dafür hinterlegt man auf einem Teller). Eine ungemein gastfreundschaftliche Geste, die keinen Wanderer durstig ins Tal schickt und zudem erlaubt, ein paar kostbare Minuten des Bergglücks auf der heimeligen Hausbank vor der Siblialm zu genießen. Dafür können wir nur Danke sagen! Und natürlich allen Wanderern raten, etwas Kleingeld für die Getränke auf der Alm mitzunehmen.

Winterstube/Hufnagelstube

Achtung, der Startplatz für diese Wanderung wird je nach Kartentyp unterschiedlich bezeichnet: Einmal heißt er Hufnagelstube, dann nur Winterstube. An der Bushaltestelle ist er jedoch als »Kistenwinterstube« beschriftet.

Bequemer Abstieg Nach der Pause auf der Siblialm geht es für uns noch ein Stück weiter aufwärts, ab jetzt auf einem Bergpfad. Über Wurzeln und Steine macht die Wanderung Spaß, auch wenn es hier nach Regen glatt und rutschig sein kann. Dann erreichen wir den Waldrand und verlassen den Weg, der zum Risserkogel ausgeschildert ist. Für uns beginnt der bequeme Abstieg zurück ins Tal. Wenige Schritte nach links, und schon stehen wir wieder auf einer Forststraße, die sanft abwärts und damit sehr knieschonend in weiten Schleifen durch den Bergwald verläuft. Eine gute Möglichkeit, um wieder nebeneinander zu wan-

Rechts: Fichten klammern sich an Felsbrocken.

Von der Alm blicken wir auf die Ostseite des Wallbergs.

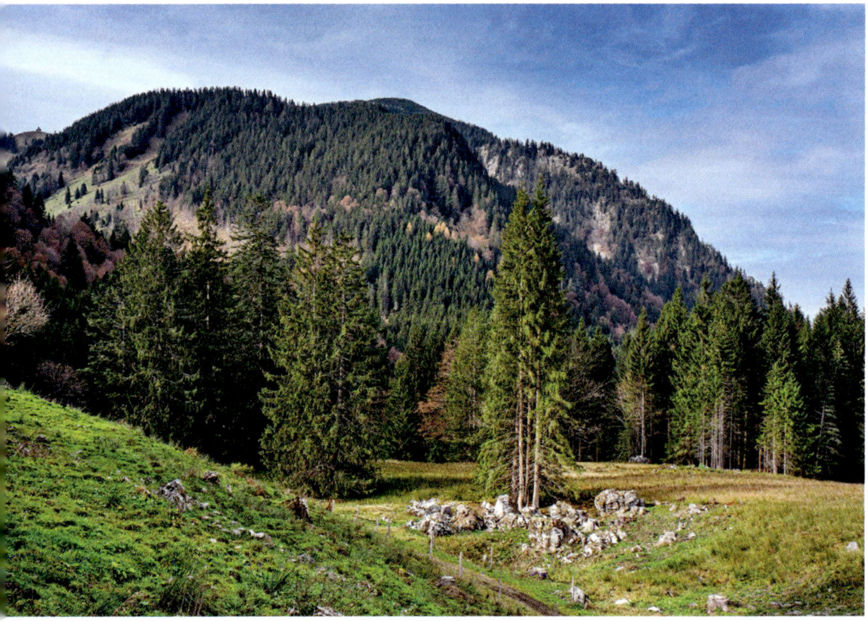

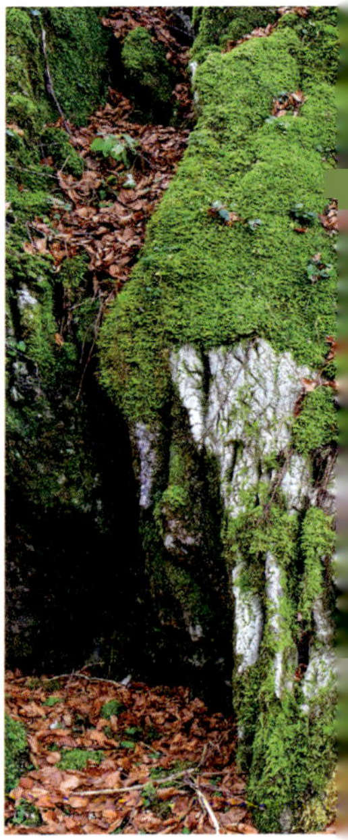

dern. Wilde Bäche kreuzen unseren Weg, und der Wald wandelt sich von reinem Fichtenbewuchs in einen schönen Mischwald mit knorrigen Buchen. Einmal teilt sich die Forststraße, und wir halten uns hier links. Nach einer weiteren weiten Schleife sind wir wieder am Talgrund und verlassen an einem **Picknickplatz** samt mächtiger Felsbrocken den Wald.

Zum Suttensee Jetzt haben wir den **Suttensee** erreicht und sehen alles doppelt – die Spiegelung macht's möglich. Im Suttensee liegt übrigens die Quelle der Rottach, die bei Rottach-Egern in den Tegernsee fließt und uns auf ihrem Weg ein paar Wasserfälle schenkt (siehe Tour 15). Vom See wandern wir talauswärts und stoßen am **Naturfreundehaus** wieder auf die Mautstraße. Ihr folgen wir auf einem meist parallel dazu verlaufenden Wiesenpfad. Die feuchten Wiesen gaben dem **Suttengebiet** übrigens seinen Namen: Sute oder Suttn steht für eine Geländevertiefung.
Bald passieren wir die **Monialm** mit ihrer Antoniuskapelle und kurz darauf auch die **Talstation der Suttenbahn** sowie die Wildbachhütte. Dann geht es für die letzten Meter abwärts, und schnell haben wir unseren Ausgangspunkt an der **Kistenwinterstube** wieder erreicht.

Unten: Der Sibli-Wasserfall

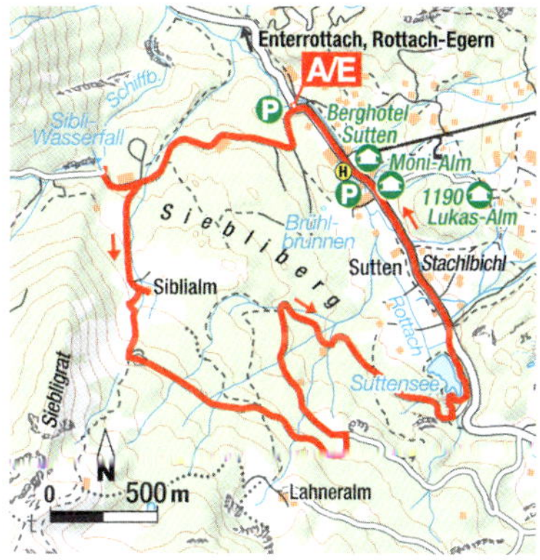

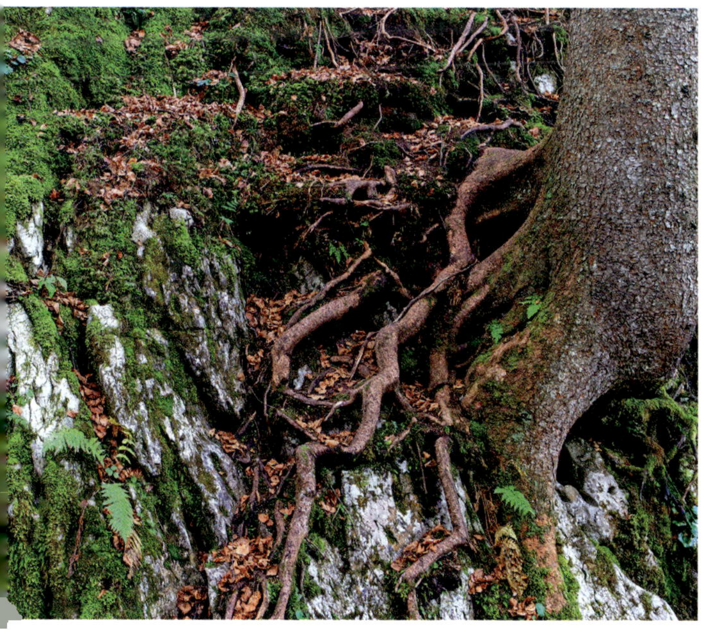

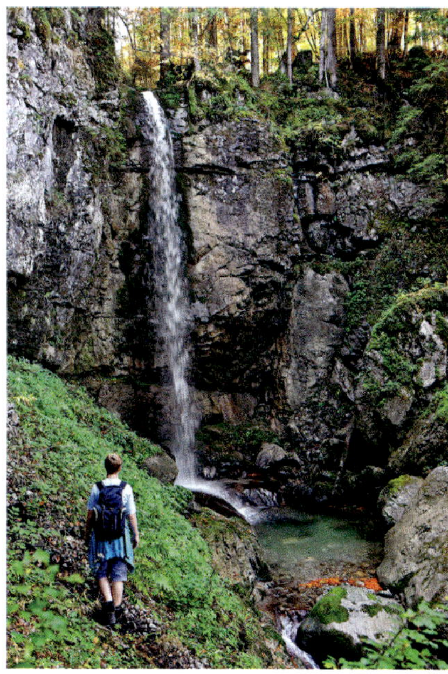

17 Zu den Josefsthaler Wasserfällen

Genussvolles Schlendern

leicht | 7 km | ↑↓ 250 Hm | 2.15 Std.

Tourencharakter
Sehr einfache Wanderung, anfangs völlig eben ins Josefsthal, erst später kurze Steigung bis zur Stockeralm. Fast ebener Rückweg

Ausgangs-/Endpunkt
Bahnhof Fischhausen/ Neuhaus am Schliersee
GPS: 47.705988, 11.874609

Anfahrt
ÖPNV: Von München mit der BOB über Holzkirchen an den Schliersee
Auto: A 8 bis Ausfahrt Miesbach, über Miesbach zum Schliersee und dort ans Südende nach Neuhaus. Der Bahnhof liegt rechts der Straße im Ortsteil Fischhausen, gebührenpflichtige Parkplätze vorhanden

Einkehr
Unterwegs keine. In Neuhaus mehrere Möglichkeiten, z. B. das nette Café La Stazione direkt im Bahnhof oder die Alperie in der Ortsmitte

Information
schliersee.de

Rechte Seite: Josefsthaler Wasserfall

Am südlichen Ende von Neuhaus am Spitzingsee liegen die Josefsthaler Wasserfälle versteckt im Wald. Ein herrlicher Wanderweg führt von dort zur Stockeralm, von wo wir über die ehemalige Trasse der historischen Bockerlbahn zurückschlendern.

Von Neuhaus nach Josefsthal Wir wandern vom **Bahnhof** mit dem Bahnsteig im Rücken nach links zur Bahnschranke an der großen B 307. Hier wenden wir uns nach rechts, folgen der Straße für ca. 350 Meter und biegen dann rechts in die Josefsthaler Straße ein. Nun geht es fast eben für gut 30 Minuten durch Neuhaus zum Ortsteil **Josefsthal**, der am Fuß der Spitzingseeberge liegt. Fast am Ende der Josefstaler Straße stoßen wir auf den **Hachelbach**, dem wir nun folgen.

Wasserfälle und Rastplätze Dafür biegen wir, unmittelbar bevor die Josefsthaler Straße zum Laubriesweg wird, links über eine Brücke. Dann folgen wir nicht dem breiten Weg, der Alten Spitzingseestraße, aufwärts, sondern halten uns rechts (Schild »Josefsthaler Wasserfälle«). Gleich darauf sind wir im Wald und wandern nun entlang des Bachs. Nach wenigen Minuten stehen

Bockerlbahn

1919 wurde nach einem verheerenden Winterföhnsturm, der fast 300 000 Bäume im Spitzingseegebiet umwarf, die Bockerlbahn in Rekordzeit erbaut – das Holz musste so schnell wie möglich ins Tal transportiert werden, und die Spitzingseestraße existierte zur damaligen Zeit noch nicht. Über einen Höhenunterschied von 320 m und auf einer Länge von knapp 12 km wurden die Baumstämme mit der Waldbahn ins Tal transportiert. Tafeln am Weg informieren über ihre Geschichte.

wir schon am **unteren Ende der Wasserfälle** und genießen die angenehm feuchte und kühle Luft.

Geradezu magisch zieht uns das Wasser aufwärts, und so folgen wir dem mitunter leicht felsigen Pfad, der zur Stockeralm ausgeschildert ist. Rasch gewinnen wir an Höhe und verlassen nach dem **obersten Wasserfall** den Wald auf die sonnigen Matten der Stockeralm. Hier fließt der Bach ganz friedlich und gemütlich über die Wiesen. Mithilfe von ein paar hölzernen Brettern können wir ihn leicht queren und finden entlang des Bachlaufs schöne Rastplätze.

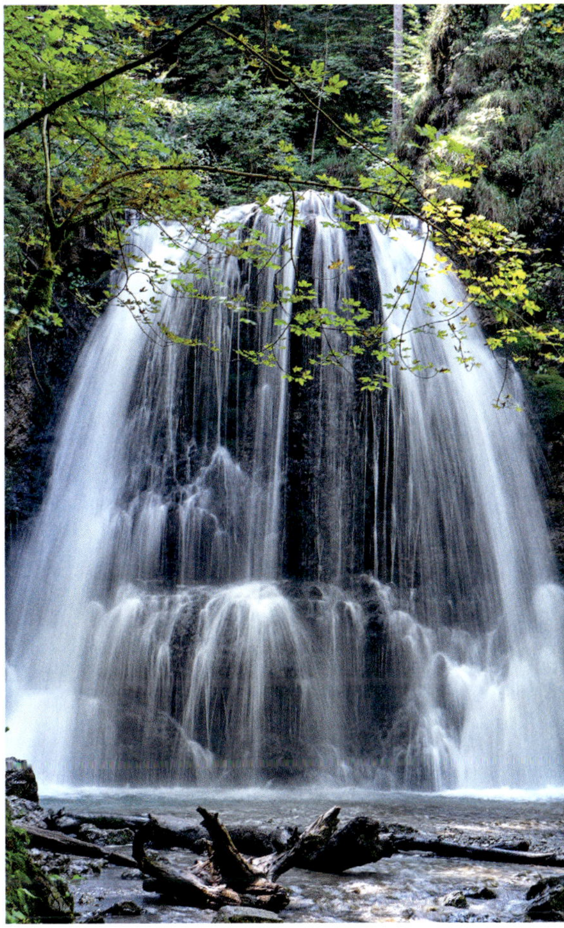

Stockeralm und Bockerlbahn Nach der Pause bringen wir unseren Puls wieder in Schwung und steigen weiter aufwärts, der Beschilderung zur **Stockeralm** folgend. Hier können wir zwar nicht einkehren, aber direkt vor der Alm stoßen wir auf den quer verlaufenden **Wanderweg Bockerlbahn**, dem wir nun nach rechts folgen. Mit wunderschönen Ausblicken hinüber zu Schliersberg und Breitenstein wandern wir zunächst fast eben auf der ehemaligen Trasse der historischen Bahnstrecke weiter. Bald steigen wir leicht ab, bis wir fast wieder an unserer Rastwiese stehen. Jetzt halten wir uns aber links und folgen weiter der Bahntrasse. Wieder im Wald wandern wir auf halber Höhe der Hangkante weiter und verlieren nur langsam an Höhe. Schließlich stoßen wir auf das Sackgassenende der von rechts zu uns stoßenden Grünseestraße. In diese biegen wir kurz ein, dann geht es in der Krettenburgstraße gleich links, und wir queren den **Dürrnbach** und gleich darauf die Dürrnbachstraße. Jetzt folgen wir einfach der Bodenschneidstraße über die Rechtskurve hinweg, bis wir zurück zum **Bahnhof** gelangen.

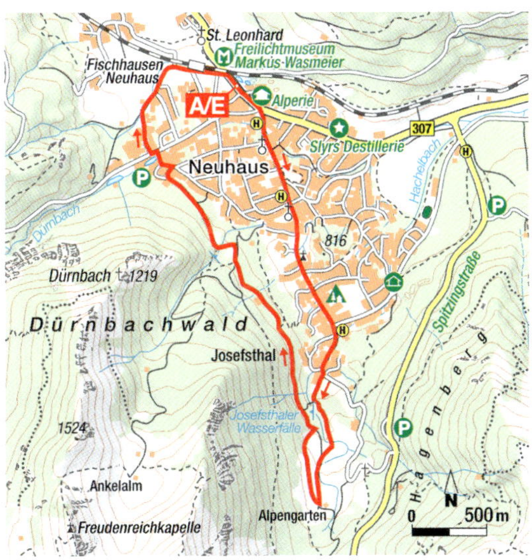

18 Im Jenbacher Wasserparadies

Schleierfälle und tiefgrüne Gumpen

leicht | 10 km | ↑↓ 350 Hm | 3.30 Std.

Tourencharakter
Leichte Tour auf Wanderwegen, Pfaden und einem Almsträßchen. Der kleine Rundweg über den Jenbach-Wasserfall führt über schmale, oft feuchte und rutschige Steige – hier ist Trittsicherheit erforderlich.

Ausgangs-/Endpunkt
Bad Feilnbach, Wanderparkplatz Unteres Jenbachtal
GPS: 47.763056, 12.015146

Anfahrt
ÖPNV: Von München mit dem Zug nach Bad Aibling, weiter mit dem Bus nach Bad Feilnbach bis Haltestelle Ortsmitte und von dort in ca. 20 Min. zu Fuß entlang des Jenbachs zum Wanderparkplatz
Auto: A 8 bis Ausfahrt Bad Aibling/Kolbermoor, dort rechts nach Bad Feilnbach, am Ortsbeginn rechts in die Ortsmitte einbiegen und gleich nach der Überquerung des Jenbachs links der Straße folgen bis zum ersten großen (gebührenpflichtigen) Wanderparkplatz Unteres Jenbachtal

Einkehr
Wirtsalm (geöffnet Mai–Okt., Di Ruhetag)

Information
bad-feilnbach.de

Südlich von Bad Feilnbach gluckert der Jenbach vom Wendelstein ins Tal. Nördlich des Ortes wechselt er seinen Namen und mündet als Kaltenbach in die Mangfall. Bis dahin schenkt er uns aber ein Wasserparadies mit Gumpen, Fallstufen und einer Schlucht.

Wasser- und Naturerlebnis Vom **Wanderparkplatz Unteres Jenbachtal** geht es direkt nach Süden, und wir folgen dem Jenbach flussaufwärts, ohne ihn vorher zu queren. Nach wenigen Minuten erreichen wir den **Jenbachpavillon** mit seinen Infotafeln rund um die Themen Wasser, Wald und Wasseramsel, eine der Stationen des Weges Wasser- und Naturerlebnis rund um Bad Feilnbach – wobei die meisten der Stationen flussabwärts liegen. Aber der Jenbach allein bietet schon eine große Show!

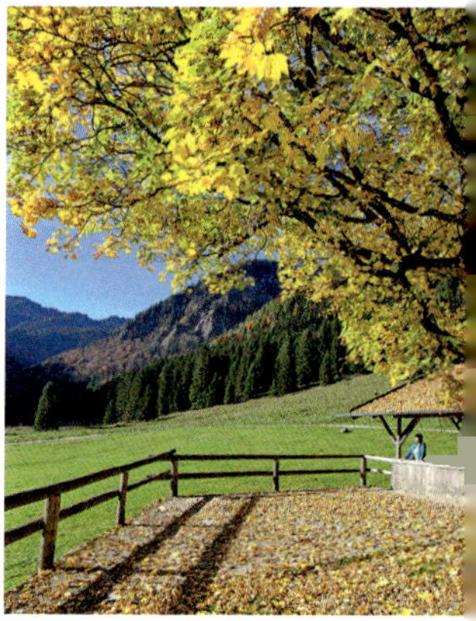

Herbst auf der Wirtsalm

Im Jenbachparadies Zunächst wandern wir vorbei an vielen Staustufen, an denen der **Jenbach** in einem breiten Wasserschleier hinunterfließt. Vorbei an einer gewaltigen Geschiebesperre wird der Weg langsam schmäler und nähert sich dem Brechries, einer äußerst aktiven Hangrutschung. Dort werden wir nach rechts hinauf zur kleinen Straße gelotst, der wir nach links folgen, um dann wieder zum Jenbach abzusteigen. Der Gebirgsbach bildet mittlerweile eine **kleine Schlucht** und fließt über senkrecht gestellte Felsplatten. Direkt daneben verläuft der Steig, der stellenweise über ein Felsband führt. Trittsicherheit ist nun gefragt, im Notfall sind die Hände zu benutzen! Gitterroste und Holzbohlen führen leicht bergauf. Neben uns zwängt sich der Bach in ein immer enger werdendes Bachbett und umspült gewaltige Felsen. Tiefgrüne Gumpen

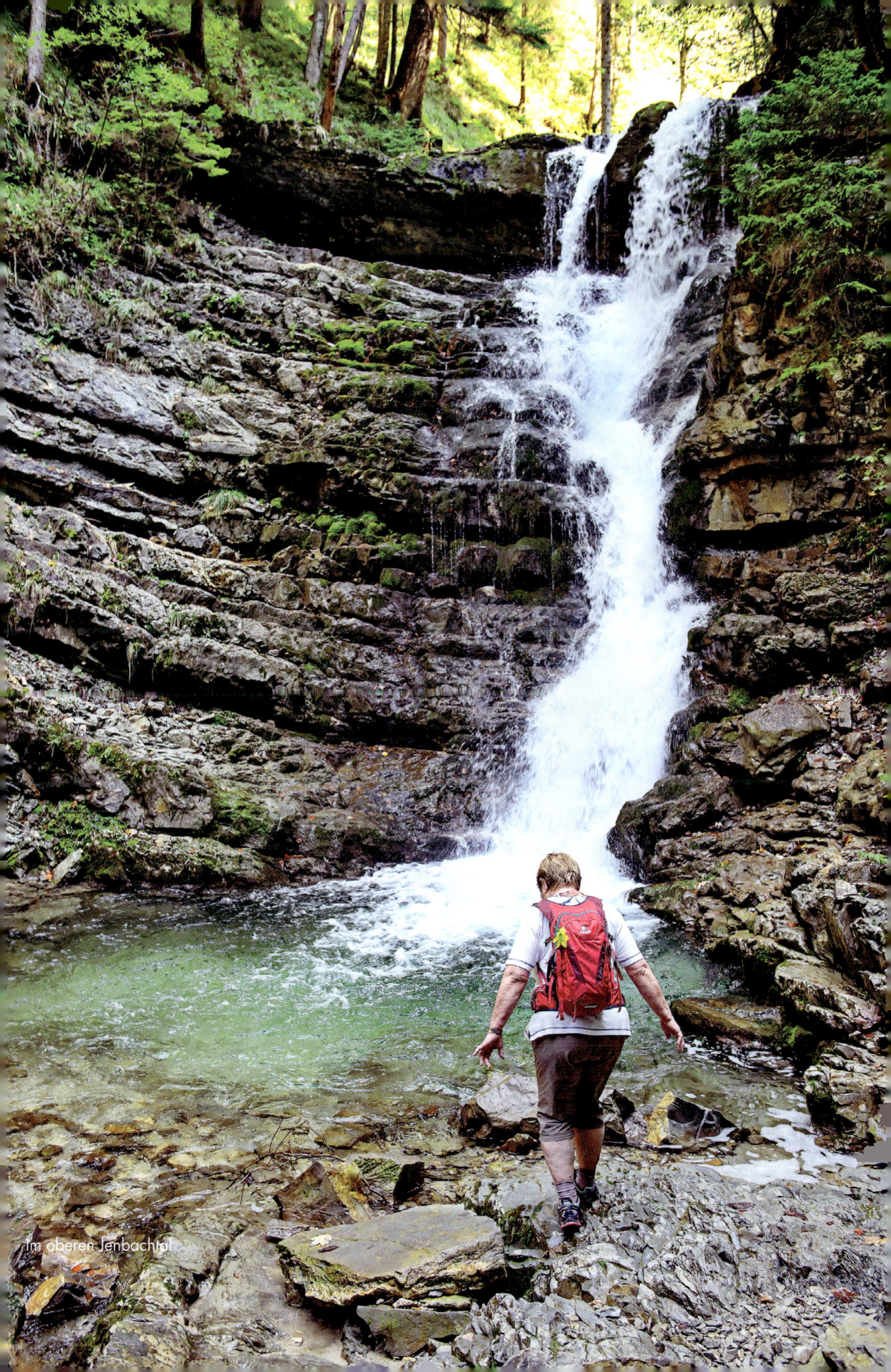

Im oberen Jenbachtal

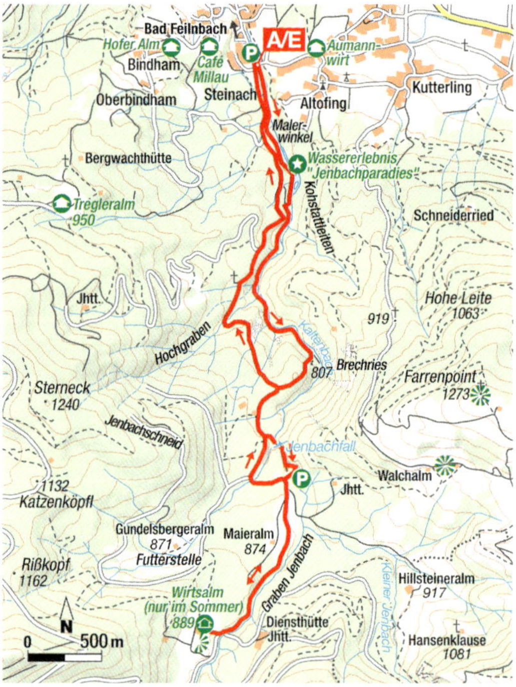

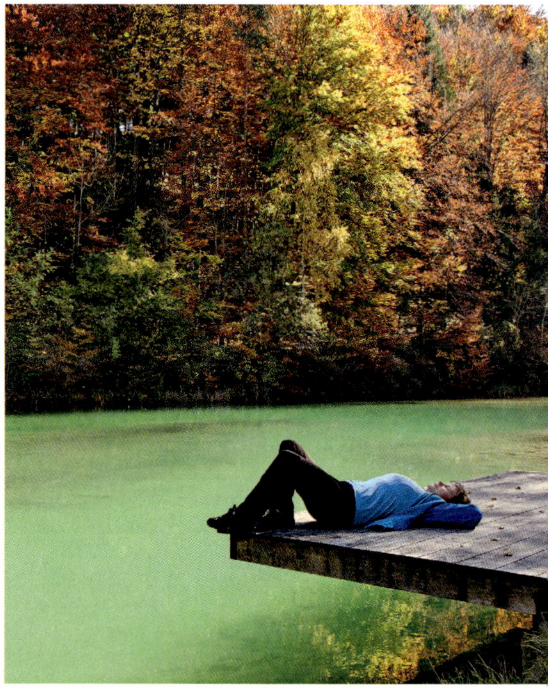

Stege laden am Wassererlebnis-Weg zum Faulenzen ein.

haben sich gebildet, die Kraft des Wassers kann man förmlich spüren. Der Zauber endet an einem **kleinen Wasserfall**, von dem wir schließlich steil über Treppenstufen aufwärtssteigen und den **Oberen Wanderparkplatz** erreichen.

Jenbach und Brechries

Im Jenbachtal gibt es eine der größten aktiven Hangrutschungen Bayerns: die Großrutschung Brechries, die vor allem aus dem eher unstabilen Flyschgestein besteht. Das brüchige, blättrige Gestein sorgte über viele Jahrhunderte hinweg für einen ununterbrochenen Steinnachschub im Jenbachtal. Seit der Jahrtausendwende ist der Hang nun so richtig in Bewegung: Ein Felssturz löste 1998 fast 20000 m³ Gestein und veränderte den Jenbachgraben. Seitdem muss man mit weiteren Muren und Geröllabgängen rechnen, und so wurden die Geschiebevorrichtungen und Sperrwerke am Jenbach verstärkt und ausgebaut.

Lust auf die Wirtsalm? Von hier beginnt nun eigentlich der Rückweg, aber wer noch Lust hat und Hunger verspürt, kann zuvor einen Abstecher zur nahen Wirtsalm machen. Dafür folgen wir der Almstraße ein kurzes Stück; wo sie sich teilt, halten wir uns rechts über die Almwiesen. Nach einem weiteren Waldstück – neben uns plätschert der noch junge Jenbach – passieren wir an einer Brücke die Abzweigung zur Hillsteineralm. Kurz danach weist uns rechts ein Schild zur

Wirtsalm, und es geht über einen Pfad aufwärts. Fünf Minuten später haben wir die Alm erreicht und genießen eine Pause auf der sonnigen Terrasse. Zwei mächtige Ahornbäume spenden im Sommer etwas Schatten, und mit Kaffee und Kuchen verwöhnt registrieren wir einmal mehr: Das Gute liegt so nah und bedarf nicht immer eines langen Fußmarsches.

Unten: Die Wirtsalm ist ein beliebtes Ziel.

Guten Appetit!

Rundtour oder retour Irgendwann müssen wir dann aber dennoch unsere Plätze räumen und wandern auf demselben Weg zurück zum **Oberen Parkplatz**. Nun können wir entweder erneut entlang des Jenbachs zurückwandern oder alternativ die bequemere kleine Straße nutzen. Hier dürfen allerdings Autos fahren, und es gibt keinen abgetrennten Fußweg – etwas aufpassen müssen wir also. Beide Wege führen wieder hinunter nach **Bad Feilnbach**, wo wir zum Abschluss noch die schönen Holzplattformen am Flusslauf zum Entspannen nutzen können.

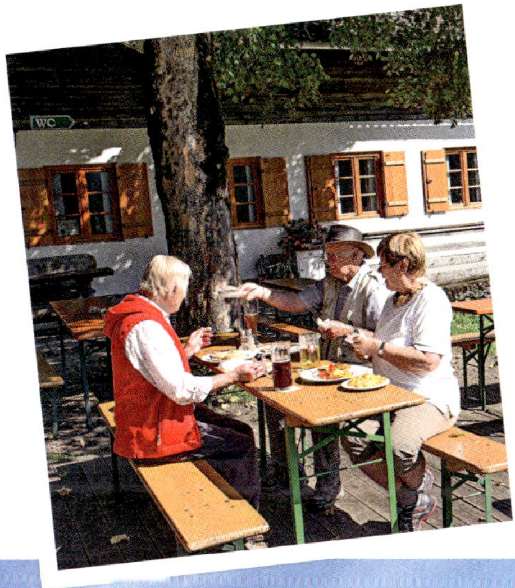

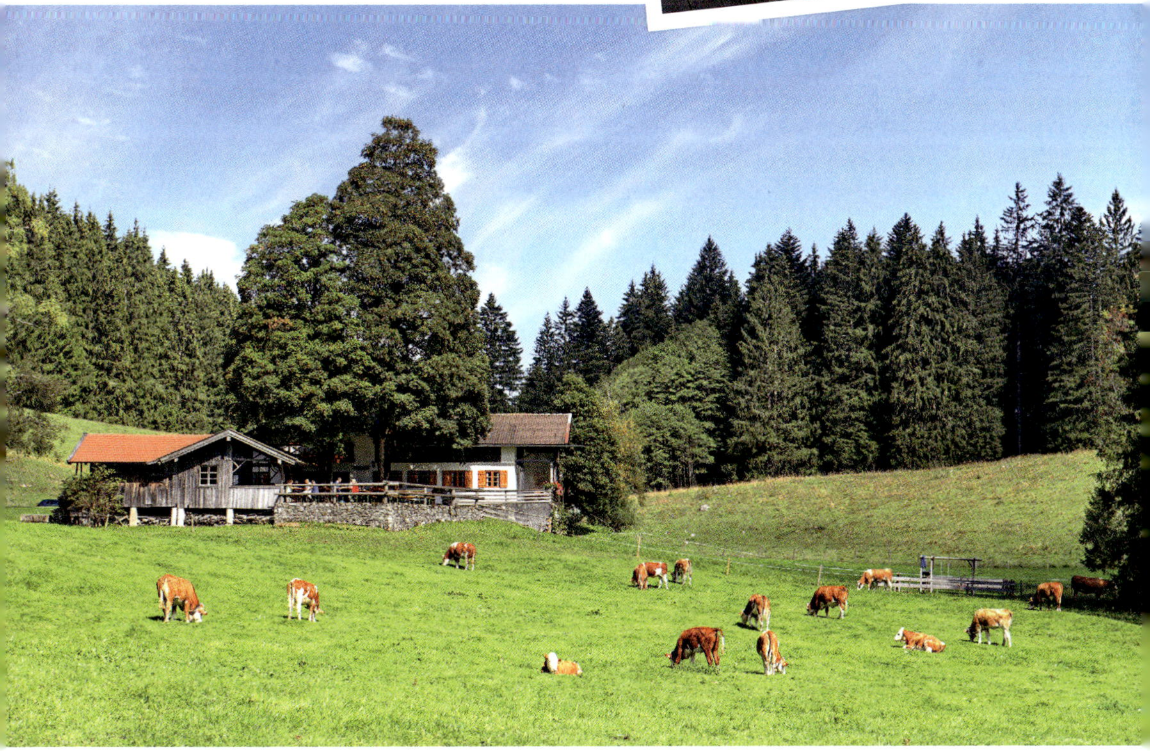

19 Zum Arzmoos-Wasserfall

Spaziergang mit Almflair

leicht	6 km	↑↓ 150 Hm	1.45 Std.

Tourencharakter
Einfache Wanderung mit nur wenigen Steigungen auf Almwegen und einem Pfad. Die Tour lässt sich abkürzen, wenn man nur zum Wasserfall wandert. Dann spart man sich ca. 100 Hm und 3 km.

Ausgangs-/Endpunkt
Parkplatz Sudelfeldstraße
GPS: 47.686012, 12.056934

Anfahrt
ÖPNV: Mit der Bahn nach Bayrischzell und mit dem Bus der Wendelstein-Ringlinie bis Haltestelle Arzmoos
Auto: Von Bayrischzell hinauf ins Sudelfeldgebiet. Unser Parkplatz liegt ca. 3 km hinter der Passhöhe, d. h. man fährt an den ersten großen Parkplätzen mit der Abzweigung zur Rosengasse vorbei; erst nach der Bogenbrücke mit der starken Rechtskurve liegt der relativ große Parkplatz Arzmoos auf der rechten Straßenseite.

Einkehr
Unterwegs keine, unbedingt Brotzeit einpacken, es gibt unterwegs einige idyllische Rastplätze. Im Anschluss an die Tour kann man im nahen Hotel-Restaurant Feuriger Tatzlwurm einkehren.

Information
bayrischzell.de

Versteckt und einsam liegt der Arzmoos-Wasserfall in einem Almgebiet und stiebt wie ein weißer Schleiervorhang über die Felsen. Kaum zu glauben, dass diese Naturschönheit im ansonsten viel begangenen Sudelfeldgebiet so gut wie unbekannt ist.

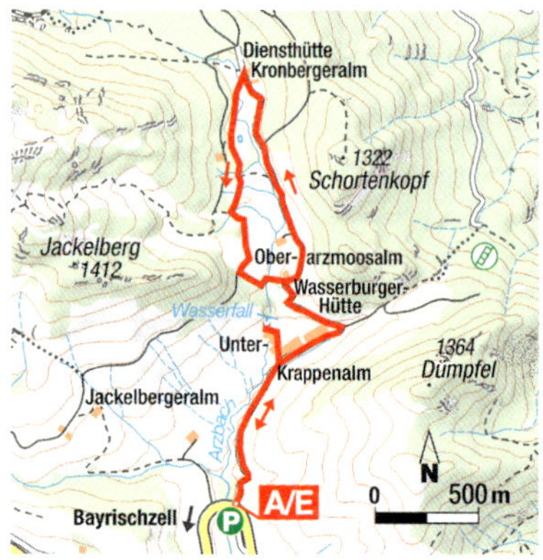

Spaziergang ins Arzmoos Diese Wanderung eignet sich auch hervorragend für Senioren und Familien mit kleinen Kindern, denn der sehr kurze Weg weist kaum Höhenunterschiede auf. Nach Belieben und Kondition lässt er sich hingegen gut verlängern. Vom **Parkplatz** aus queren wir die Sudelfeldstraße fast im Scheitelpunkt der Kurve und folgen der kleinen Almstraße durch die Schranke. Die Wegweiser zeigen uns das Arzmoos an. Fast eben führt der Weg nach Norden und weitet sich alsbald zu einem **grünen Almboden**.

Pittoresker Rastplatz Fröhlich plätschert neben uns der **Arzbach** dahin, und wir wandern direkt auf die kleinen **Almhütten** zu. Sie gehören zum **Unteren Arzmoosboden**, der einen pittoresken Rahmen bildet. Hinter den kleinen Gebäuden sehen wir bereits den Wasserfall, zu dem wir an der ersten Hütte nach links abbiegen. War bis jetzt der Weg breit und angenehm, so ist das letzte Stück zum **Wasserfall** ein wurzelüberzogener steiniger Pfad. Nach wie vor sind aber kaum Steigungen zu bewältigen. Schnell ist der kleine Platz an den Felsen erreicht und damit auch das eigentliche Ziel unsere Entdeckungstour. Ein paar größere Felsbrocken laden zur Rast ein, und wir können die herrlich kühle und

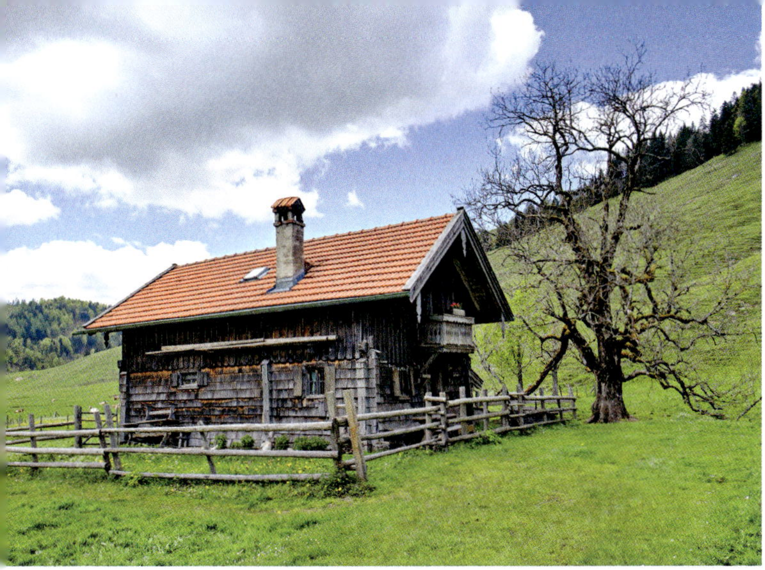

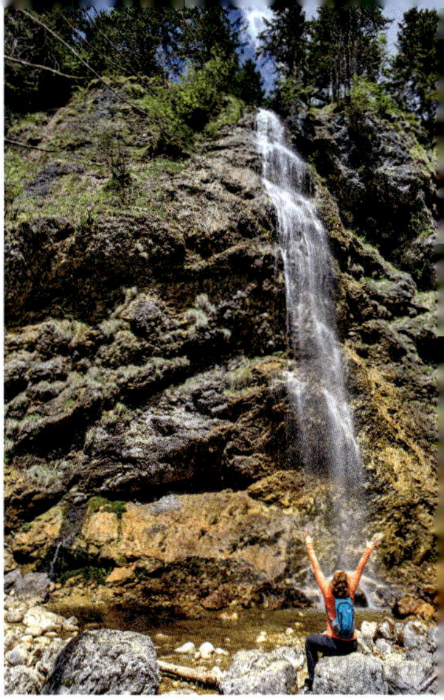

Zum Wasserfall führt ein Abstecher.

Links: Die Almen sind privat.

feuchte Luft genießen. Damit haben wir auch schon das Ende unseres Spaziergangs erreicht und könnten auf dem Hinweg zurückwandern.

Aussichtsreich aufwärts Wer seine Wanderung noch etwas fortsetzen möchte, spaziert zu den Almhütten zurück und folgt der kleinen Almstraße weiter. In einer Kurve zweigt rechts ein Weg ab, den wir ignorieren. Für uns zählt weiter die Beschilderung zum Arzmoos in Richtung Brannenburg. Nun steigt der Weg an, und mit schönster Aussicht über den Almboden auf den Großen Traithen und das Sudelfeld gewinnen wir an Höhe. So erreichen wir den Oberen Arzmoosalmboden mit der Wasserburger Hütte und der Kernalm, beides idyllische Almen, die am Weg liegen. Dieser führt uns im Folgenden zwar theoretisch weiter bis zur Haltstelle Aipl an der Wendelstein-Zahnradbahn, man kann aber auch eine kleine, leider nicht ausgeschilderte Almrunde drehen und bei der Kronberger Alm am Ende der Almstraße nach links abbiegen, um auf der anderen Seite zurückzugehen. Der Weg wird dann zum Pfad, und das letzte Stück geht es fast weglos den Hang hinunter. Dort queren wir den Arzbach und treffen an der Wasserburger Hütte wieder auf den Aufstiegsweg. Jetzt gibt der Hinweg den Rückweg an.

Verwöhnprogramm

Unterwegs gibt es leider keine Einkehrmöglichkeit, aber genügend wunderbare Rastplätze für eine mitgebrachte Brotzeit. Wer dennoch einkehren möchte, kann anschließend noch zum Hotel-Restaurant Feuriger Tatzlwurm (s. Tour 20) oder zum Berghotel Oberes Sudelfeld mit der Bröselalm fahren.

20 Die Tatzelwurm-Wasserfälle

Im Reich der Drachen und Ungetüme

leicht | 1,3 km | ↑↓ 50 Hm | 0.40 Std.

Tourencharakter
Sehr kurzer Spaziergang auf einem Forstweg. Zu den Wasserfällen führt ein kleiner Steig zur Brücke.

Ausgangs-/Endpunkt
Waldparkplatz Sudelfeldstraße
GPS: 47.670583, 12.080600

Anfahrt
ÖPNV: Mit dem Zug nach Bayrischzell oder Oberaudorf, weiter mit dem Bus der Wendelstein-Ringlinie (Mai-Nov.) zur Haltestelle Tatzelwurm und den Spaziergang dort beginnen
Auto: Über Bayrischzell ins Sudelfeldgebiet und der B 307 (Sudelfeldstraße) folgen. Die Straße passiert die Abzweigungen zur Rossengasse.
Ein gutes Stück bevor sich die Straße teilt (links nach Brannenburg, rechts nach Oberaudorf), geht es scharf links auf den ausgeschilderten Waldparkplatz, den wir nach der Brücke über den Auerbach erreichen.

Einkehr
Hotel-Restaurant Feuriger Tatzlwurm

Information
tatzlwurm.de

»Nach dem Essen sollst du ruhen oder 1000 Schritte tun« – dieses Sprichwort nehmen wir uns zu Herzen, denn die Kombination aus genussvoller Einkehr und Verdauungsspaziergang zu einem herrlichen Wasserfall hat durchaus ihren Reiz.

Am Auerbach

Wir starten am **Waldparkplatz** und gehen zurück zur **Brücke über den Auerbach**. Direkt davor beginnt der Weg zu den ausgeschilderten Tatzelwurm-Wasserfällen. Diese bilden sich aus dem Auerbach, der nur zu Beginn noch ruhig neben uns dahingluckst. Nach nur wenigen Minuten queren wir am **Oberen Wasserfall** den nun wilden Bergbach und blicken von der Brücke tief hinab in die grünen Gumpen. Danach bummeln wir ein Stück durch den Wald und biegen zweimal rechts ab, um mit einem Abstecher auch den **Unteren Wasserfall** zu erreichen.

Legende vom Tatzelwurm

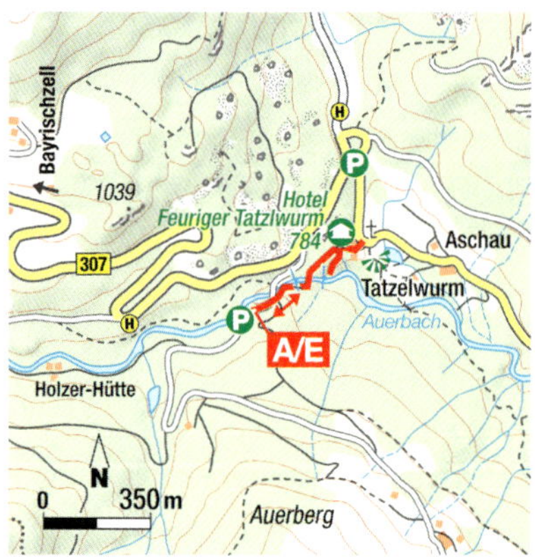

Der Legende nach lebte hier einst ein ungeheuerlicher Drache, der Tatzelwurm, der sich mit seinen Krallen in der Klamm festhalten konnte (die Sage über dieses Ungeheuer gibt es im Übrigen auch in anderen Orten im Alpenraum). Seine bevorzugten Opfer waren fromme Menschen, die auf einem uralten Pilgerweg aus dem Inntal kommend die Wallfahrtskirche Maria Birkenstein am Fuß des Breitensteins besuchen wollten. Aber auch den Sennern und Sennerinnen der nahegelegenen Almen galt sein Zorn. Der Dichter und Schriftsteller Joseph Victor Scheffel (1826–1886) hat über den Tatzelwurm im Mangfallgebiet ein ganzes Gedicht verfasst – er war wohl einst im Gasthaus eingekehrt und fasziniert von der alten Geschichte. Heutzutage scheint der Tatzelwurm zu schlafen oder ist vielleicht woanders hingezogen, denn Ungeheuerliches haben wir nichts gesehen.

Auf den Brünnstein

Wer den ganzen Tag Zeit hat und eine Bergtour unternehmen möchte, der lässt sein Auto am Parkplatz unter dem Hotel Tatzlwurm stehen und wandert über die Wasserfälle zum oberen Parkplatz. Dort beginnt links der Aufstieg zum ausgeschilderten Brünnstein, einem Parade-Aussichtsgipfel in den Mangfalltal-Bergen. Ab dem Brünnsteinhaus führen zwei Wege zum Gipfel: ein kleiner Klettersteig oder der etwas längerer Normalweg, für den man aber ebenfalls trittsicher und schwindelfrei sein muss (insgesamt ca. 13 km, 900 Hm, 5 Std.).

Guten Appetit! Vom Unteren Wasserfall geht es ein Stück zurück zum Hauptweg und dann rechts zwischen Hotel und Haupthaus auf die Terrasse bzw. in die Gaststube des **Restaurants Feuriger Tatzlwurm**, das zum Glück nicht nur den Hotelgästen offensteht: Ab Mittag gibt es eine Tageskarte mit vielen bayerischen Schmankerln, aber auch der Kaffeeklatsch am Nachmittag kommt nicht zu kurz. Neben der guten Küche freuen wir uns immer über das fantastische Panorama mit Kaiserblick ins Inntal.

Nach dem Essen folgt dann der Verdauungsspaziergang auf demselben Weg zurück zum **Waldparkplatz**.

Hier soll der Tatzelwurm sein Unwesen getrieben haben …

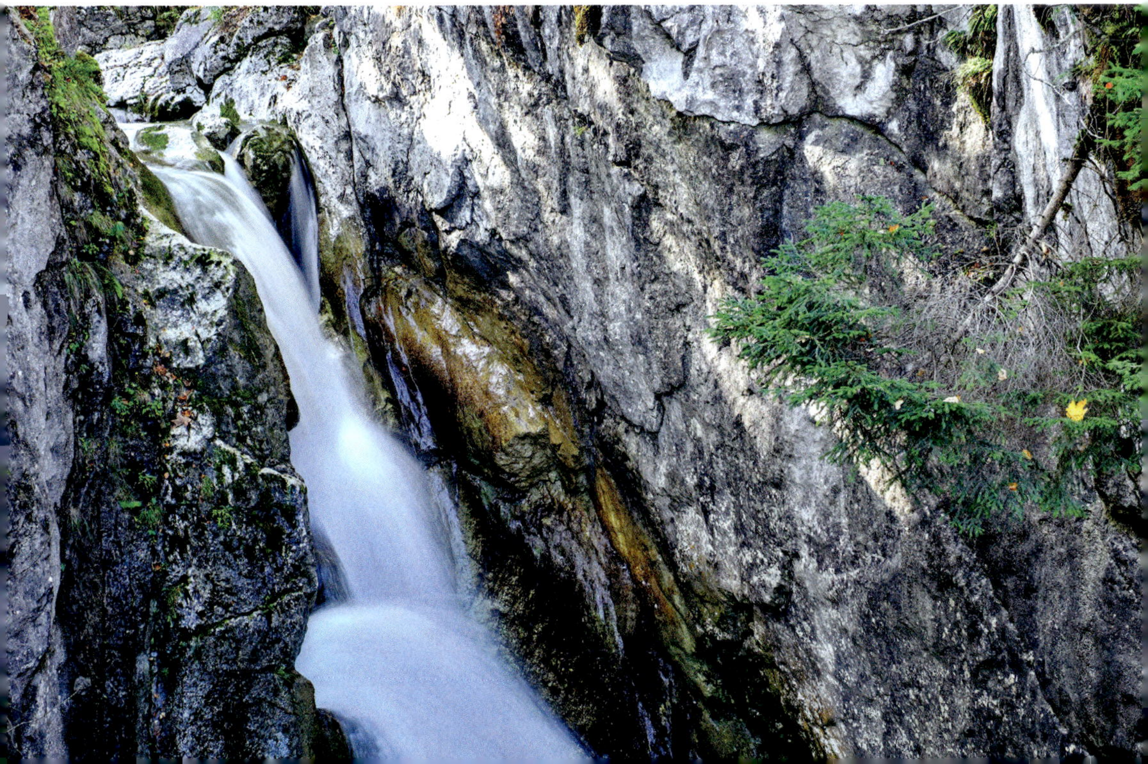

21 Die zweite Gießenbachklamm

Familienparadies mit Kaiserblick

leicht | 5,5 km | ↑↓ 200 Hm | 2 Std.

Tourencharakter
Die kurze, schattige Wanderung führt auf schmalen Wegen durch die gut gesicherte Klamm. Im Winter ist diese gesperrt.

Ausgangs-/Endpunkt
Kiefersfelden, Parkplatz Gießenbachklamm
GPS: 47.613401, 12.151029

Anfahrt
ÖPNV: Mit der Bahn nach Kiefersfelden, dann längerer, aber schöner Fußweg zur Klamm (s. Tipp)
Auto: Über die A 8, dann die A 93 bis Ausfahrt Kiefersfelden, in die Ortsmitte von Kiefersfelden, gleich nach der Brücke über den Kiefernbach, scharf links in die Kiefermühlstraße und in die Thierseestraße; nach 3 km kommt man zum Wanderparkplatz.

Einkehr
Schopperalm (geöffnet Ostern bis Kirchweih, täglich ab 9 Uhr, Mo Ruhetag, von Nov.–März nur an Wochenenden)

Information
tourismus-kiefersfelden.de

Gießenbach werden gern die Wildbäche genannt, die sich vom Berg herab »ergießen«, wild und ungestüm, nicht plätschernd. Auch der hier vorgestellte zweite Gießenbach hat mit all seiner Kraft eine Klamm ausgefräst.

Klammspaß Vom **Wanderparkplatz** folgen wir der kleinen Thierseestraße noch ein Stück flussaufwärts. Dann treffen wir auf das größte Wasserrad Bayerns, die **Bleyer Säge**, an der der Gießen- in den Kieferbach mündet. Hier beginnen wir unseren Aufstieg, die Gießenbachklamm und die Schopperalm sind ausgeschildert. Um dem Gießenbach flussaufwärts zu folgen, queren wir bald den Bach und wandern anfangs ohne große Anstrengung bis zu einem kleinen E-Werk.

Kieferer Energiewanderweg

Wer mit öffentlichen Verkehrsmitteln anreist, kann direkt vom Bahnhof dem neu angelegten Kieferer Energiewanderweg folgen. Dieser Themenweg erklärt die enorme Bedeutung der beiden Gebirgsbäche, deren Kraft schon ab 1611 zur Verhüttung von Eisenerz genutzt wurde. Entlang vieler interessanter Stationen folgt man dabei dem Kieferbach bis zum Einstieg der Tour am Gießenbach (einfach 4,5 km, ca. 1 Std.).

Dahinter beginnt die **Gießenbachklamm**. Am Anfang können wir noch einen Blick in die enge Felsschlucht mit ihren blauen Gumpen werfen, dann beginnt das Abenteuer: Wir steigen über steile Treppen am Rand der Klamm aufwärts. Erst ganz oben blicken wir wieder in die Schlucht, denn wir wandern auf einem Felsband – natürlich tadellos durch ein Gitter gesichert – hoch über dem Abgrund. Unter uns gurgelt das Wasser, aber auch von oben tropft es nass herunter. Unterschiedlichste Moosarten,

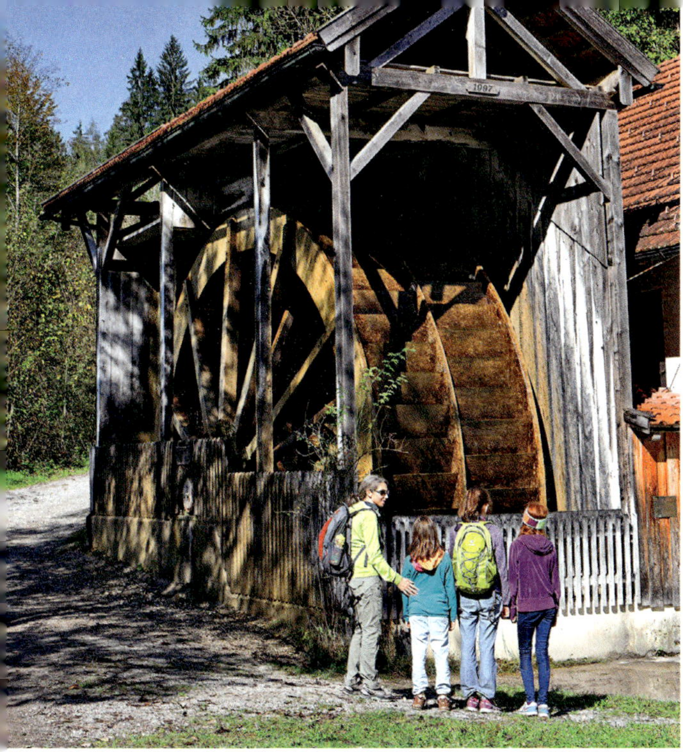

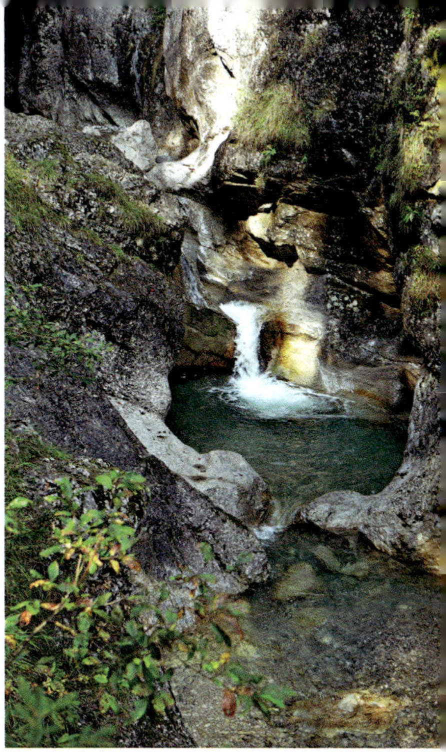

kleine Farne und Flechten krallen sich in die Felsritzen. Auch diese kleinen Wunder der Natur sollten wir nicht übersehen.

Grüne Gießenbach-Gumpen

Links: Das große Wasserrad der Bleyer Säge

Schopperalm und Trojer An einem **kleinen Stausee** haben wir dann das obere Ende der Schlucht erreicht. Jetzt geht es auf einem recht sonnigen Weg zur nahen **Schopperalm**, einem wahren Familienparadies: Es gibt einen kleinen Streichelzoo mit Zwergziegen und Schafen, einen Wasserspielplatz und jede Menge Bobbycars. Auf den Wiesen rund um die Alm, aber auch im breiten Kiesbett des Gießenbachs kann man ein Sonnenbad genießen.

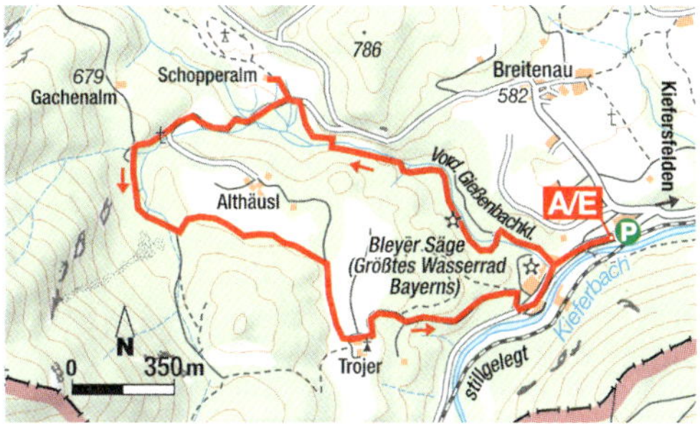

Zurück geht es entweder auf dem Hinweg oder wir dehnen die Tour zu einem Rundweg über den Weiler Trojer aus. Das beschert uns einige schöne Ausblicke auf das Kaisergebirge und führt uns zu einem traumhaften Bauernhof. Dafür queren wir den Bach auf der Holzbrücke und folgen zunächst der breiteren Forststraße. Dann biegen wir, der Beschilderung nach Trojer folgend, auf einen Wanderweg ein und erreichen so an einer Wiese den **Weiler Trojer**. Von dort folgen wir zum finalen Abstieg der geteerten Straße zurück an den Kiefernbach und erreichen damit wieder unseren **Wanderparkplatz**.

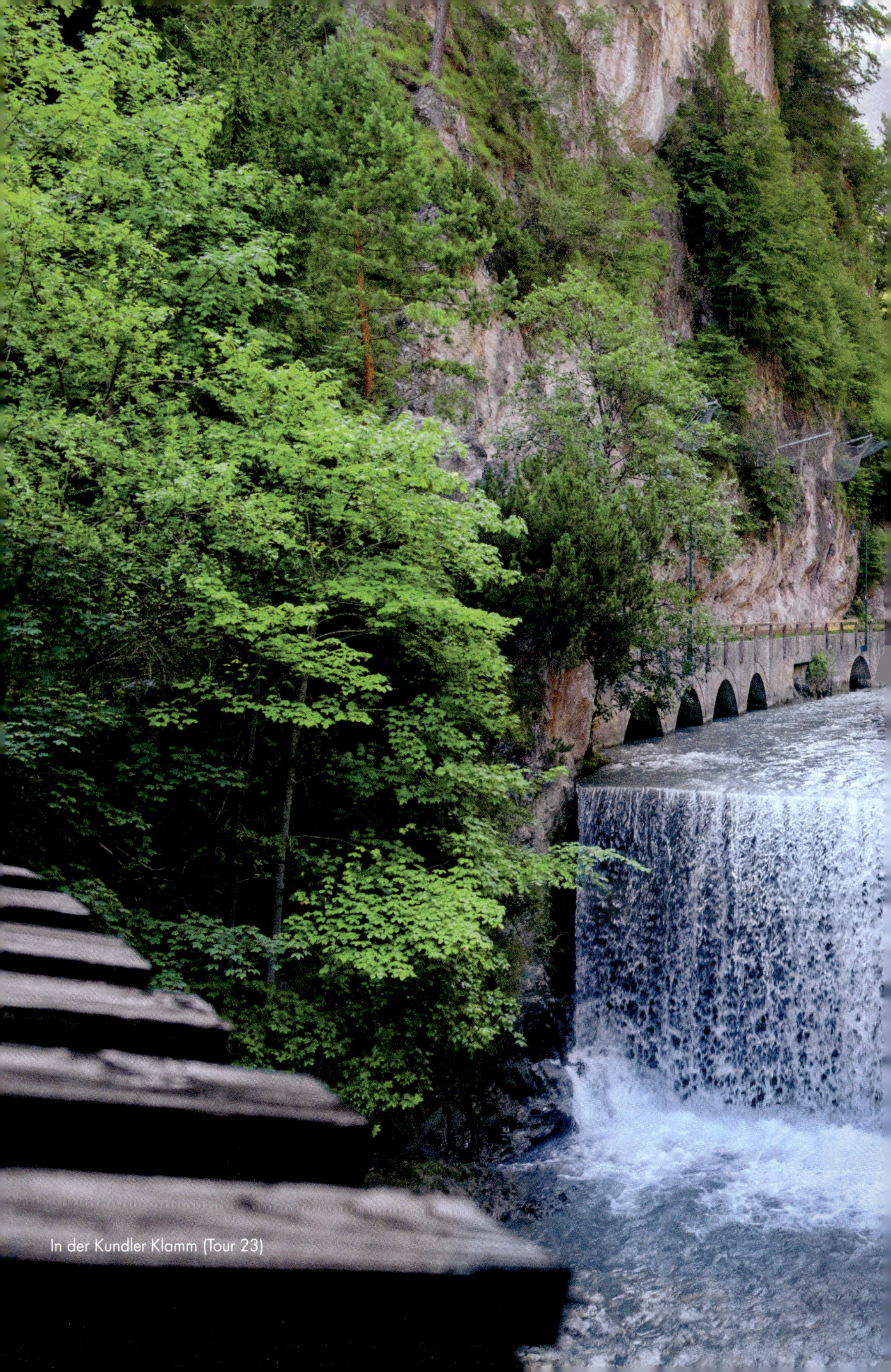

In der Kundler Klamm (Tour 23)

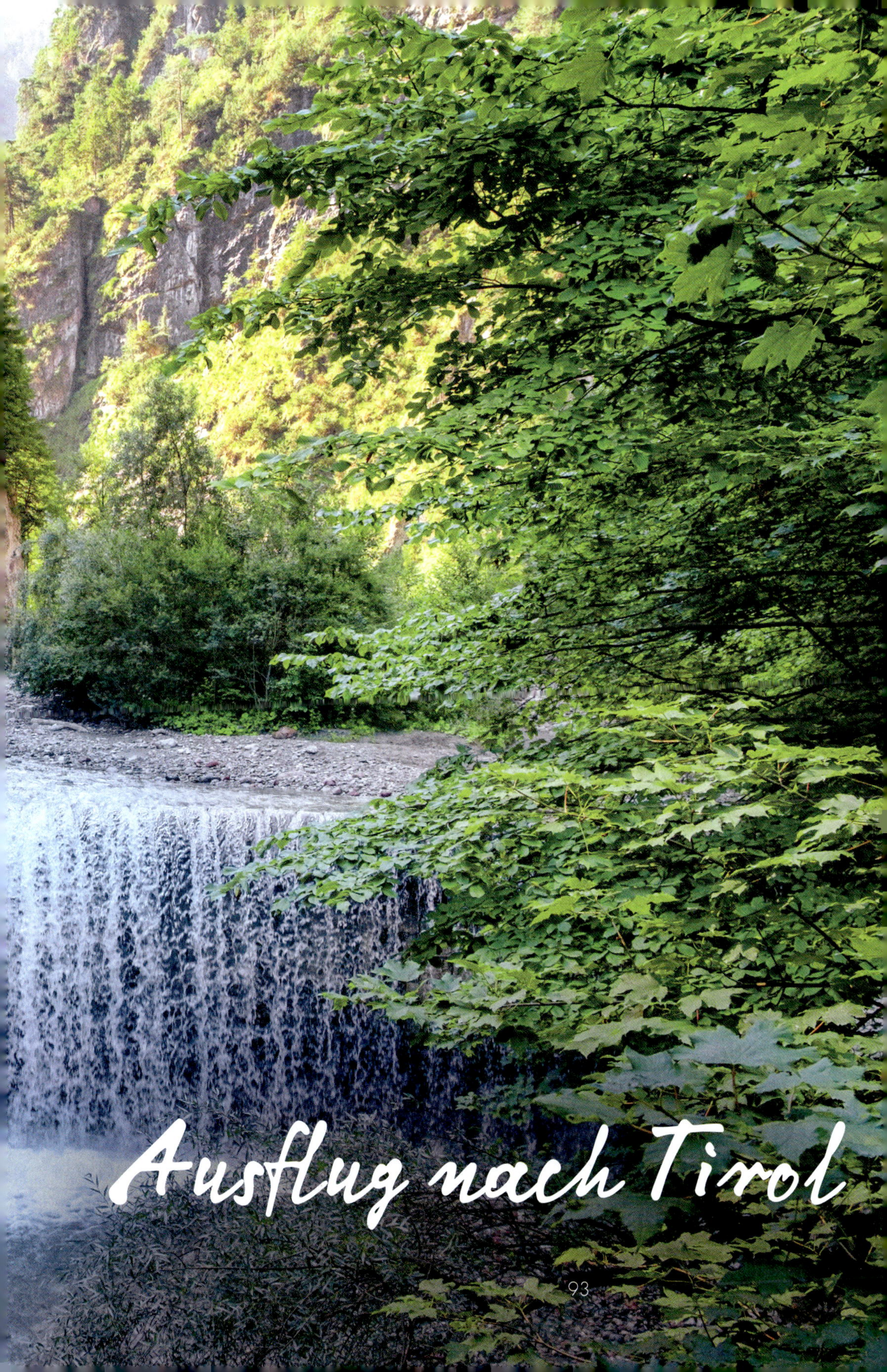

Ausflug nach Tirol

22 Wasserfallweg Bad Häring

Exkurs ins Kufsteiner Land

leicht | 5,5 km | ↑↓ 140 Hm | 2 Std.

Tourencharakter
Einfache, kürzere Wanderung mit nur geringer Steigung auf angenehm breiten Wanderwegen und Pfaden

Ausgangs-/Endpunkt
Bad Häring, Gemeindeamt
GPS: 47.510279, 12.119349

Anfahrt
ÖPNV: Mit dem Zug über Kufstein oder Innsbruck nach Kirchbichl in Tirol und weiter mit dem Bus nach Bad Häring
Auto: Über Rosenheim und das Inntal nach Kufstein und auf der L 171 oder der Inntalautobahn (mautpflichtig) nach Kirchbichl, dort bergauf nach Bad Häring und am Kurpark vorbei in die Dorfmitte (Parkplätze an der Volksschule oder am Gemeindeamt in der Oberen Dorfstraße)

Einkehr
In Bad Häring Café Schenkenfelder, Café Schönwetter, Pizzeria Don Peppe

Information
kufstein.com

Bad Häring ist bekannt für seine Schwefelquelle, die gesundheitsfördernd in einer Bäderkur zur Anwendung kommt. Nahezu unbekannt ist der kurze, steigungsarme Wasserfallweg, der gut für Senioren und Familien geeignet ist.

Zum Wasserfall Vom **Gemeindeamt** in der Oberen Dorfstraße gehen wir die wenigen Schritte bis zur Straßenkreuzung Ecke Dorf-/Untere Dorfstraße, biegen dort rechts ab und passieren die **Pfarrkirche St. Johannes der Täufer**. Kurz darauf folgen wir dem gelben Wanderwegschild in die Straße Singmoos, der Wasserfall ist nun ausgeschildert. Gleich nach dem ersten Haus auf der linken Seite biegen wir ebenfalls links ein und erreichen in wenigen Minuten über ein Weglein die Fleckstraße. Dort setzen wir geradeaus unseren Weg fort.

Die Straße steigt an, und bei den letzten Häusern biegen wir scharf nach links in einen Wanderweg ein. Jetzt sind wir auf dem »**Rück Dich Gesund Pfad**« unterwegs, der uns entlang von Bewegungsstationen in einem Bogen zum **Wasserfall** des

Bad Häring

1951 wurde im Gemeindegebiet eine schwefelhaltige und gesundheitsfördernde Quelle gefunden, seit 1965 darf sich Häring deswegen mit dem Beinamen »Bad« schmücken. Neben dem Wasserfall ist das Haslacher Moor mit seiner seltenen Pflanzen- und Tierwelt eine weitere Naturattraktion des kleinen Dorfs. In der Nacht vom 17. auf den 18. Juli 2021 zerstörte nach Unwettern ein Hochwasser Teile des Wasserfallwegs und nahm einige Brücken mit. Deutlich kann man im Wald die Unmengen an Geröll und Geschiebe sehen. Die Wiederherstellung aller Wege soll im Frühjahr 2022 erfolgen.

Osterndorfer Bachs führt. Dort finden wir einen geradezu magischen, wildromantischen Platz, der neben Ruhebänken mitten im Wald auch Kneipp-Tretbecken bietet. Und natürlich als Höhepunkt: den schönen Wasserfall!

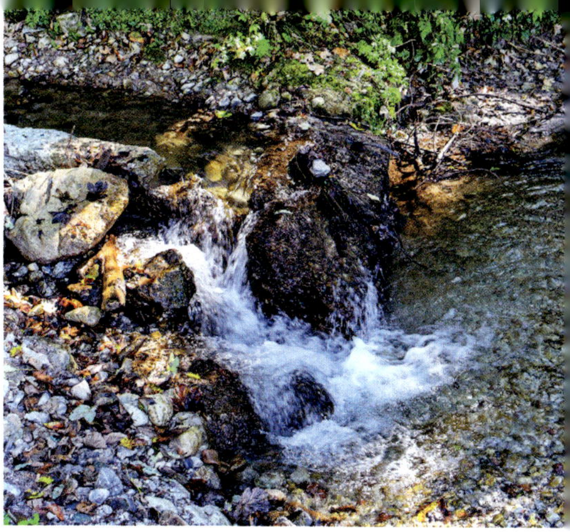

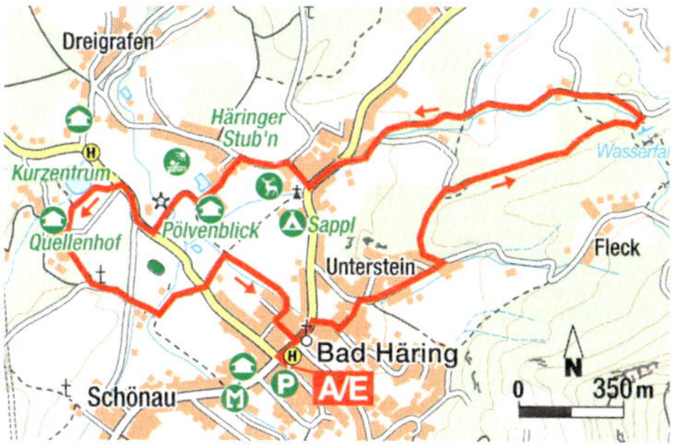

Oben: Harmlos plätschern und wild rauschen: Der Osterndorfer Bach kann beides.

Ins Kurzentrum Auf der anderen Seite des Baches setzt sich unser Weg fort. Wir begleiten das Wildwasser etwas flussabwärts, dann wechseln wir bei den beiden Häusern **Habring** auf einen breiteren Feldweg. Leicht abwärts führt er vorbei an einem **Damwildgehege** und folgt nun wieder dem Bachlauf. Schließlich geht unser Weg in die Haitastraße über, die wiederum in die Osterndorfer Straße mündet. Dieser folgen wir nach links zur Abzweigung vor der kleinen **Osterndorfer Kapelle**.

Wer jetzt genug gewandert ist, kann hier geradeaus direkt und auf schnellstem Weg zurück in die Ortsmitte gehen. Wir jedoch wenden uns nach rechts und wählen die Drei-Grafen-Straße. An der freien Wiese biegen wir links auf einen Wiesenweg ein, der uns zum **Freibad Plitsch Platsch** bringt. Dort folgen wir der Zufahrtsstraße und erreichen bei einem Sägewerk die Landstraße. Ein Fuß- und Radweg auf der anderen Seite bringt uns rechts zum **Kurgarten**.

Antoniuskapelle Wir wandern durch den herrlich angelegten Garten und erreichen das große Kurhotel Vivea. Links haltend gewinnen wir etwas an Höhe und flanieren hinter dem nächsten Hotel, dem Gesundheitsresort Das Sieben, auf eine **kleine Anhöhe**. Abgestiegen wird zum Sportplatz, wo sich auf seiner »kurzen« Seite der Wanderweg geradeaus fortsetzt. An seinem Ende halten wir uns dann links und erreichen wieder die Landstraße, die wir queren und die einsam gelegene **Antoniuskapelle** ansteuern. Ihr Anblick sowie die Ausblicke auf Scheffauer und Zettenkaiser sind äußerst malerisch.

Nach der Besichtigung nehmen wir vor der Kapelle den winzigen Wiesenpfad, der uns am Lexenbach entlang zurück in die **Ortsmitte** unweit der Pfarrkirche bringt. Bis dorthin genießen wir noch einmal das Berg-Panorama, u.a. auf den Pölven, den Hausberg von Bad Häring.

23 Durch die Kundler Klamm

Kindgerecht und einfach

leicht | 7 km | ↑↓ 300 Hm | 2.15 Std.

Tourencharakter
Bequeme Wanderung mit nur sanfter Steigung und als solche eine der wenigen, die mit Kinderwagen begehbar sind. Der Rückweg führt über den Hinweg, man entscheidet selbst, wie weit man wandert.

Ausgangs-/Endpunkt
Klamm-Wanderparkplatz in Kundl
GPS: 47.462316, 11.988465

Anfahrt
ÖPNV: Mit dem Zug über Innsbruck oder Kufstein zur Haltestelle Kundl und in zusätzlich 30 Min. zu Fuß auf der Hüttstraße in die Dorfmitte/Dorfstraße, wo die Klammstraße zum Startpunkt führt
Auto: Ins Tiroler Inntal nach Österreich. Kundl liegt südlich von Kufstein und Wörgl und die Klamm südlich der Dorfmitte in der Klammstraße; sie ist ausgeschildert, und es gibt viele Parkplätze.

Einkehr
Gasthaus Kundler Klamm (geöffnet Do–So), in Kundl u. a. Gasthof Auerwirt und Café Mitanand

Information
alpbachtal.at

Ein kinderfreundlicher Weg führt nur leicht ansteigend in die wildromantische Kundler Klamm der Wildschönauer Ache – ein Wasser- und Felsenparadies, für das man, mit Picknickdecke und Handtuch ausgestattet, gut den ganzen Tag einplanen kann.

Ein Drache und die Magie der Steine Wir beginnen am oberen Ende des **Klamm-Wanderparkplatzes**, wo uns ein Drachenschwanz zwischen zwei Felsen an die Wildschönauer Sagenwelt erinnert und uns gleichzeitig den Weg zur Kundler Klamm weist. Einige eigens ausgestellte Felsbrocken zeigen die Gesteinsvielfalt der Klamm.

Ein Drache und die Kundler Klamm

Der Sage nach war die Wildschönau am anderen Ende der Klamm einst ein riesiger Bergsee, in dem ein grausamer Drache lebte. Ein Bauernbursche schaffte es, ihn zu überlisten, und verwundete ihn schwer. Das Ungeheuer schlug im Todeskampf seine Zähne so tief in die umliegenden Felsen, dass er eine tiefe Schneise hineinbiss, die heutige Kundler Klamm, durch die sich der See entleerte und die Wildschönau entstand. Zur Erinnerung an diese Sage ist im Wappen der Wildschönau ein Drache abgebildet.

Gleich danach wandern wir über die mehr als hundert Jahre alte überdachte **Holzbrücke** und folgen nach rechts auf einem bequemen Klammsträßchen der Wildschönauer Ache. Die Straße wurde bereits 1912 gebaut und 1930 vergrößert, sodass Autos zwischen Kundl und der Wildschönau verkehren konnten. Den öffentlichen Verkehr hat man zum Glück eingestellt, damit sind wir ruhig und stressfrei unterwegs.

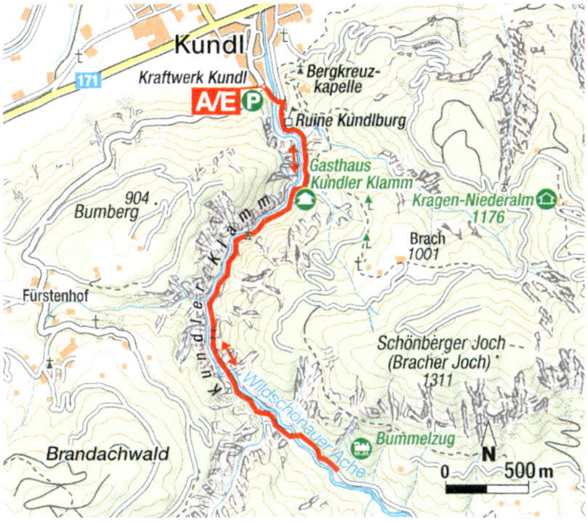

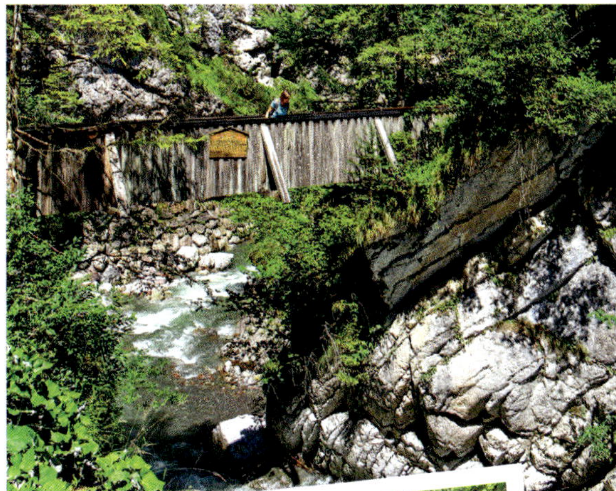

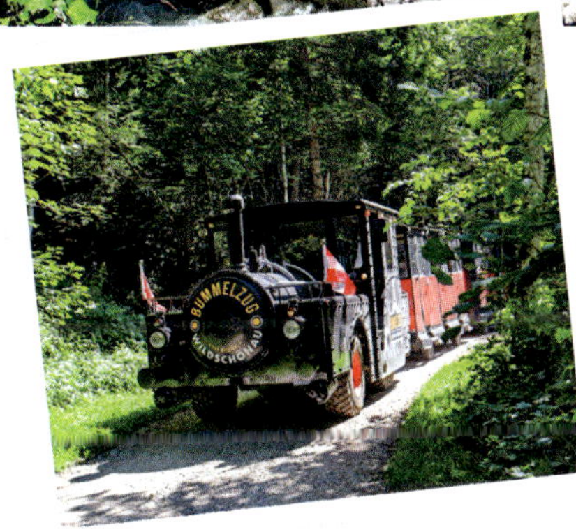

Zur Verlängerung der Wanderung in die Wildschönau können wir auch den Bummelzug nutzen.

Oben: Eine Brücke bringt uns zu einem Rastplatz auf der anderen Seite der Wildschönauer Ache.

Spannende Klamm Bis zum **Gasthaus Kundler Klamm**, das schnell erreicht ist, finden wir noch zahlreiche breitere Kiesbänke im Bachbett, die wir uns schon mal für den Rückweg vormerken, sind sie doch ideal für eine längere Rast am Wasser. Hinter dem Gasthaus wird die **Klamm** dann langsam zu einer echten Schlucht. Auch wenn der Weg nicht über abenteuerliche Stege, Brücken und Treppen führt, ist er doch spannend und abwechslungsreich. Giftgelbe und feurig rote Flechten haben die steil aufragenden Felsen erobert, die langsam näher zusammenrücken. Wir wandern durch kleine Tunnel und treffen unterwegs immer wieder auf liebevoll gestaltete Ruhebänke mit kleinen Drachen. Je weiter wir in die Klamm gehen, umso mehr gewinnen wir an Höhe über dem Wasser. Eine Brücke nach links führt zu einem kleinen **Aussichtspunkt**. Ansonsten folgen wir immer dem angenehm breiten Weg, der schließlich nach 3,5 Kilometern am oberen Ende der Klamm auf dem Gemeindegebiet der **Wildschönau** endet. Das ist unser Wendepunkt, an dem wir umdrehen, um auf dem Hinweg zurückzugehen.

Verlängerung möglich Wer noch mehr Energie besitzt und in der Sonne wandern möchte, kann den Weg auch fortsetzen: Zu Fuß sind es weitere 3,5 Kilometer bis zum Ortsteil Mühltal in der Wildschönau. Auf dieser Strecke verkehrt in den Sommermonaten auch ein kleiner Bummelzug, mit dem wir nach Lust und Laune die Strecke abkürzen können.

24 Felsige Kaiserklamm

Kurzes Wandervergnügen in Tirol

leicht | 3,5 km | ↑↓ 120 Hm | 1.15 Std.

Tourencharakter
Kurze Wanderung fast ohne Höhenmeter. Der Weg durch die Klamm ist vorbildlich gesichert, aber schmal, stark abfallend und von felsigem Untergrund – für kleinere Kinder nicht geeignet. Wer Höhenschwindel hat, kann Probleme bekommen.

Ausgangs-/Endpunkt
Kaiserhaus bei Pinegg
GPS: 47.536675, 11.913736

Anfahrt
ÖPNV: Nicht möglich
Auto: Über die Grenze nach Tirol ins Inntal, über die A 12 bis Ausfahrt Kramsach, in die Ortsmitte von Kramsach und dort der Beschilderung zur Kaiserklamm/Kaiserhaus nach Norden folgen (entweder über Aschau oder Brandenberg, mit dem Auto lässt sich so eine Runde fahren). 100 m hinter dem Kaiserhaus liegt ein großer Wanderparkplatz.

Einkehr
Unterwegs keine. Am Ausgangspunkt das Kaiserhaus (Di Ruhetag)

Information
alpbachtal.at

Die Kaiserklamm liegt im nördlichsten Winkel des Brandenberger Tals und somit wieder in Richtung Bayern. Am besten erreichbar ist die Schlucht der tosenden Brandenberger Ache von Kramsach im Tiroler Inntal aus.

Gleich mittendrin Wir starten am etwas unterhalb des **Kaiserhauses** gelegenen großen Wanderparkplatz. Für wenige Minuten folgen wir dem Forstweg bis zur **Brücke über die Brandenberger Ache**. Natürlich werfen wir hier einen Blick hinab und staunen über die unterschiedlichen Charaktere des Wassers: Nach Süden fließt der Gebirgsfluss rauschend über ein Kiesbett ab, nach Norden haben wir den ersten Einblick in die Klamm. Die zieht uns nun magisch an, und ohne die Brücke zu queren, geht es für uns links durch ein Holzgitter, das die Durchfahrt von Mountainbikern verhindern soll. Und schon sind wir mittendrin im Abenteuer!

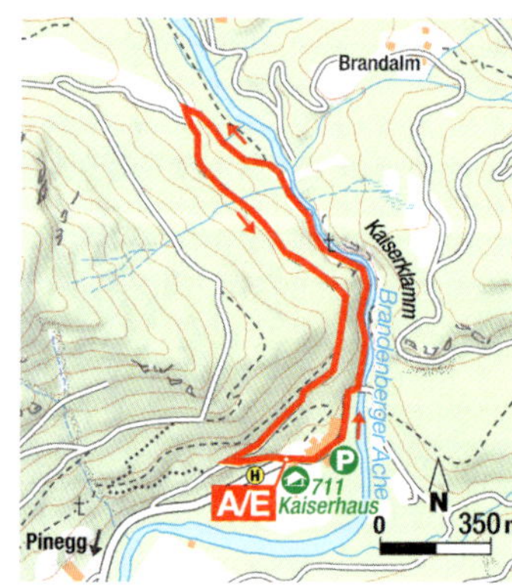

Wildes Wasser Wir wandern auf einem schmalen Felsband oberhalb des Flusses weiter. Dieser **Triftweg** ist durchgehend mit einem Geländer gesichert, aber die luftig gespannten Seile kitzeln doch so manchen Nerv. Immer wieder führen Stege und Brücken über die wildesten Stellen, und unter uns rauscht und tobt das Wasser durch die **Klamm**. Ein Höllenlärm, der fast keine Unterhaltung erlaubt, noch dazu, weil wir hintereinander gehen müssen. Viele Felsformationen gibt es zu entdecken, und immer wieder sehen wir kreisrunde Auswaschungen im Felsen – sie entstehen, weil an dieser Stelle über viele Jahre hinweg runde Steine durch die Kraft des Wassers gerollt wurden. Wer genau hinsieht, kann an manchen Stellen noch Steine liegen sehen.

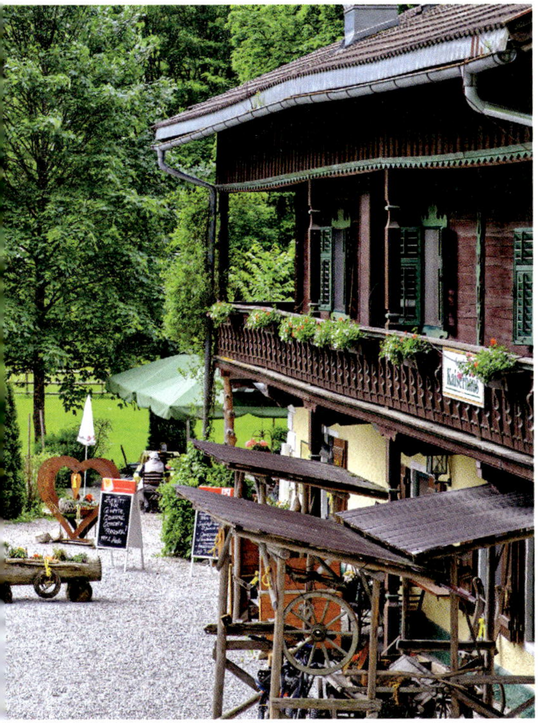

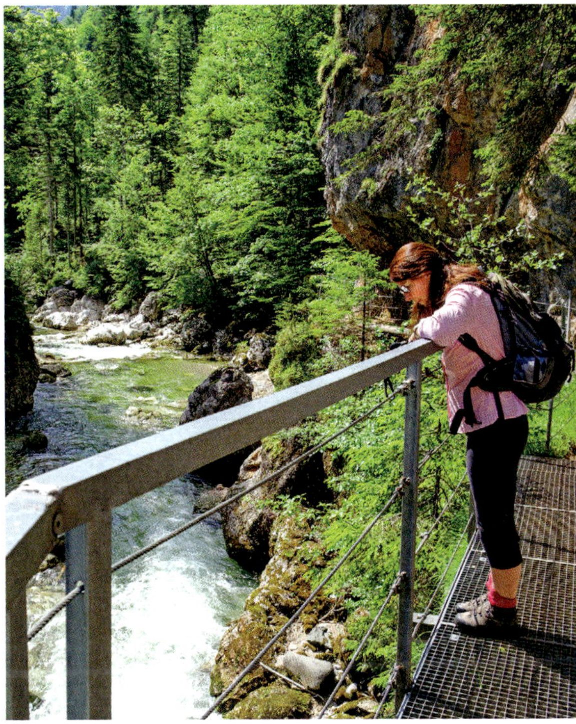

Zum Finale geht es dann noch durch zwei Tunnel, dann beruhigt sich das Wasser, und an einer **Brückenruine** verlassen wir die Klamm. Im nun breiten Kiesbett bzw. an den Felsen ist der schönste Rastplatz für eine mitgebrachte Brotzeit.

Stege führen durch die Klamm.

Links: Brotzeit gibt es im Kaiserhaus.

Rückweg über die Forststraße

Für den Rundweg wandern wir auf dem Weg in ursprünglicher Richtung leicht aufwärts (nicht den Weg direkt am Wasser nehmen). An einer **Almwiese** treffen wir auf eine größere Almstraße, auf der wir links zurückwandern (rechts würde man zur Erzherzog-Johann-Klause, an der das Wasser für die Trift gestaut wurde, und weiter über die Valepp nach Bayern kommen). Für uns geht es entspannt im leichten Auf und Ab zurück. Die Abzweigung nach links zum **Kaiserhaus** dürfen wir zum Schluss allerdings nicht übersehen.

Im Kaiserreich

Die Klamm und das Haus wurden nach Kaiser Franz Joseph I. benannt. Man erzählt sich, dass er, wenn er auf der Jagd war und zufällig an eine Holztrift kam, diese gern beobachtete. Um geschlagenes Holz durch die Schlucht zu triften, wurden mühsam die Wege angelegt, aber bereits um 1960 fand hier die letzte Trift statt.

25 Zum Dalfazer Wasserfall

Bergtour im Rofangebirge

mittel	9 km	↑↓ 850 Hm	4 Std.

Tourencharakter
Bis hinauf zur Dalfazer Alm und dem Übergang zum Rofanlift ist die Wanderung eine echte Bergtour. Sie lässt sich aber auch zu einem Spaziergang abkürzen (s. Tipp).

Ausgangs-/Endpunkt
Maurach/Achensee, Freizeitbad Atoll
GPS: 47.43061. 11,73768

Anfahrt
ÖPNV: Von Bayern aus mit der Bahn an den Tegernsee und weiter mit dem Bus über den Achensee nach Maurach
Auto: Über den Sylvensteinsee nach Achenkirch/Österreich und vorbei am Achensee bis Maurach. Rechts der Bundestraße liegt der große Parkplatz des Freizeitbads Atoll.

Einkehr
Dalfazer Alm (geöffnet Mai–Nov.)

Information
achensee.com

Rechte Seite: Imposant und eindrucksvoll – mehr muss man zum Dalfazer Wasserfall nicht sagen.

Einen hitverdächtigen Wasserfall gibt es unweit von Maurach am Achensee zu entdecken: Der Dalfazer Wasserfall ist nicht nur ungemein schön, sondern lässt sich ergiebig erwandern, gern auch mit Einkehr in der Dalfazer Alm.

Leichter Zugang Vom Parkplatz am **Freizeitbad Atoll** queren wir die Tiroler Bundestraße und folgen dem Bürgersteig nach links bis zum großen **Kinderhotel Buchau**. Vor dem Hotel biegen wir rechts in die Straße ein, der Dalfazer Wasserfall ist nun ausgeschildert. Hinter dem Hotel halten wir uns rechts und folgen dem ansteigenden Weg am Waldrand entlang. Bald biegen wir rechts auf einen Pfad ein und wandern nun deutlich steiler bergauf. So kürzen wir die Almstraße etwas ab. Nach einigen Zicks und Zacks halten wir uns unter der **Materialseilbahn** zur Dalfazer Alm links und erreichen nach wenigen Minuten den **Dalfazer Wasserfall**.

Schon hier ist eine Pause mehr als verführerisch: Das Wasser rauscht gewaltig über die hohe Felsstufe bergab, und die Luft

Für Wandermuffel

Wer nur eine gemütliche Runde wandern möchte, steigt vom Dalfazer Wasserfall zunächst wieder ein kleines Stück ab, alternativ auf der Almstraße. Diese gabelt sich, und wir halten uns links und folgen auf dem Weitwanderweg Nr. 413 der Beschilderung zum Buchauer Wasserfall. Der Pfad führt leicht bergab zu diesem Wasserfall, einem weiteren Höhepunkt. Immer dem Hang nach weiter absteigend, erreichen wir die Ferienhaussiedlung Rofangarten und somit wieder den Ortsrand von Maurach. Nun links und weiter bergab sind wir schnell wieder am Freizeitbad Atoll.

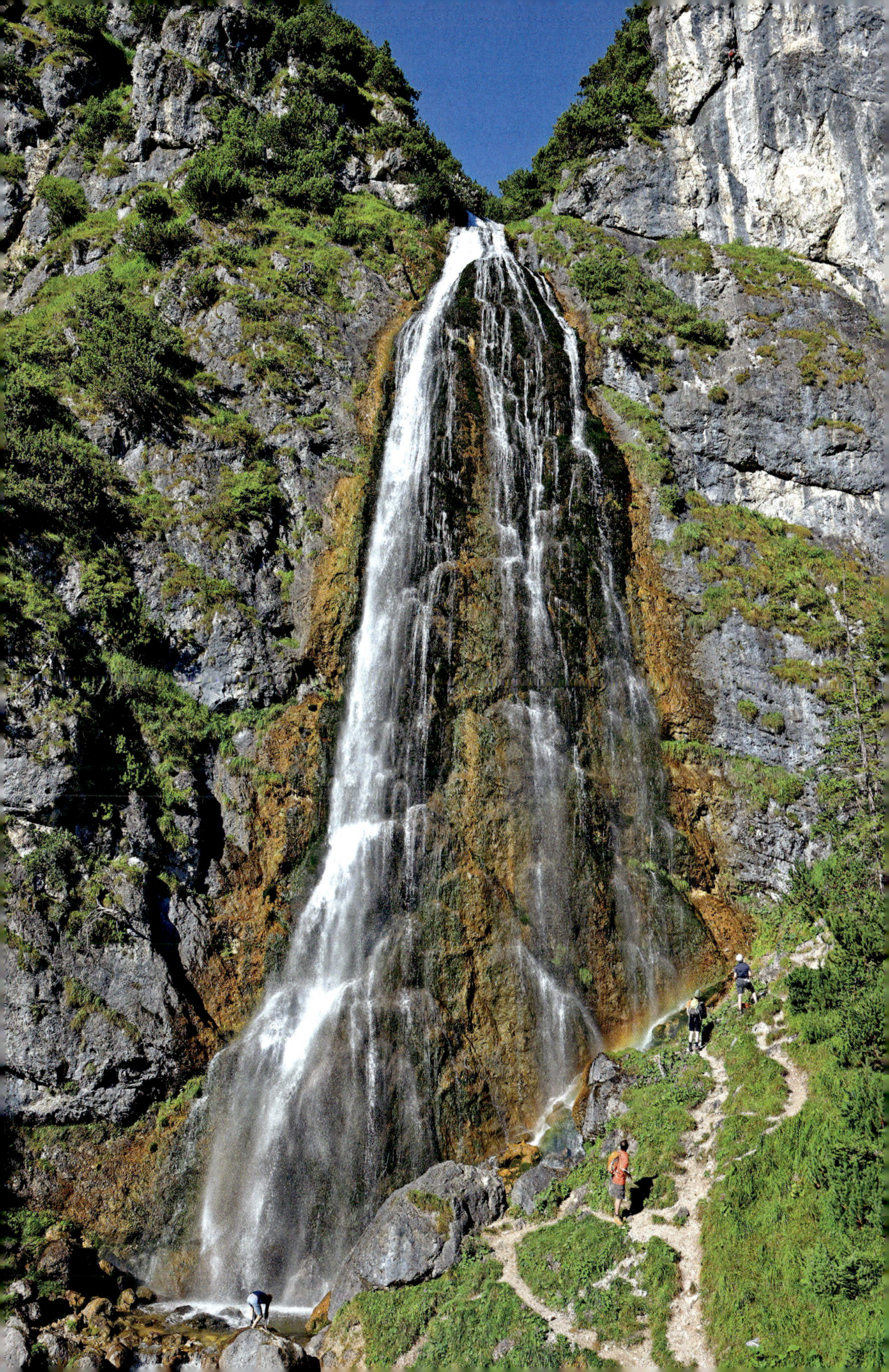

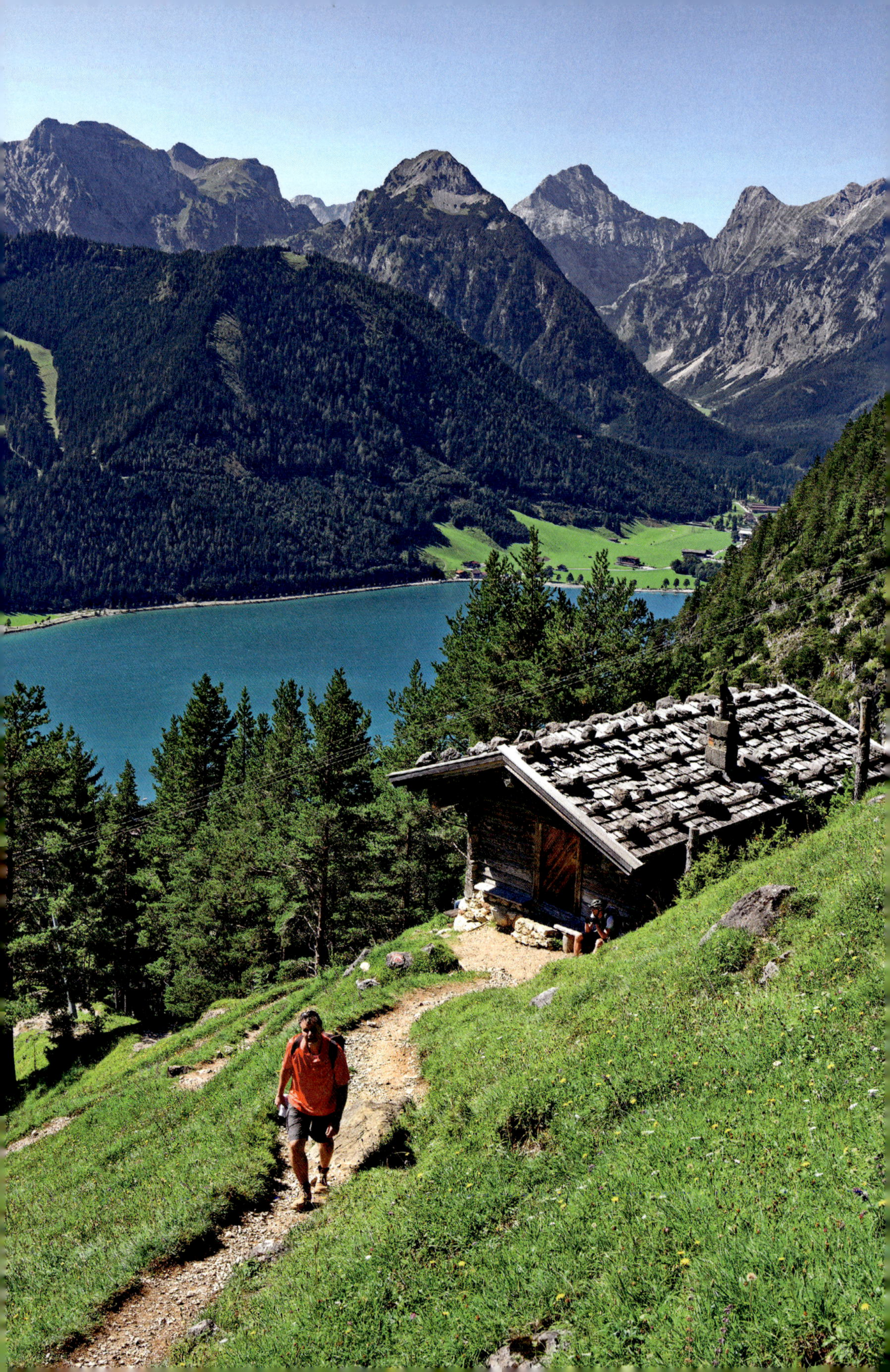

ist frei von jeglichen Pollen, glasklar und frisch. Auf einer Aussichtskanzel stehen Rastliegen bereit, man kann aber auf einem Pfad auch direkt zum Wasserfall absteigen.

Zur Dalfazer Alm Dort beginnt übrigens auch ein Klettersteig, der rechts vom Fall über die Felsen senkrecht in die Höhe führt. Er lässt sich natürlich nur mit entsprechender Ausrüstung bewältigen! Für Wanderer ist es spannend, die Klettersteigler beim Kraxeln zu beobachten.

Für unsere Tour wandern wir vom Wasserfall ein Stück zurück und steigen dann links, der Beschilderung zur Dalfazer Alm folgend, weiter bergauf. Jetzt geht es sonnig über die Almwiese und vorbei an der privaten **Teisslalm**. Das Panorama in unserem Rücken ist fantastisch und entschädigt für jeden Höhenmeter. Der weitere Aufstieg bleibt jedoch sehr sonnig und führt im Verlauf über viele kleine Kehren zur **Dalfazer Alm**.

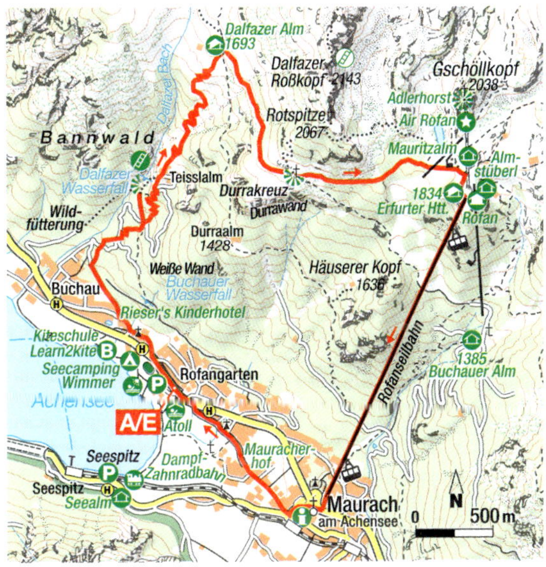

Nahe der ursprünglich kleinen alten Almhütte, die heute nur noch als Nebengebäude dient, wurde 1984 ein Berggasthof neu erbaut, um dem immer größer werdenden Ansturm an Wanderern gerecht zu werden. So werden auf der Dalfazer Alm diverse Suppen, verschiedene Brotzeitteller, hausgemachte Kuchen und ein sehr feiner Kaiserschmarrn mit Preiselbeeren angeboten. Gratis ist die herrliche Aussicht von der Terrasse, wo es sich gut aushalten lässt.

Panoramaweg und Abfahrt Nach der Einkehr kann man entweder auf demselben Weg absteigen oder über den **Panoramaweg** in einer Stunde zur Bergstation der Rofanseilbahn gelangen: Der als Enzianweg gekennzeichnete Weg Nr. 413 führt mit bester Aussicht leicht ansteigend zum **Durrakreuz** und von dort nach links hinauf zum kleinen Talkessel rund um die **Rofanbahn**. Von dort schweben wir knieschonend mit der Seilbahn ins Tal, wo es zum Finale unter der Bundesstraße hindurch zum Kreisverkehr in der Ortsmitte geht. Die Dorfstraße bringt uns das letzte Stück Parkplatz am **Freizeitbad Atoll** zurück.

Linke Seite: Diese Tour vereint alles: Berge und Wasser, Almen und Einkehr.

26 Durch die Wolfsklamm

Zur ältesten Wallfahrt Tirols

leicht | 10,5 km | ↑↓ 380 Hm | 3 Std.

Tourencharakter
Kürzere Rundwanderung mit Kultur. Der Weg durch die Klamm ist gut gesichert, die Holzbohlen können aber rutschig sein. Es geht nur bergwärts durch die Klamm, also Einbahnstraßensystem. Der Abstieg erfolgt über einen breiteren Forstweg.

Ausgangs-/Endpunkt
Stans bei Schwaz, Pfarrkirche
GPS: 47.371212, 11.718391

Anfahrt
ÖPNV: Mit dem Zug über Innsbruck oder Kufstein zur Haltestelle Stans bei Schwaz
Auto: Ins Tiroler Inntal nach Österreich. Stans liegt zwischen Jenbach und Schwaz auf der nördlichen Innseite. Mehrere Parkplätze im Ort, am besten der Beschilderung zum Parkplatz P3 gegenüber der Alten Pfarrkirche folgen (weniger stark belegt)

Einkehr
Neben der Wallfahrtskirche liegt das Gasthaus Georgenberg mit einer herrlichen Aussichtsterrasse.

Information
st-georgenberg.at

St. Georgenberg im Inntal ist der älteste Wallfahrtsort in Tirol. Das Kirchlein steht auf einem exponierten Felssporn unter den Ausläufern des Karwendels. Nicht weniger dramatisch ist der Weg dorthin: durch die wilde und dunkle Wolfsklamm.

Immer dem Wasser nach Vom Parkplatz an der alten **Stanser Pfarrkirche** wandern wir in Richtung Ortsmitte und biegen an der nächsten Kreuzung rechts ab. So folgen wir der Beschilderung zur Wolfsklamm, die uns gleich nach links schickt und am Wanderparkplatz nach rechts. Vorbei an den letzten Häusern von Stans begleitet uns bereits der Stallenbach, der uns zum Klammeingang mit dem **Mauthäuschen** lotst. Nachdem wir unseren Wegzoll entrichtet haben, dürfen wir weiter. Anfangs steigt der Weg noch harmlos über einige Wurzeln an, dann beginnen die ersten Felswände und mit ihnen die darin eingelassenen Holzbohlenwege.

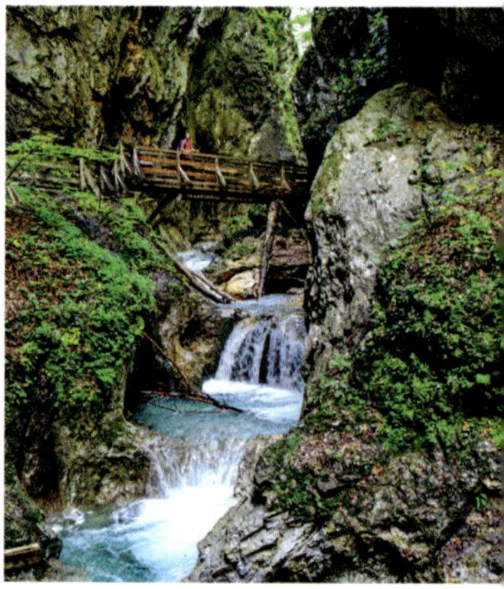

Die Dramatik in der Klamm lässt sich kaum beschreiben.

Stufenreiches Spektakel Touristisch war die **Wolfsklamm** bereits im Sommer 1901 für Besucher erschlossen und die Eröffnung wurde als großes Ereignis gefeiert. Ganz so bequem wie heute hatten es die Wanderer damals jedoch nicht: In den letzten 120 Jahren wurden die Wege verlängert, aber auch erneuert und ausgebessert, denn sie fielen teils Überschwemmungen zum Opfer. Jedes Mal hat man die Wegeführung verfeinert und natürlich auch sicherer gemacht. So schützt uns heute ein Holzgeländer vor dem Abgrund der Schlucht, und zahlreiche Treppenstufen geleiten uns nach oben, wobei wir immer mal wieder über Brücken die Klammseite wechseln. An den

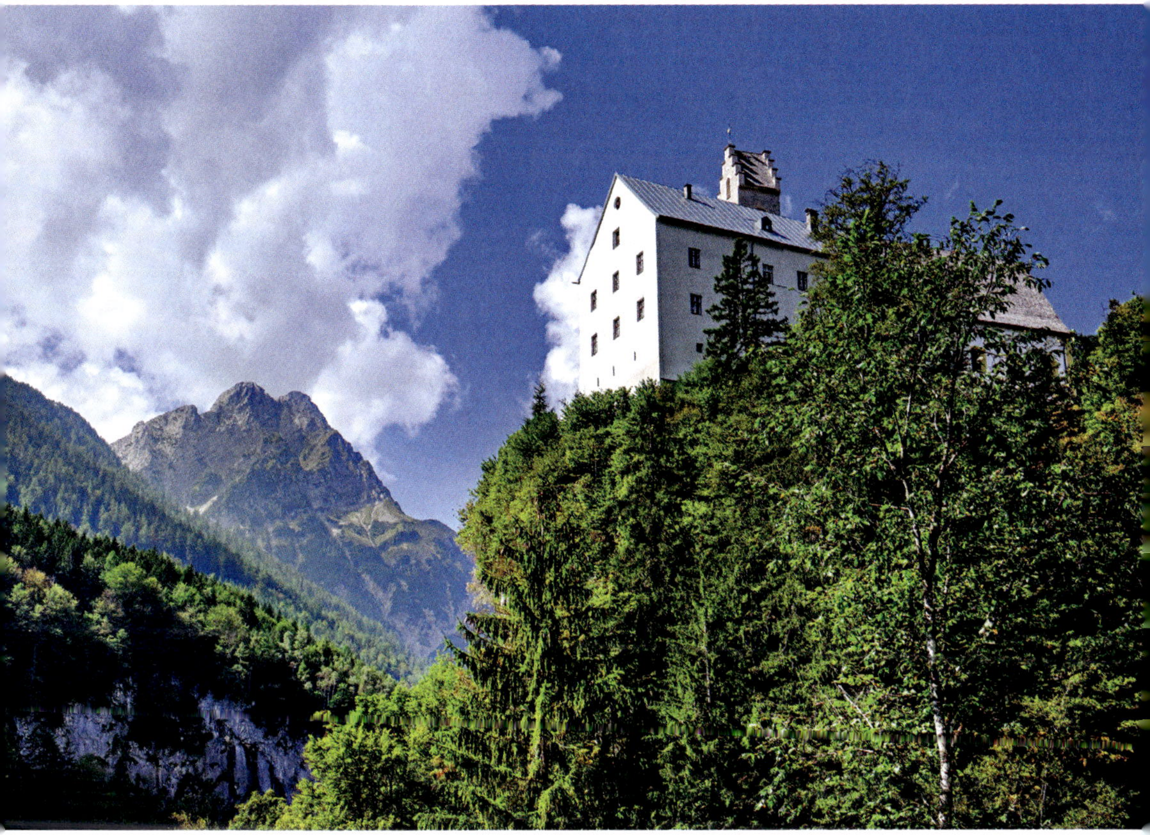

Das Ziel der Wanderung, der Georgenberg, liegt vor uns.

schönsten Stellen wurden kleine **Aussichtsplattformen** errichtet, die uns auf die vielen großen und kleinen Wasserfälle blicken lassen. Sie stürzen sich in türkisblaue und glasklare Gumpen, ein herrliches Spektakel! Unterwegs kann man am **Simonini-Brunnen** seine Getränkeflasche auffüllen.

Zum Finale wandern wir durch einen Minitunnel und stehen vor der alten **Klausmauer**, hinter der das Wasser früher aufgestaut wurde, um es für die Holztrift zu nutzen. Jetzt haben wir es geschafft, und fast eben führt nun der breitere Wanderweg am Bach entlang, der mit seinen Kiesbänken zur Rast einlädt. Über uns thront auf einem kleinen Felssporn die Wallfahrtskirche, unser finales Ziel.

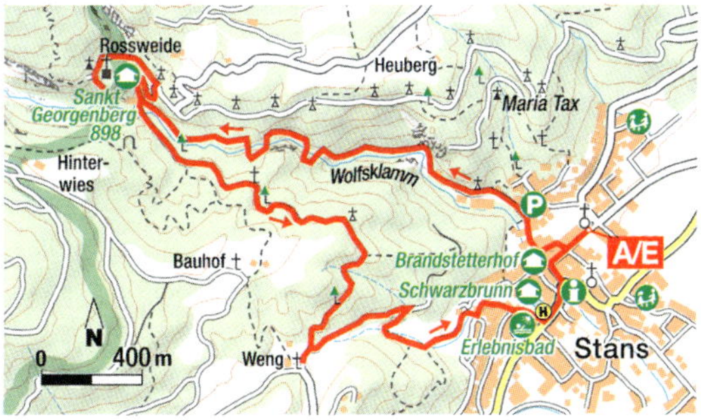

Kirche, Abtei und Einkehr

Durch ein Drehkreuz verlassen wir die Schlucht. Hier teilt sich der Weg, und an diese Stelle werden wir

nach dem Besuch der Wallfahrtskirche zurückkommen. Zunächst geht es geradeaus weiter, und wir steigen entlang des Kreuzwegs über Serpentinen höher. So erreichen wir die **Hohe Brücke**, die uns den Übergang zur Kirche nicht nur erleichtert, sondern auch noch verschönert: Das mächtige Holzgebälk, die Schwellen und die Holzschindeln ergeben ein symmetrisches Muster, und der Blick wird geradezu in die Tiefe gezogen.

Schließlich stehen wir auf einem kleinen Sattel unter einem mächtigen Lindenbaum, vor uns der Außenaltar als Symbol für die Auferstehung Christi. Rechts von uns liegt die gotische **Lindenkirche** und links die große **Wallfahrtskirche St. Georgenberg**, an die sowohl die Benediktinerabtei als auch das Gasthaus angrenzen. Eine Besichtigung lohnt sich allemal, beide Kirchen laden zur Andacht ein. Weltliche Gelüste hingegen lassen sich im Gasthaus stillen – dort ist es auf der Terrasse sehr gemütlich und aussichtsreich, und wenn die Sonne scheint, drängt es uns nicht mit dem Abstieg.

St. Georgenberg

Von Stans im Inntal führt eine steile Schlucht aufwärts zum Benediktinerkloster St. Georgenberg. Das Kloster wurde in der ersten Hälfte des 10. Jh. von Rathold von Aibling gegründet, der sich dort als Einsiedler niedergelassen hatte. Die Baugeschichte der dem Hl. Georg geweihten Kirche begann nach 950. Wir erleben sie heute mit einem spätbarocken Hochaltar, der das Gnadenbild, eine Pieta von 1415, birgt. Unter ihr stehen Figuren des Hl. Jakobus als Beschützer der Pilger und des seligen Ratholdus als Gründer des Klosters.

Kreuzweg und Rodelbahn Irgendwann müssen wir aber zurück ins Tal, und so geht es zunächst wieder über die **Hohe Brücke** und abwärts bis zur Kreuzung am **Klammende**. Jetzt halten wir uns rechts und folgen den **Kreuzwegstationen** in umgekehrter Reihenfolge. Dabei steigt der Weg sogar noch einmal etwas an, bis er sich nach rechts wendet und wir endlich an Höhe verlieren. Dann lichtet sich der Wald, und an einer Wiese biegen wir scharf links ab. Nun sind wir auf der **Rodelbahn** unterwegs, die relativ steil bergab führt. Zum Ende erreichen wir eine kleine Skipiste, an der der Forstweg entlang ins Tal führt. Die letzten Meter genießen wir die schöne Aussicht auf Stans und die dahinterliegenden Berge des Inntals bis zum Wilden Kaiser. Nach den ersten Häusern halten wir uns am Freibad links und visieren im Zickzack durch die Ortsmitte den Turm der **Stanser Pfarrkirche** an, unseren Ausgangspunkt.

Rechte Seite: Die Felsvorsprünge bleiben nicht immer so hoch – manchmal muss man auch den Kopf einziehen.

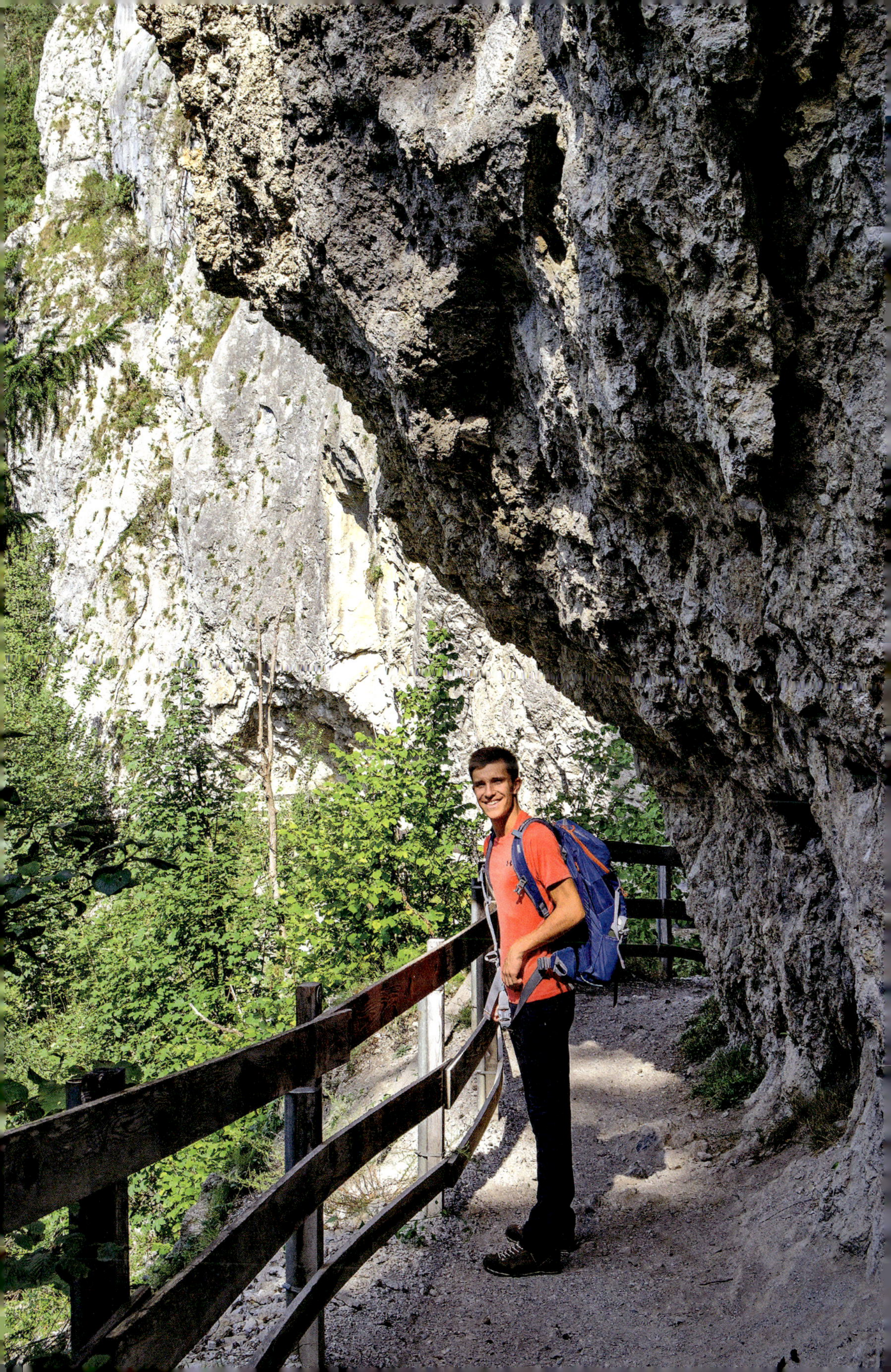

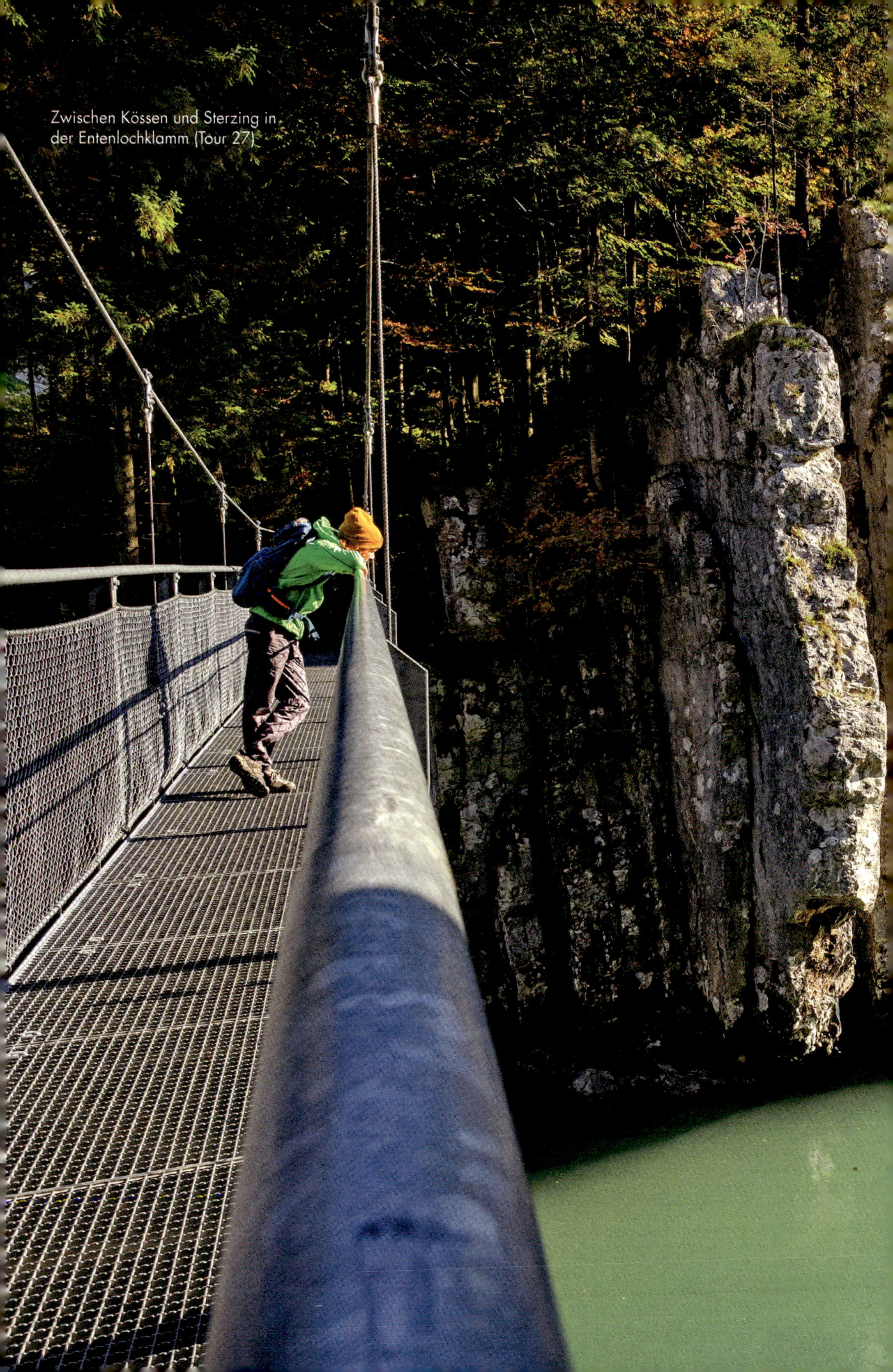

Zwischen Kössen und Sterzing in der Entenlochklamm (Tour 27)

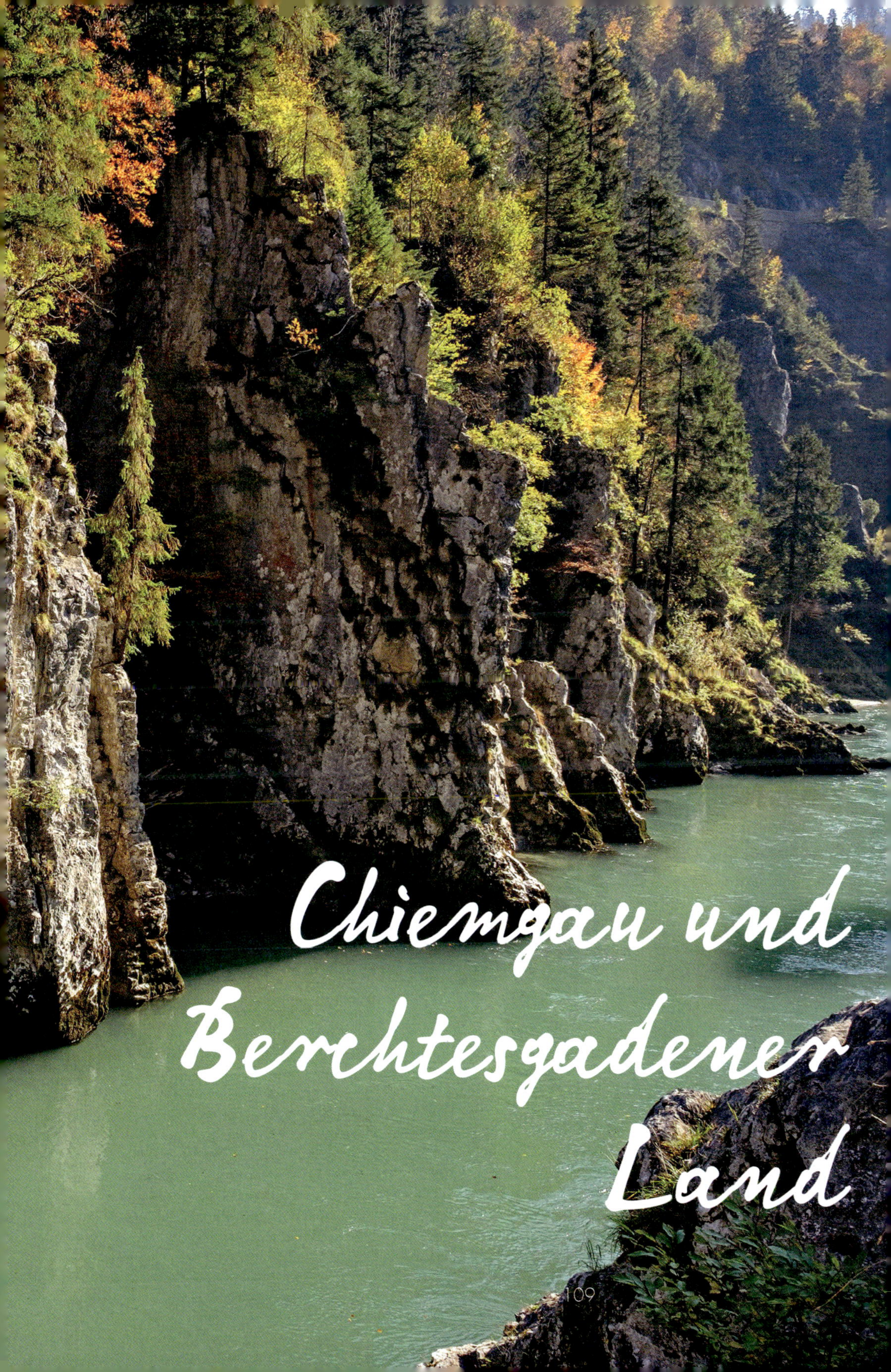

Chiemgau und Berchtesgadener Land

27 Zur Entenlochklamm

Schmugglerweg und Hängebrücken

mittel | 11 km | ↑↓ 250 Hm | 3 Std.

Tourencharakter
Längere Wanderung. Der Weg verläuft meist auf Wander- und Bergpfaden, trittsicher muss man sein und für die Hängebrücken schwindelfrei (kann man aber auslassen). Alternativer Rückweg möglich

Ausgangspunkt
Schleching, Tourist-Information
GPS: 47.7039, 12.3789

Endpunkt
Kössen

Anfahrt
ÖPNV: Mit der Bahn bis Prien, Bernau oder Übersee und mit dem Bus nach Schleching. Die Rückfahrt erfolgt mit Bus 9509, der leider am Wochenende kaum verkehrt – unbedingt vorab Rückfahrt recherchieren und je nach Fahrzeit evtl. von Kössen starten.
Auto: A 8 bis Ausfahrt Prien/Bernau und über Bernau, Grassau und Marquartstein ins Achental nach Schleching. Die Tourist-Info befindet sich in der Schulstr. 4 im Bürgerhaus.

Einkehr
Gasthaus Klobenstein mit Biergarten (man muss aber Zeit mitbringen!)

Information
achental.com; schmuggler-weg.com

Auf alten Schmugglerwegen geht es ins Grenzgebiet zwischen Tirol und Bayern. Der Weg ist neugestaltet und sorgt mit vielen spannenden Elementen wie Hängebrücken und Aussichtsplattformen im Canyon der Entenlochklamm für Abwechslung.

Entlang der Tiroler Ache

Startplatz ist die **Tourist-Info in Schleching** im Bürgerhaus. Gegenüber steht der Musik-Pavillon, und wir wandern zwischen ihm und der Schule zur großen B 307. Kurz davor biegen wir rechts ein und folgen gleich darauf noch einmal rechts dem kleinen Alpbach. Der Schmugglerweg ist bereits ausgeschildert. Vor einem **Weiher** wendet sich der Weg nach links, und wir queren die Bundesstraße zu den Sportstätten. Dort beginnt ein Feldweg, der uns zum **Damm der Tiroler Ache** bringt.

Wir folgen nun dem Dammweg flussaufwärts. Mit einem Schwenk nach links unterqueren wir die Bundesstraße und bleiben dahinter wieder der Tiroler Ache treu. Der Weg führt uns über einen Flussspitz in den Wald. Bald verlassen wir die Ache, und der Weg teilt sich. Mit einem Abstecher nach rechts können wir zum Rudersberger See gelangen.

Am Schmugglerweg

Ansonsten wandern wir links zu einer Forststraße, der wir nach links folgen. Wir sind nun auf einem historischen **Saumpfad** unterwegs: Über viele Jahrhunderte hinweg wurde dieser Weg zum Transport von Waren genutzt, aber natürlich auch, um einige Sachen nicht ganz so legal über die Grenzen zu schmuggeln. Wir wandern über eine kleine Wiese, dann zieht sich der Weg an Felswänden entlang und folgt dabei beständig allen Einschnitten und Kurven der Bergflanke. Immer wieder hören wir vor allem die Tiroler Ache in ihrem Flussbett unter uns grummeln, aber eine gute Sicht ist uns meist durch die Bäume und die steil abfallenden Flanken verwehrt. Schließlich wird der Weg zum Pfad, und wir nähern uns der Tiroler Grenze.

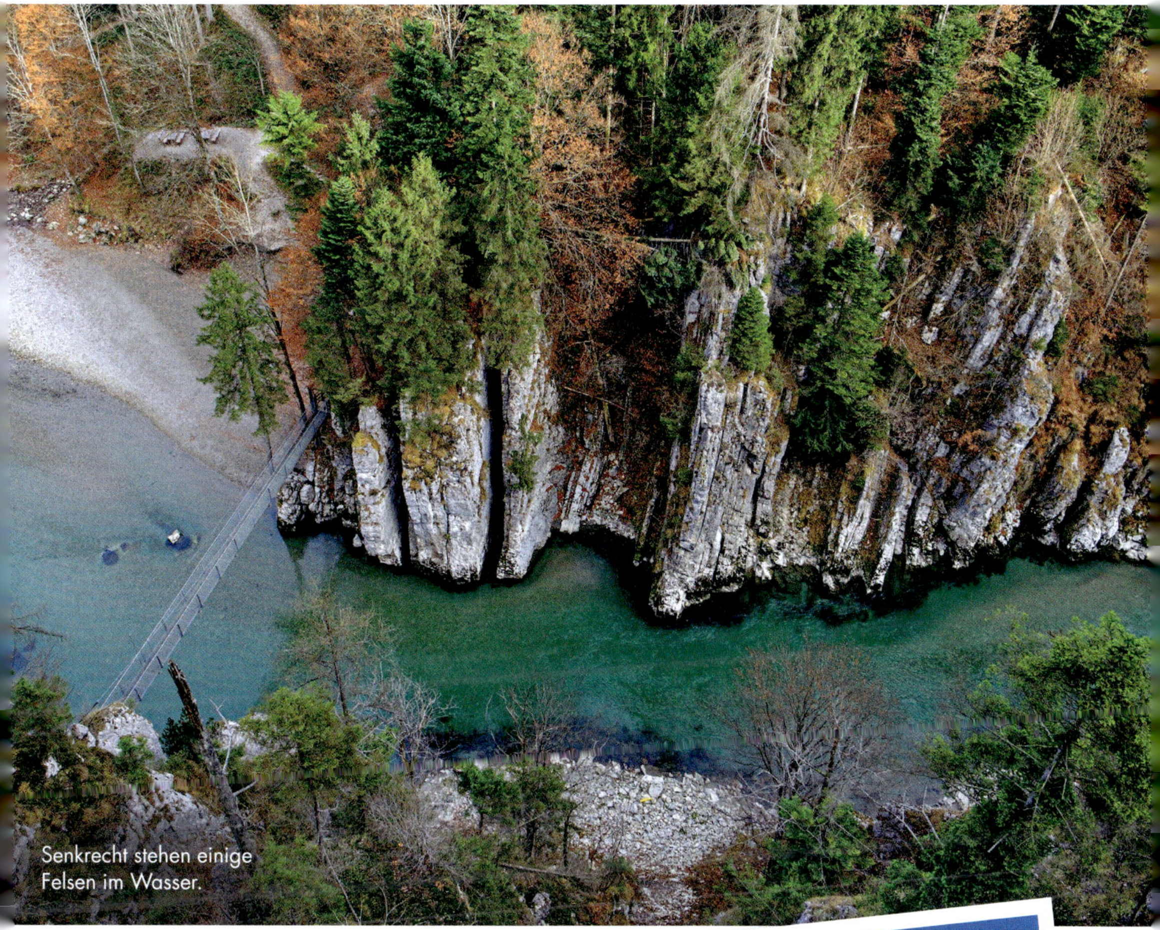

Senkrecht stehen einige Felsen im Wasser.

Jetzt wird es richtig spannend: Durch den Bergwald erreichen wir die sensationelle **Aussichtsplattform Eibenschlucht**, die uns tief in die **Entenlochklamm** schauen lässt. Unter uns liegt die alte Hängebrücke, und am anderen Ufer sehen wir das Wallfahrtskirchlein Klobenstein.

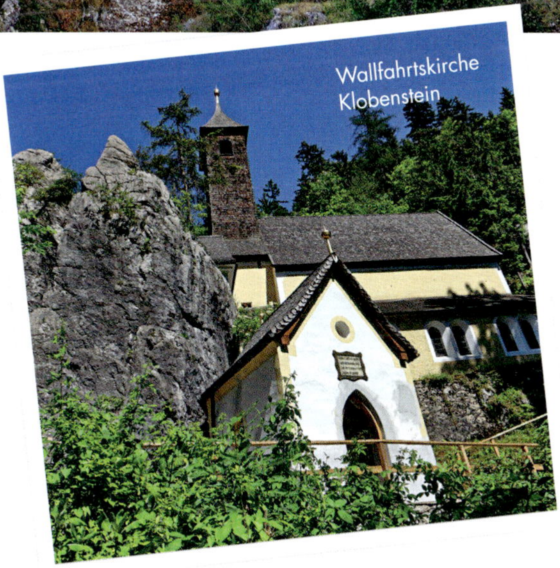

Wallfahrtskirche Klobenstein

Der Klobenstein-Kringel Um ans andere Ufer zu gelangen, gibt es zwei Möglichkeiten: entweder über die alte tiefere oder die neue hoch gespannte Hängebrücke. Egal, wie wir gehen, wir vollziehen immer einen Kreis und müssen am Ende die verlorenen Höhenmeter wieder gewinnen. Wer sich nämlich nicht für den alternativen Rückweg über die Streichenkapelle (s. Tipp) entscheidet, muss nach dem Besuch der Klobensteinkirche wieder zur Aussichtsplattform hinaufsteigen.

Zu den **Hängebrücken** geht es vor der Plattform nach links, dann teilt sich der Weg. Rechts steil im Zickzack bergab erreichen wir die alte Brücke, links haltend kommen wir zur neuen hohen Brücke. Beide gehören zu den Höhepunkten auf dieser Tour, erlauben sie doch tiefe Blicke in die Entenlochklamm mit der Tiroler Ache, die sich hier auf dem Weg zwischen Kössen und Ettenhausen in ein schmales Felsenkorsett zwängt – ein beliebtes Revier für Kajakfahrer und Wildwater-Rafter.

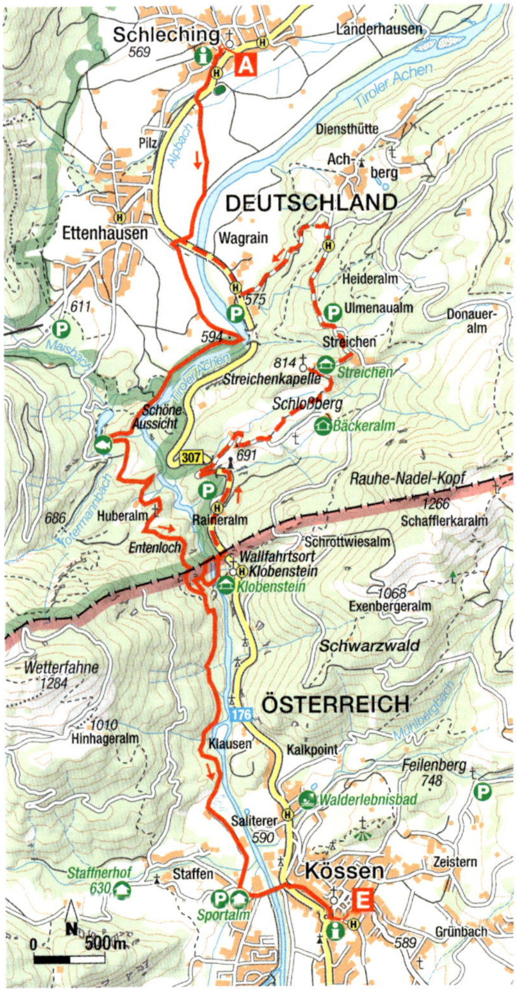

Nicht versäumen sollte man den Besuch der **Wallfahrtskirche Klobenstein**. Die Kirche ist durch den geklobenen, sprich: gespaltenen Stein bekannt, durch den wir sogar hindurchschlüpfen können. Die dazugehörige Sage finden wir auf einer Informationstafel in der Kirche. Sehr interessant sind auch die freigelegten **Gletschermühlen** neben der hohen Hängebrücke.

Weiterweg nach Kössen Nach der Besichtigung wechseln wir wieder das Ufer und steigen erneut zum **Schmugglerweg** auf. Dort wenden wir uns nach links und folgen der Beschilderung nach Kössen. Der Hauptweg verläuft immer durch den Bergwald, es macht aber Sinn, sich öfter mal links auf den jeweiligen »Umweg« zu begeben, denn nur so erleben wir weitere Höhepunkte auf dem Weg. Bald passieren wir einen Rastplatz und erreichen die nächste **Aussichtsplattform**. Wir queren Bachläufe und steigen schließlich über die **Teufelsstiege** 69 Stufen hinab zu den Wiesen von Kössen.

Jetzt hat uns die Sonne wieder, und wir wandern weiter in südliche Richtung. Dabei queren wir den Staffenbach und biegen dann in die nächste Straße links ein. Die große **Staf-**

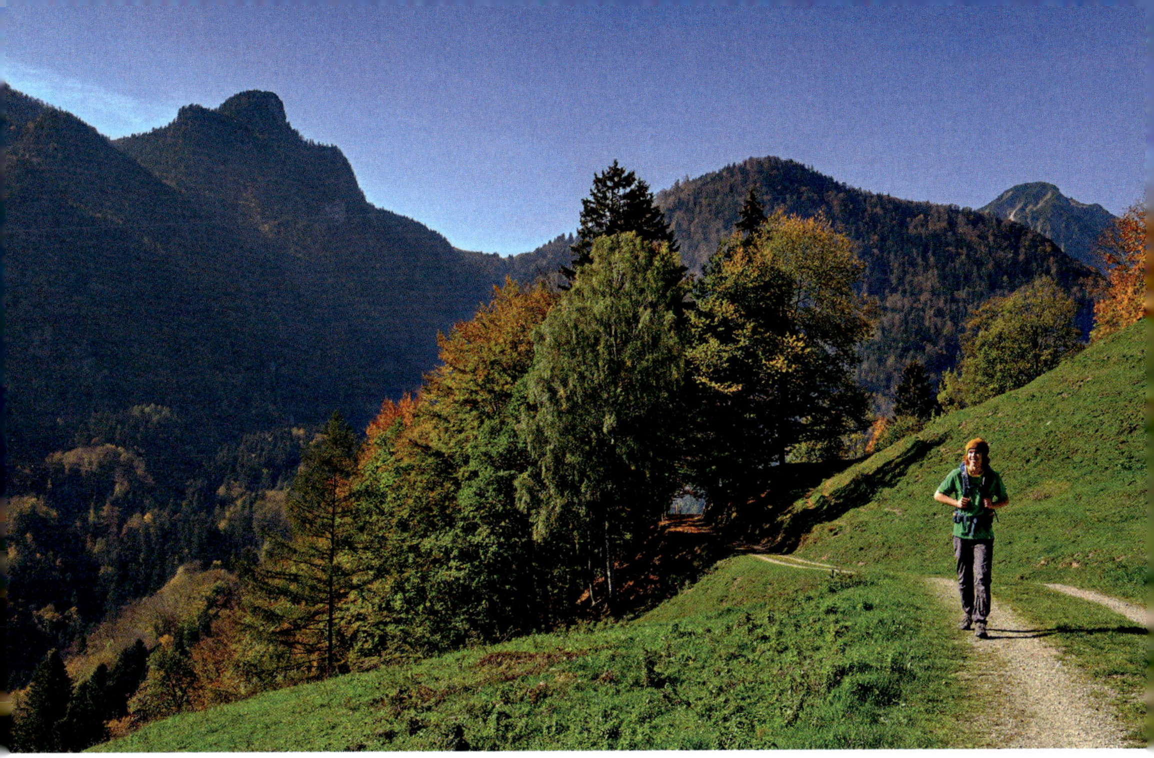

fenbrücke bringt uns über die Tiroler Ache, und wir kommen mithilfe der Unterführung auf die andere Seite der Bundestraße. Der Mühlbachweg führt uns zum Kreisverkehr in die Ortsmitte von **Kössen**, wo wir vor der Rückfahrt sicher noch etwas Zeit haben, uns den Ort anzusehen. Der Bus startet an der Kössener Tourist-Info im Postweg, der vom Kreisverkehr abzweigt.

Der alternative Rückweg über die Streichenkapelle schenkt uns sonnige Abschnitte

Alternativer Rückweg

Die Buslinie zwischen Kössen und Schleching soll ausgebaut werden, momentan fährt der Bus aber leider noch selten. Deshalb gibt es ab der Wallfahrtskirche einen alternativen Rückweg: Wir steigen hinter der Kirche zur Autostraße hinauf, die Schleching und Kössen verbindet. Ihr folgen wir für 800 m nach links und wählen dann links den Wanderweg, der zur Bäckeralm und nach Streichen ausgeschildert ist. So geht es bald mit Aussicht über Wiesen. An der Weggabelung halten wir uns links (nicht über die Bäckeralm) und steigen steil hinauf zur Streichenkapelle. Hier ist nicht nur die Aussicht wunderschön, die wahren Schätze verstecken sich im Inneren des Gotteshauses. Und da man von Kunst allein nicht satt wird, liegt idealweiser der Berggasthof Streichen ganz nah. Zurück ins Tal folgen wir der Auffahrtsstraße, die sich abkürzen lässt. Im Tal treffen wir auf die große B 307, die Deutsche Alpenstraße, der wir rechts über die Ache folgen. Jetzt sind wir wieder am bekannten Hinweg, auf dem wir Schleching erreichen (insgesamt 11 km, 400 Hm, 3.30 Std).

28 Durch die Klausenbachklamm

Längere Wanderung oder kurzer Spaziergang

mittel | 8 km | ↑↓ 250 Hm | 2.45 Std.

Tourencharakter
Wanderung mit nur wenig Steigungen durch ein kurzes Stück Klamm. Wer nur die Klamm besuchen möchte, kann die Tour zu einem Spaziergang verkürzen. In der Klamm ist Trittsicherheit erforderlich, ansonsten verläuft die Wanderung über bequeme Almstraßen sowie Feld- und Wiesenwege.

Ausgangs-/Endpunkt
Wanderparkplatz Blindau bei Reit im Winkl
GPS: 47.661135, 12.478929

Anfahrt
ÖPNV: Mit der Bahn nach Prien am Chiemsee und mit dem Bus nach Reit im Winkl, hier zu Fuß auf der Tiroler Straße dorfauswärts zum großen Festsaal und die gut ausgeschilderte Wanderung dort beginnen (2 km extra)
Auto: Über die B 307 (Deutsche Alpenstraße) ins Chiemgau nach Reit im Winkl. Der Wanderparkplatz Blindau liegt südlich des Dorfs am Ende des Fellhornwegs.

Einkehr
Unterwegs keine, unbedingt Brotzeit und Getränke mitnehmen

Information
reitimwinkl.de

Südlich von Reit im Winkl liegt die Klausenbachklamm. Das Besondere an ihr ist, dass sie sich nur entlang einer einzigen Felswand in die Tiefe zieht. Dabei fließt das Wasser über Felsplatten, die wie von Menschenhand geschaffen scheinen.

Am Anfang war die Klamm Wir starten am **Wanderparkplatz Blindau**, der vor allem von Bergsteigern genutzt wird, die auf das Fellhorn oder zur Hindenburghütte wollen. Wir hingegen nehmen hier den Feldweg, der am Anfang des Parkplatzes rechts hinauf zum Waldrand führt, und folgen ihm mit schönen Ausblicken auf das Tal von Reit im Winkl. Dann erreichen wir leicht abwärts einen **großen Spielplatz**, wo sich die Straße teilt. Die Klausenbachklamm ist in beide Richtungen ausgeschildert – wir wählen rechts den Aufstiegsweg, der mit einem roten Punkt als »mittelschwer« eingestuft ist. Gleich am nächsten Haus werden wir wieder nach links gelotst, und nach wenigen Minuten biegen wir vor dem **Landhaus Heuchen** links in einen Waldweg ein. Dieser wird schnell zu einem Pfad, der uns leicht bergab zunächst an das untere Ende der **Klausenbachklamm** bringt.

Über Brücken zur Felswand Wenn genügend Wasser fließt, erfreuen wir uns an dem **Wasserfall**. Brücken und Stege führen uns höher, und wir folgen dem Klausenbach, der sich bald unter der hoch aufragenden und bedrohlich wirkenden Felswand entlangzieht – ein wilder Anblick, von dem wir nicht genug bekommen können. Der kleine Steig bringt uns zügig höher, und viel zu schnell endet das gewaltige Naturspektakel, denn wir stoßen auf eine Forststraße und damit auf das **Ende der Schlucht**.

Kurze oder lange Variante Wer nur einen kurzen Spaziergang unternehmen will, biegt hier nach links und folgt der sanft abfallenden Forststraße zurück bis zur Wegteilung beim Spielplatz. Danach ist sicherlich noch Zeit für einen Bummel durch Reit im

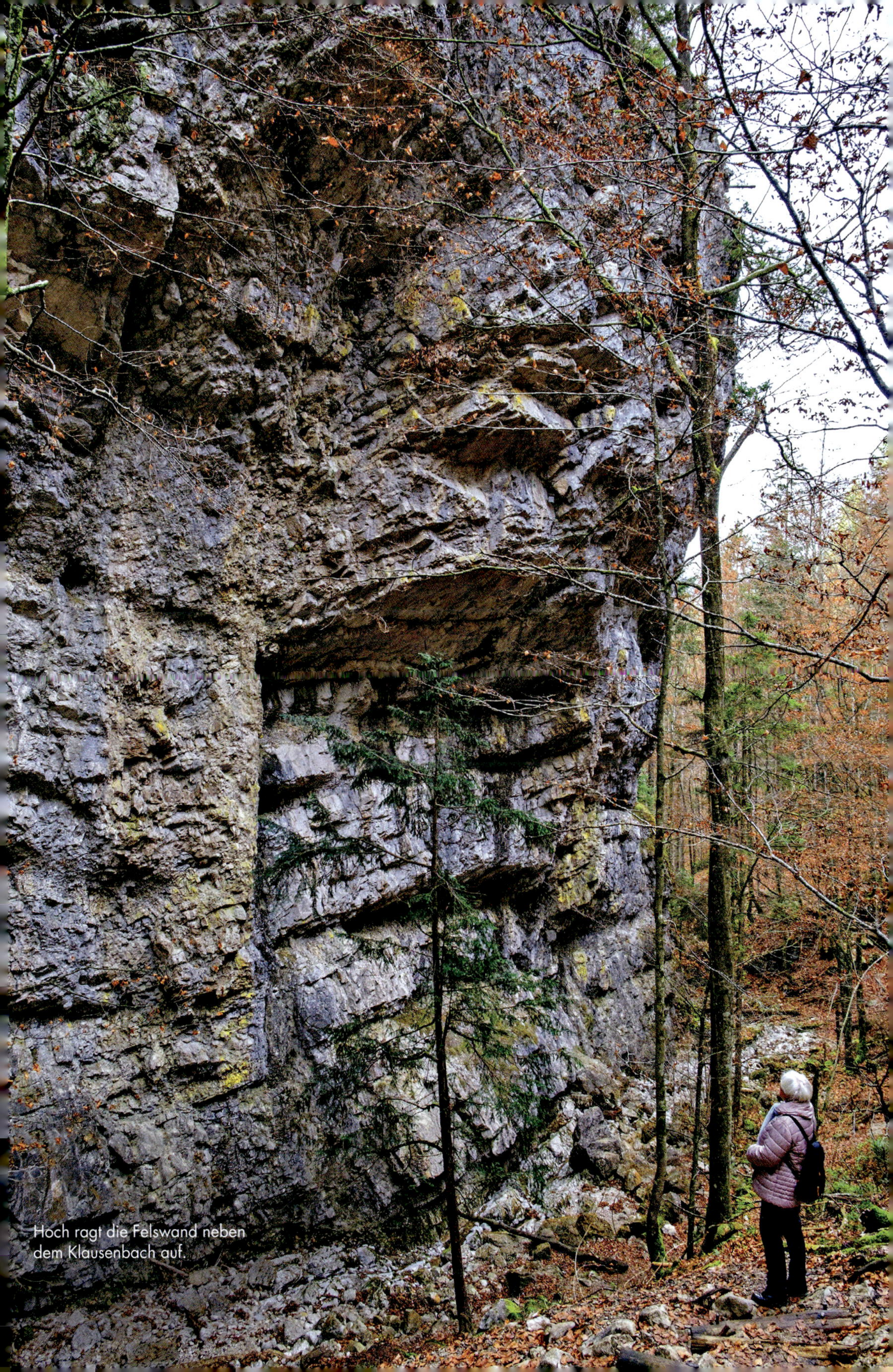
Hoch ragt die Felswand neben dem Klausenbach auf.

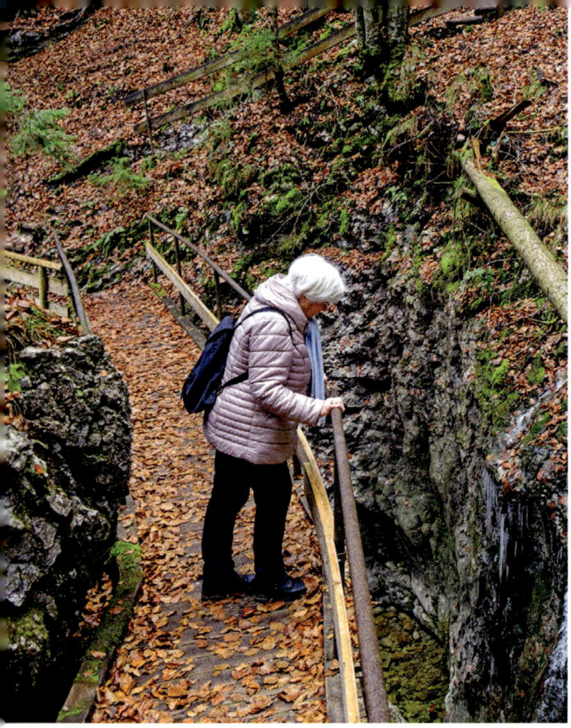

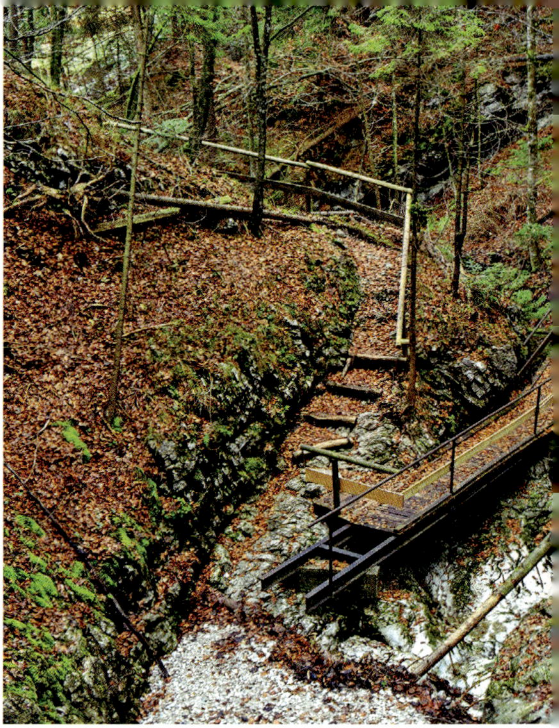

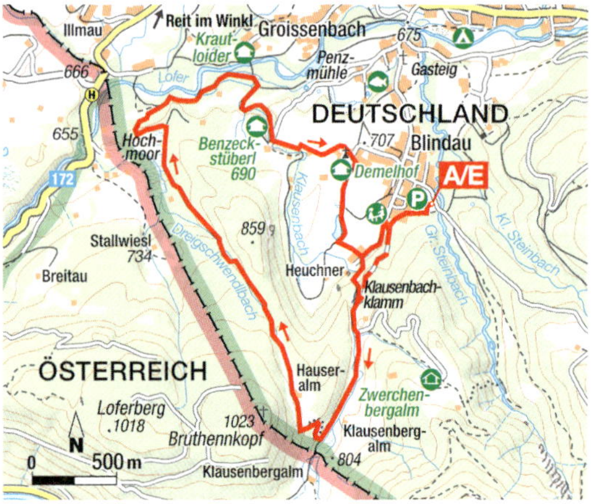

Winkl (dann 2,5 km, 80 Hm, 1 Std). Alle, die gern länger marschieren wollen, folgen dem Weg nach rechts. Wir passieren die Abzweigung zur Zwerchenbergalm und bleiben dem Forstweg und dem sanft plätschernden Klausenbach treu. Dann lichtet sich der Wald, und wir spazieren über die **Klausenberg-Almwiesen** und passieren bald das dazugehörige Almgebäude. Keine 200 Meter trennen uns nun von der österreichischen Grenze – die nächste Alm, die wir sehen, liegt schon auf Tiroler Hoheitsgebiet. So weit müssen wir jedoch nicht gehen, denn wir biegen kurz vor der Grenze nach rechts ab, Richtung Hauseralm. Der Wanderweg ist auch als »Klausenbachklamm-Rundweg« beschildert. Mit einem letzten Aufschwung ist die **Hauseralm** (881 m) erreicht, der höchste Punkt unserer Wanderung.

Oben links: Das Herbstlaub bedeckt Wege und Stege.

Oben rechts: Kaum Wasser fließt im Herbst und Winter.

Abstieg zum Hochmoor Nun geht es dem Hauptweg folgend sanft bergab. Anfangs noch sonnig, wandern wir bald wieder durch den Wald und erreichen das wunderschöne kleine **Hochmoor am Dreigschwendlbach**, ein echtes Naturparadies. Unser Weg führt in einer Linkskurve ein Stück am Rand des Moors entlang und wendet sich dann nach rechts. Wir passieren die

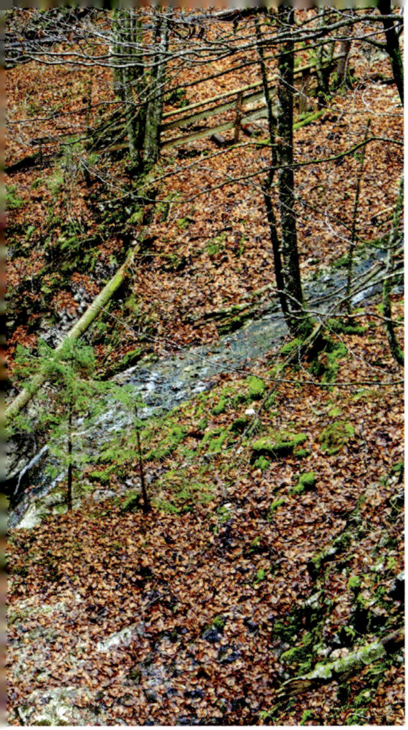

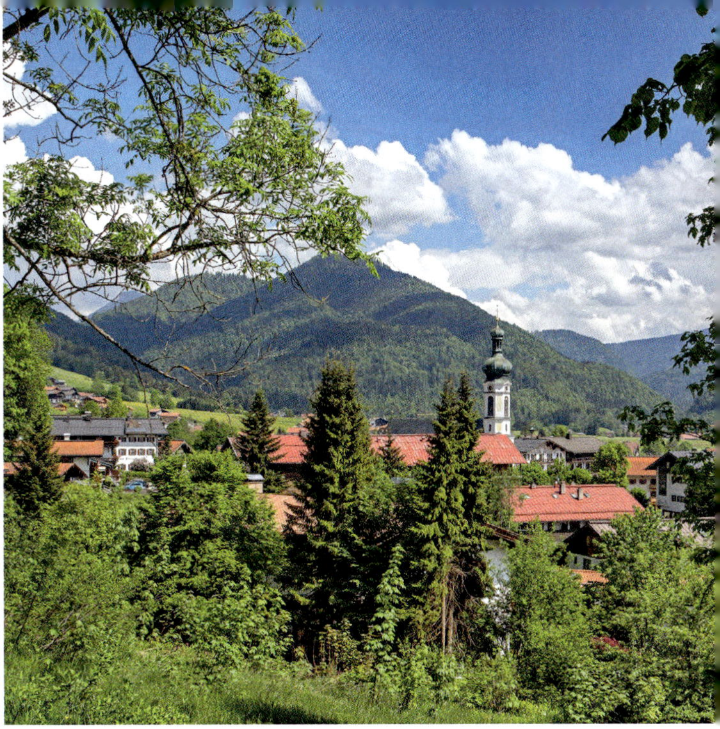

Reit im Winkl hat viel zu bieten.

Abzweigung nach links, Richtung Reit im Winkl, auf der normalerweise der Klausenbachklamm-Rundweg weiterführt, und bleiben rechts auf dem Hauptweg. So wandern wir mit etwas Abstand am Fluss Lofer entlang. Kurz darauf passieren wir eine weitere Abzweigung, die links nach Reit im Winkl führen würde. Wenige Schritte später verlassen dann auch wir den Forstweg nach rechts und erreichen entlang eines Bächleins die **Benz-Lifte**, ein kleines Wiesenskigebiet.

Weiter führt uns der Weg über die Wiesen und dann in einer Rechtskurve zwischen den nächsten Häusern hindurch. Dahinter wandern wir nach Süden und kommen zum malerischen **Menkenweiher** mit seinen zahlreichen Seerosen. Unmittelbar nach dem See biegen wir links ein und erreichen am Waldrand schließlich unseren Hinweg. Nach links sind wir schnell wieder am **Wanderparkplatz Blindau**.

Reit im Winkl

Das Dorf liegt in einem sonnigen Talkessel im, wie der Name schon verrät, hintersten Winkel des Chiemgaus. Der Tourismus begann früh, als der bayerische König Max II. 1858 den Ort im Zuge seiner Alpenwanderung besuchte. Inzwischen ist Reit im Winkl zu einem beliebten Urlaubsort geworden und dabei trotzdem noch Dorf geblieben: Keine Bettenburgen, sondern der barock geformte Turm der Pfarrkirche bildet das Zentrum, in den Straßen laden zahlreiche Geschäfte und Boutiquen zu einem Bummel ein, und nette Cafés und gemütliche Gasthäuser sorgen für das leibliche Wohl.

29 Die Aschauer Klamm

Naturbelassene Kostbarkeit

schwer | 15 km | ↑↓ 350 Hm | 4.15 Std.

Tourencharakter
Lange Wanderung mit kaum merklichen Höhenmetern. Der Weg durch die Klamm ist naturbelassen und meist nicht gesichert. Aber für trittsichere Wanderer ist es nicht gefährlich, denn wir wandern nie sehr hoch über dem Wasser entlang. Damit empfindet man den Weg auch nicht als ausgesetzt, sodass es für Wanderer mit Höhenangst nie kritisch wird. Abkürzung möglich

Ausgangs-/Endpunkt
Schneizlreuth, Kirche
GPS: 47.690363, 12.799774

Anfahrt
ÖPNV: Mit dem Zug nach Bad Reichenhall und mit dem Bus nach Schneizlreuth bis Haltestelle Rennerparkplatz
Auto: Auf der B 305 von Inzell Richtung Lofer, kurz nach der Abzweigung Richtung Bad Reichenhall rechts und nach Schneizlreuth am Weißbach; Parkplätze vor dem Friedhof

Einkehr
Unterwegs keine. In Schneizlreuth Wurznwirt (Mo/Di Ruhetage) und Haiderhof (nur am Wochenende und an Feiertagen geöffnet)

Information
schneizlreuth.de

Einfach ein Traum, diese Klamm: Am gesamten Weg wird es nie langweilig, das Wasser rauscht, Maiglöckchen und würzig duftende Kiefern säumen den Weg, und es herrscht Ruhe. Bitte passen Sie auf diese Klamm auf, so soll es auch weiterhin bleiben!

Zeit zum Ratschen Wir starten in **Schneizlreuth** an der Kirche und passieren den **Wurznwirt**. Gleich darauf biegen wir links in den Weg, der uns auf einer vom Autoverkehr separierten Brücke über den Weißbach führt, zu dem wir danach hinuntersteigen. Wir folgen dem letzten Stück seines Wegs flussabwärts, bis er nach wenigen Hundert Metern in die größere Saalach mündet. Diese queren wir auf einer weiteren Brücke und folgen nun rechts dem kleinen, fast ebenen Sträßchen zum Haiderhof. Der Weg ist angenehm breit, steigt nur minimal an und gibt uns viel Zeit und Platz zum Ratschen.

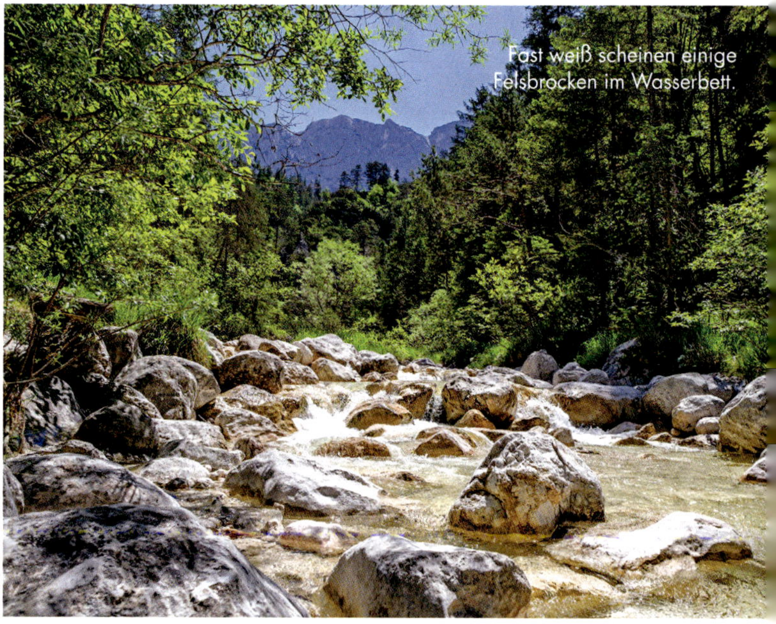

Fast weiß scheinen einige Felsbrocken im Wasserbett.

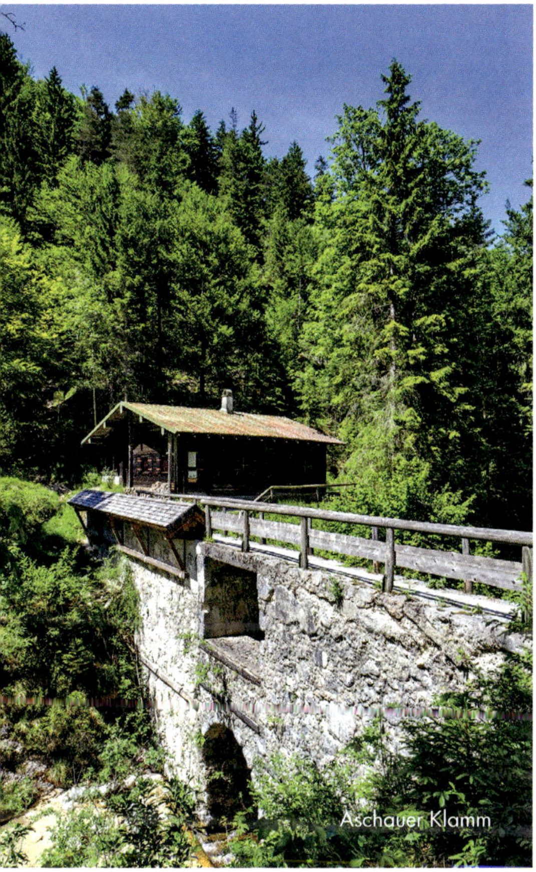

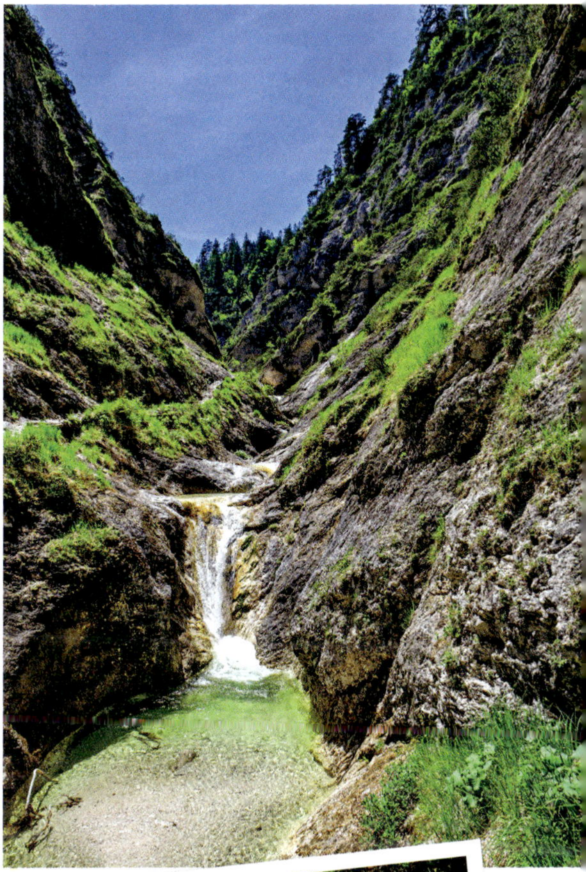

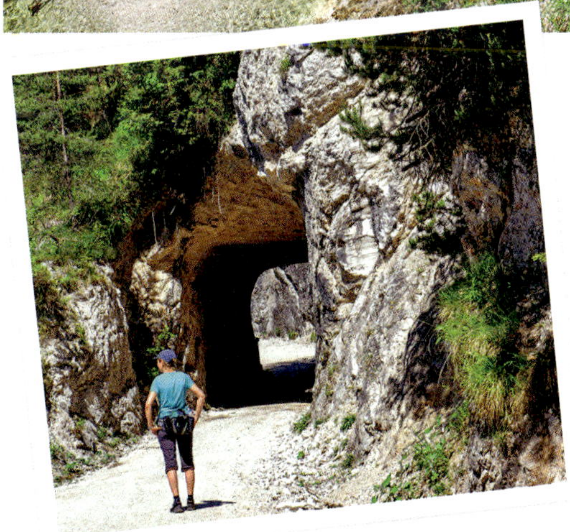

Tunnel auf dem Rückweg

Oben: Champagnerpools bilden sich in der Klamm.

Die Natur und ihr Luxus So erreichen wir den **Haiderhof** und folgen hinter der Terrasse dem Aschauer Bach aufwärts. Damit haben wir den Beginn der **Aschauer Klamm** erreicht, unter der man sich aber nicht eine tosende, tief in die Felsen eingeschnittene Schlucht vorstellen darf. Vielmehr hat sich der Bach hier in einem sanften V-Schnitt ein Tal geschaffen. Ein schmaler Weg folgt dem Bachlauf, mal mehr und mal weniger nahe, aber nie sehr hoch über dem Wasser. Die Faszination für diese Klamm ist das sanfte Dahinplätschern des Wassers – der Bach fließt geradezu geschmeidig von einem Felsenbecken ins nächste tiefer gelegene und bildet tiefgrüne perlende Gumpen, die sich im Hochsommer als erquickende Pools erweisen. Und jetzt haben wir noch nicht einmal von dem weiß glänzenden Gestein erzählt, das marmorgleich an vielen Stellen im Bachbett aufblitzt – das ähnelt schon fast einem Luxusbad, und jeder findet hier sein privates lauschiges Plätzchen für eine Rast.

Abenteuer Klamm Ab hier kann man die Wanderung nun abkürzen (s. auch Tipp). Es lohnt sich jedoch, noch um einiges weiter zu gehen, denn bis dorthin haben wir nur einen Bruchteil der Klamm erlebt. Wir queren nun an ein paar Stellen den Bach, der Weg wird steiniger und felsiger, es gibt sogar ein kleines Seil, das Halt geben kann. Aber zu einer echten Kraxelei entwickelt sich der Weg an keiner Stelle. Je tiefer wir in die Klamm vordringen, desto spannender wird die Tour. Auf einmal verändert sich die Landschaft: Langsam rücken die Bergflanken näher und werden rauer, auch sie sind von Wasserläufen stark zerfurcht und von der Erosion zernagt. Jetzt haben wir bald das **Ende der Klamm** erreicht, und langsam führt uns der Weg auf der rechten Bachseite etwas höher in den Bergwald. Wir bleiben in Wanderrichtung und halten uns dann leicht links bergab zur alten **Aschauer Klause**.

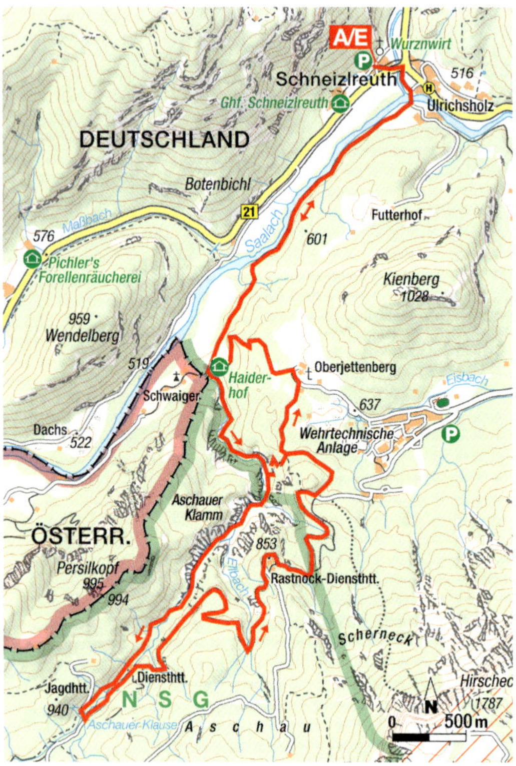

Die Aschauer Klause Diese entstand um 1796 und diente einst der Holztrift. Damals benötigte man viel Holz in den Bad Reichenhaller Salinen, um die Sole in Salz zu wandeln. An der Klause staute man das Wasser des Bachs auf, während im Unterlauf gefällte Bäume in den Lauf des Aschauer Bachs geworfen wurden. Der war natürlich viel zu schwach, um die Stämme zu transportieren. Wenn jedoch genügend Wasser aufgestaut war, öffnete man die Klause, und mit einem mächtigen Schwall ergoss sich das Wasser sintflutartig durch die Klamm. Die Wasserkraft riss die Bäume mit und trieb sie in die Saalach, wo man sie weiter nach Reichenhall triftete.

Für uns ist an der Aschauer Klamm Halbzeit unserer Tour, und wir dürfen nun erst einmal im Schatten pausieren. Dann queren wir auf der Klause den Bach und setzen dahinter nach links

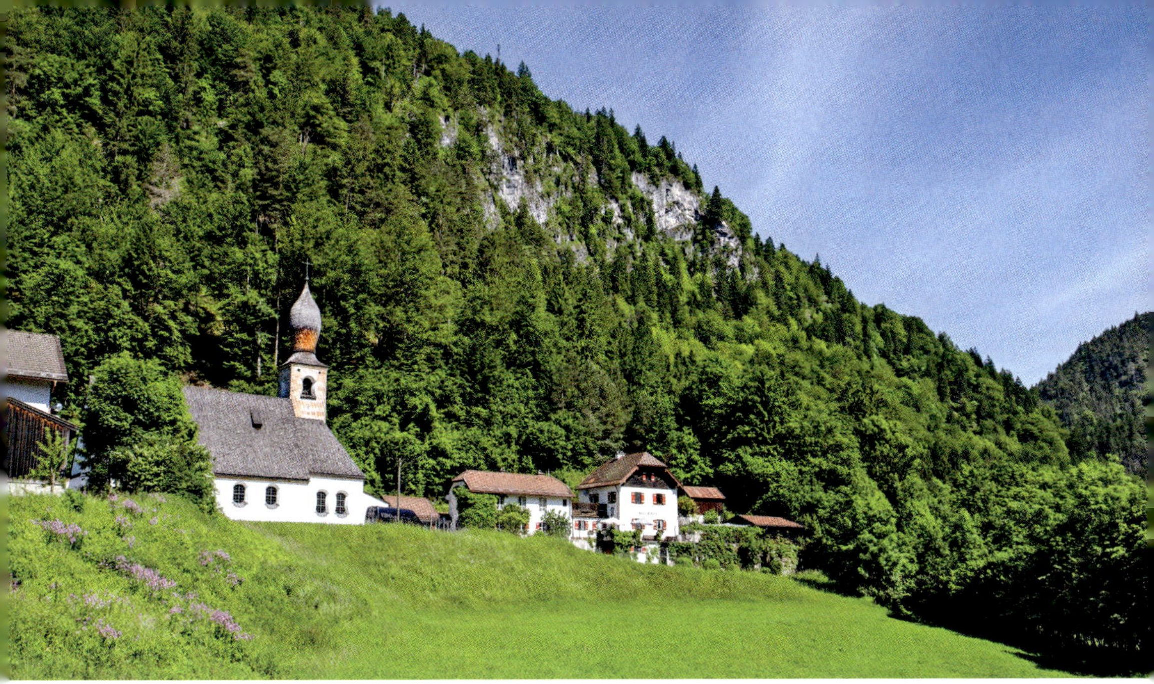

Unser Ausgangspunkt ist Schneizlreuth.

unsere Runde fort. Jetzt sind wir zwar wieder auf einem Forstweg unterwegs, der aber ebenfalls rechts unterhaltsam am Berghang verläuft. Immer wieder genießen wir Ausblicke auf die Klamm sowie die Chiemgauer Berge mit Sonntagshorn und Ristfeuchthorn.

Abstieg über Oberjettenberg Wir wandern durch einen **kleinen Tunnel**, und über unseren Köpfen türmen sich die Felsen der Reiteralpe auf. Schließlich erreichen wir eine Abzweigung in einer Kurve und folgen nun links der Beschilderung »Hoisenhof/Haiderhof«. Leicht bergab stößt bald von links der Pfad aus der Abkürzungsrunde zu uns. Wir halten uns rechts auf dem breiteren Weg und kommen nach einem Holzplatz zu den Wiesen von **Oberjettenberg**, zu denen der **Hoisenhof** gehört. Kurz vor den Bauernhäusern geht es für uns nach links auf einem Pfad steil abwärts und zurück zum **Haiderhof**. Spätestens jetzt ist Zeit für eine Einkehr. Den Rückweg kennen wir bereits, er führt auf dem Hinweg entlang der Saalach zurück nach **Schneizlreuth**.

Abkürzung gefällig?

Wem die gesamte Runde zu lang ist, der kann sie deutlich verkürzen, auch wenn dann ein Großteil der schönen Klamm wegfällt. Dafür folgen wir ca. 20 Min. hinter dem Haiderhof links der Beschilderung nach Oberjettenberg und steigen steil auf einem Pfad zu einem Forstweg empor. Dort erneut links haltend, kann man über Oberjettenberg wieder zum Haiderhof absteigen.

30 Durch die Almbachklamm

Wasser und Wallfahrt

mittel | 5 km | ↑↓ 450 Hm | 2.40 Std.

Tourencharakter
Schattige Wanderung sowohl in der Klamm als auch beim Aufstieg nach Ettenberg. Jacke nicht vergessen! In der Klamm kann es rutschig und kalt sein. Ebenso ist etwas Vorsicht beim Abstieg über die Hammerstielwand geboten – der Weg fällt dort steil ab, Trittsicherheit erforderlich!

Ausgangs-/Endpunkt
Gasthaus Kugelmühle
GPS: 47.670782, 13.031517

Anfahrt
ÖPNV: Mit der Bahn bis Berchtesgaden oder Bad Reichenhall, weiter mit Bussen
Auto: Auf der A 8 bis Ausfahrt Bad Reichenhall und auf der B 20 über Bad Reichenhall und Berchtesgaden Richtung Marktschellenberg. Die Klamm liegt 3 km südlich von Marktschellenberg und ist ausgeschildert (dort Parkplätze).

Einkehr
Am Ausgangspunkt Gasthaus Kugelmühle mit malerischem Biergarten und Spielplatz. Nach dem Aufstieg aus der Klamm der Mesnerwirt (Mo Ruhetag) neben der Ettenberger Wallfahrtskirche

Information
marktschellenberg.de; berchtesgaden.de

Die perfekte Tour für einen heißen Sommertag: Durch die spannende Almbachklamm wandert man entlang des rauschenden Wassers. An die Sonne treten wir erst wieder an der Ettenberger Wallfahrtskirche mit einer netten Einkehr und überraschender Aussicht.

Runde Schusser Bevor wir jedoch in die Klamm marschieren, bremst uns die Besichtigung der Kugelmühle am Almbach aus. Einst gab es hier 40 Kugelmühlen, sie waren ein richtiger kleiner

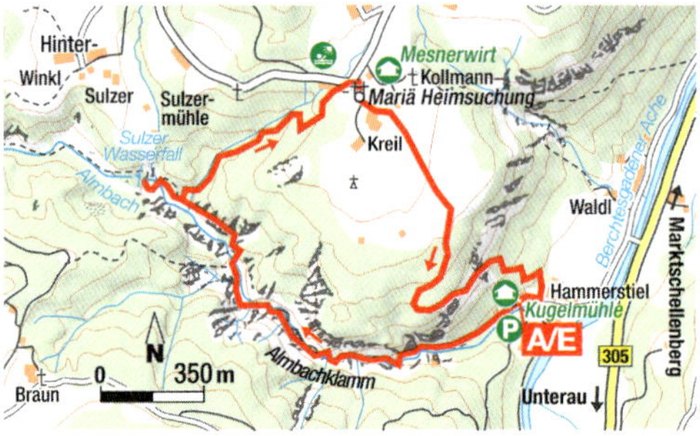

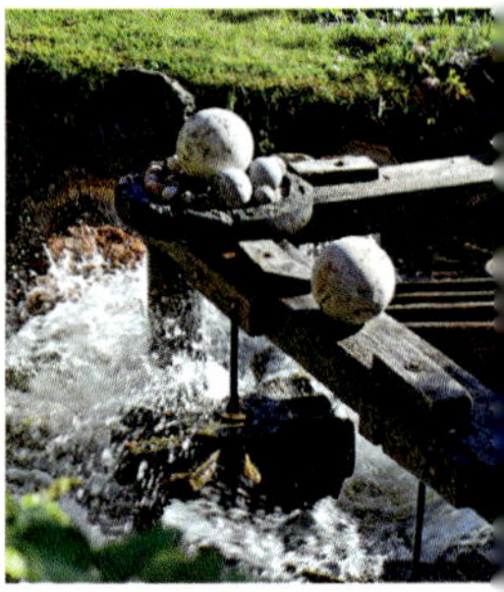

Wirtschaftszweig, der vor allem bei den ärmeren Bergbauern für einen zusätzlichen Verdienst sorgte. In den besten Zeiten wurden im Jahr an die 800 Zentner (1 Zentner waren ca. 10 000 Kugeln) Murmeln, auch Schusser oder Marmeln genannt, durch Wasserkraft produziert. Heute betreiben die Wirtsleute des Gasthauses die Kugelmühle und verkaufen die marmornen Kunstwerke.

Durch die Klamm nach Ettenberg Hinter dem **Gasthaus** liegt der Eingang zur **Klamm**, die wir nach dem Wegentgelt betreten dürfen. Auf Stegen und Brücken geht es am rauschenden Bach entlang. Das Wasser umtost Gesteinsbrocken, bildet tiefgrüne klare Gumpen, plätschert auch mal sacht dahin und stürzt im nächsten Augenblick über einen Wasserfall in die Tiefe. Je weiter wir emporsteigen, desto mehr beruhigt sich das Wasserspektakel. Schließlich erreichen wir an einem Steg die Abzweigung

nach Ettenberg. Hierher kommen wir gleich wieder zurück, doch wollen wir zuerst noch über zwei weitere Stege bis zum **Sulzer Wasserfall** wandern, der sich beeindruckend in die Tiefe stürzt.
Zurück bei der Abzweigung nach Maria Ettenberg geht es nun steil im Zickzack durch den schattigen Bergwald aufwärts, und wir erreichen am **Mesnerwirt** die barocke **Wallfahrtskirche Mariä Heimsuchung** auf sonnigen Wiesen. Jetzt können wir einkehren, die Aussicht genießen und das bunte Deckenfresko in der Kirche bestaunen.

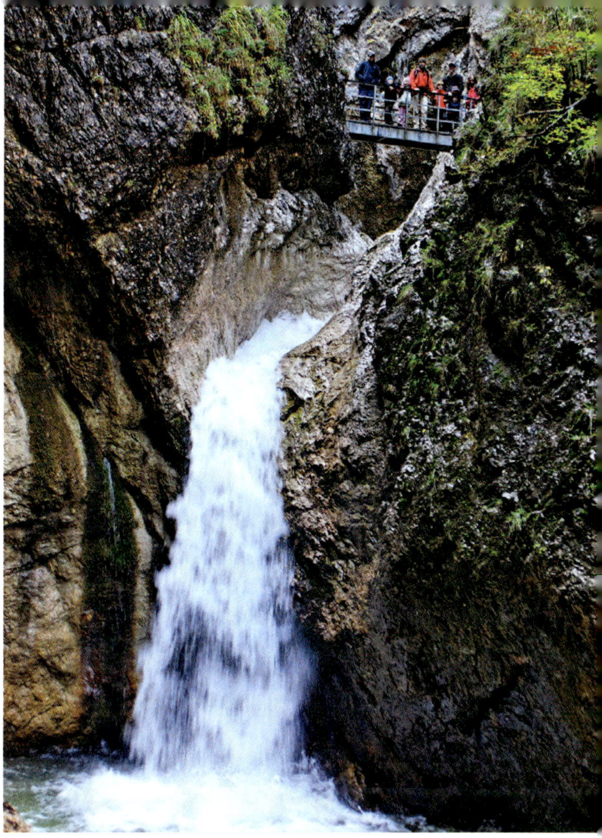

Steile Hammerstielwand Für den Abstieg gehen wir vom Wirtshaus zur Kirche und folgen dort dem Sträßchen zu dem einzelnen Bauernhof. Dahinter beginnt ein Wiesenweg, der mit dem Schild »Über Hammerstielwand nach Marktschellenberg/Kugelmühle« markiert ist. Schnell kommen wir in den Bergwald, und nun ist Trittsicherheit erforderlich, denn es geht flott auf einem Bergpfad die steile **Hammerstielwand** hinab zurück zum Ausgangspunkt beim **Gasthaus Kugelmühle**.

Bei Starkregen kann die Klamm auch kurzfristig gesperrt sein.

Linke Seite: Kugelmühle

Theresienklause

Im Lauf von Millionen Jahren hat das Wasser des Almbachs durch mitführendes Geröll das Bachbett zu einer tiefen Klamm ausgehöhlt. Ende des 19. Jhs. wurde der erste Weg durch die Klamm angelegt, doch bereits zuvor wurden sie und ihre Wasserkraft vor allem von den Holzarbeitern genutzt. Am oberen Ende der Klamm entstand dafür 1834 eine Staumauer, die Theresienklause. Nach dem Schlagen der Bäume warfen die Holzknechte die Stämme einfach in die enge Schlucht hinab. Hinter der Staumauer ließen sich so 15 000 m³ Wasser aufstauen, die nach Schleusenöffnung mit einem großen Schwall durch die Klamm rauschten und alle Holzstämme ins Tal rissen. Der Steg am Gasthaus Kugelmühle diente als Auffangbecken für das getriftete Holz. Aber auch ohne Staumauer kann sich das Wasser in der Klamm entfesseln: Immer wieder zerstören Unwetter mit Starkregen die Wege und Befestigungen. So auch 1998 und 2021 – mit unvorstellbarer Naturgewalt rauschte das Wasser ins Tal. Heute sind die Wege jedoch alle wieder saniert.

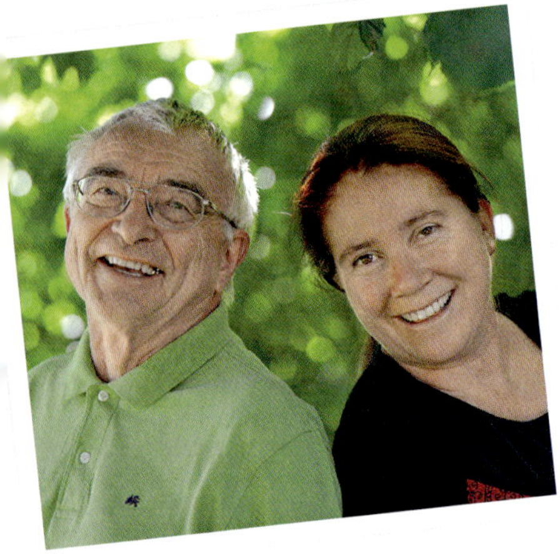

Zugabe

Wilde Klammen und Wasserfälle *sind echte Naturwunder, und einige von ihnen gehören eindeutig zu den Plätzen, die man einmal im Leben gesehen haben sollte. Der Beginn unserer Leidenschaft für Wanderungen durch Schluchten und zu Wasserfällen hatte, neben all der Schönheit, auch einen ganz einfachen Grund: Als unsere Kinder noch klein waren, merkten wir, dass sie entlang von Wasser immer ganz von alleine liefen – da bedurfte es keinerlei Motivation, und die Höhenmeter legten sie fast nebenbei zurück.*

Die Begeisterung für diese Wege *ist bis heute geblieben, und zwar bei Groß und Klein. Zu unserem großen Bedauern haben aber nicht alle Wanderungen in diesem Buch Platz gefunden. Es gibt noch viel mehr Wege, die wir als sehr empfehlenswert erachten und Ihnen nicht ganz vorenthalten wollen:*

Bei den Wasserfällen *lohnt sich ein Besuch der Kaltwasserlaine am Fuß des Heimgartens. Fast schon städtisch präsentieren sich die sagenumwobenen Lechfälle von Füssen. Ebenso sind Deutschlands höchster Wasserfall, der Röthbachfall am Hintersee im Berchtesgadener Land, sowie der Staufall südlich von Ruhpolding sehenswert. Und wer kennt schon die Pähler Schlucht am Ostufer des Ammersees? Sie ist ein typisches Beispiel für die Schluchten der Endmoränen, von denen es mit der Feuerschlucht am Auerberg oder dem Höllgraben sowie der Maisinger Schlucht am Starnberger See noch einige mehr gibt. Ganz abgesehen von den zahlreichen hochalpinen Klammen, wie der Berchtesgadener Weißbachschlucht oder der Wimbachklamm, der Tiroler Gleirschklamm im Karwendel, der Glemmbachklamm von Thiersee oder der Seisenbergklamm in Weißbach an der Lofer …*

Es gibt also noch viel zu erkunden, *doch der Anfang ist gemacht. Wir wünschen Ihnen viel Spaß beim Nachwandern!*

Herzlichst,

Register

Ebenfalls erhältlich ...

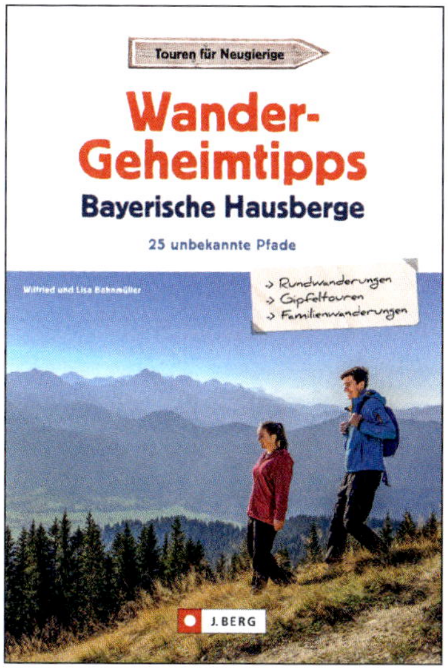

ISBN 978-3-86246-679-5

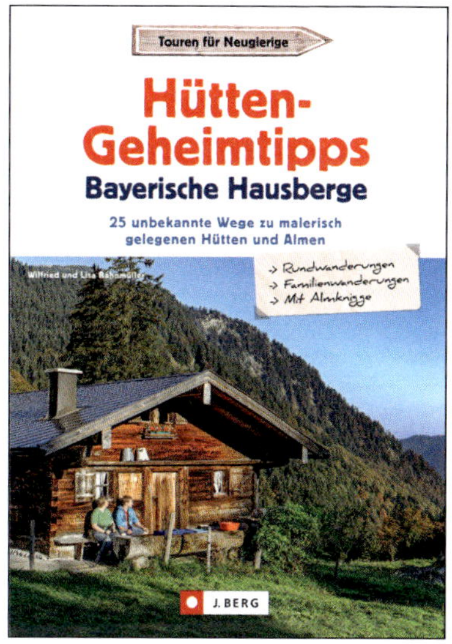

ISBN 978-3-86246-754-9

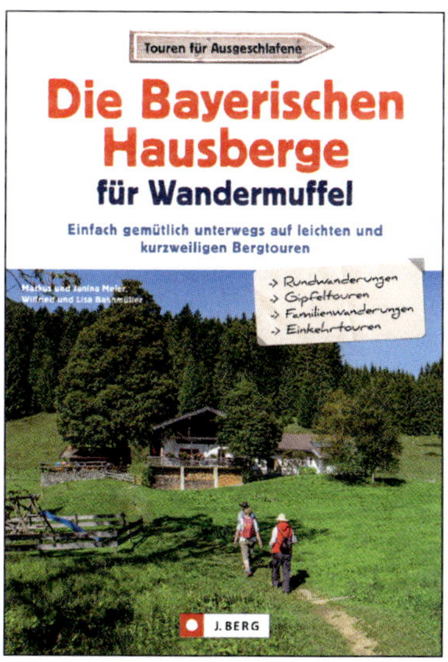

ISBN 978-3-86246-608-5

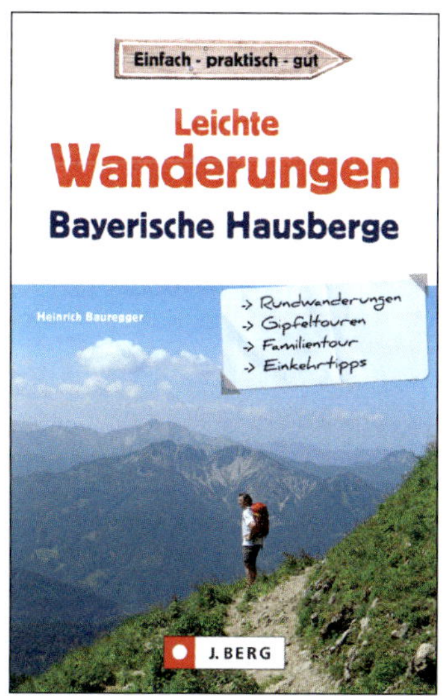

ISBN 978-3-86246-421-0

J. BERG

www.j-berg-verlag.de

Impressum

Verantwortlich: Sabine Klingan
Lektorat und Redaktion: Anette Späth
Layout: Eva-Maria Klaffenböck
Kartografie: Bruckmann Kartografie, Heidi Schmalfuß
Repro: P.R.O. Medien
Herstellung: Bettina Schippel
Printed in Slovenia by Florjancic Tisk d.o.o.

★★★★★

Sind Sie mit diesem Titel zufrieden? Dann würden wir uns über Ihre Weiterempfehlung freuen. Erzählen Sie es im Freundeskreis, berichten Sie Ihrem Buchhändler, oder bewerten Sie beim Onlinekauf. Und wenn Sie Kritik, Korrekturen, Aktualisierungen haben, freuen wir uns über Ihre Nachricht an Bruckmann Verlag, Postfach 40 02 09, D-08702 München oder per E-Mail an lektorat@verlagshaus.de.

Unser komplettes Programm finden Sie unter www.j-berg-verlag.de

In diesem Buch wird aus Gründen der besseren Lesbarkeit das generische Maskulinum verwendet. Weibliche und anderweitige Geschlechteridentitäten werden dabei ausdrücklich mitgemeint, soweit es für die Aussage erforderlich ist.

Bildnachweis: Alle Bilder im Innenteil und auf dem Umschlag stammen von den Autoren.
Umschlagvorderseite: Am Dalfazer Wasserfall (Tour 25)
Umschlagrückseite: Auf dem Weg in die Höllentalklamm (Tour 7)

Die Deutsche Nationalbibliothek verzeichnet diese Publikation in der Deutschen Nationalbibliografie; detaillierte bibliografische Daten sind im Internet unter http://dnb.d-nb.de abrufbar.

Infanteriestraße 11a
80797 München
ISBN 978-3-86246-830-0